交通运输与土建类专业规划教材

铁路工程概预算

（第2版）

主　编　樊原子　刘　颖　郭　健

人民交通出版社股份有限公司

北　京

内 容 提 要

本书是高职交通运输与土建类专业规划教材之一。共分为7章,包括:绪论、铁路工程定额、铁路工程概预算、铁路工程概预算费用项目组成及计算方法、利用外资项目的概预算编制、单项预算编制、工程量清单计价。书末附有9个附录。

本书可以作为高职高专院校和各类成人教育铁道工程专业、工程造价专业及土建类相关专业教材使用,也可作为从事铁路工程项目管理人员的培训教材和自学参考书。

图书在版编目(CIP)数据

铁路工程概预算 / 樊原子,刘颖,郭健主编. — 2版. — 北京:人民交通出版社股份有限公司,2019.3
ISBN 978-7-114-14818-7

Ⅰ. ①铁… Ⅱ. ①樊… ②刘… ③郭… Ⅲ. ①铁路工程—概算编制—高等职业教育—教材②铁路工程—预算编制—高等职业教育—教材 Ⅳ. ①U215.1

中国版本图书馆 CIP 数据核字(2019)第 057685 号

书　　名:	铁路工程概预算(第2版)
著 作 者:	樊原子　刘　颖　郭　健
责任编辑:	李　娜
责任校对:	刘　芹
责任印制:	刘高彤
出版发行:	人民交通出版社股份有限公司
地　　址:	(100011)北京市朝阳区安定门外外馆斜街 3 号
网　　址:	http://www.ccpcl.com.cn
销售电话:	(010)59757973
总 经 销:	人民交通出版社股份有限公司发行部
经　　销:	各地新华书店
印　　刷:	中国电影出版社印刷厂
开　　本:	787×1092　1/16
印　　张:	15
字　　数:	380 千
版　　次:	2013 年 3 月　第 1 版 2019 年 4 月　第 2 版
印　　次:	2024 年 1 月　第 2 版　第 4 次印刷　总第 8 次印刷
书　　号:	ISBN 978-7-114-14818-7
定　　价:	42.00 元

(有印刷、装订质量问题的图书由本公司负责调换)

前 言

随着我国铁路建设规模不断扩大,建设标准不断提高,建设项目投资也日益增加。这就需要加强铁路工程的投资控制,严格工程造价管理,提高投资效益。概预算是基本建设计划、设计、施工、监理等各项管理工作的重要基础,也是基本建设投资、拨款、贷款,银行监督,工程招标、投标,签订承发包合同的重要依据。因此,它是基本建设管理中一个不可缺少的环节。企业投标承揽任务能否成功与施工组织设计方案的优劣和报价的准确性有着直接的关系;承揽任务后能否盈利与成本管理控制也有直接关系。成本管理控制得好可以降低成本,提高效益。

本书围绕如何编制铁路工程概预算、做到准确报价而编写,以国家铁路局发布的最新编制办法(〔2017〕30号文)、铁路基本建设工程设计概(预)算费用定额(〔2017〕31号文)、《铁路工程材料基期价格》和《铁路工程施工机具台班费用定额》(〔2017〕32号文)、《铁路工程预算定额》(〔2017〕33号文)及《铁路工程工程量清单计价指南》(〔2007〕108号文)及《财政部税务总局关于调整增值税税率的通知》(财税〔2018〕32号文)为依据。本书理论联系实际、通俗易懂,可作为普通高等院校、高职高专院校和各类成人教育院校铁道工程专业、工程造价专业及土建类相关专业的教材使用,也可作为从事铁路工程项目管理人员的培训教材和自学参考书。

本书由石家庄铁路职业技术学院樊原子、刘颖和中铁十局集团有限公司郭健主编。其中第一章、第三章由郭健编写,第二章、第五章、第六章、第七章由樊原子编写,第四章由刘颖编写。

由于编者水平有限,书中难免存在缺点错误,恳请读者批评指正。

编 者
2018年5月

目　录

第一章　绪论 …………………………… 1
　第一节　投资建设的概念与作用 …… 2
　第二节　投资建设工作的分类
　　　　　与组成 ……………………… 3
　第三节　铁路基本建设程序 ………… 6
　第四节　基本建设投资额测算
　　　　　体系 ……………………… 8
　复习思考题 …………………………… 12

第二章　铁路工程定额 ………………… 13
　第一节　铁路工程定额概述 ………… 14
　第二节　铁路工程施工定额 ………… 18
　第三节　铁路工程预算定额 ………… 21
　第四节　铁路工程概算定额 ………… 49
　第五节　企业定额 …………………… 50
　复习思考题 …………………………… 52

第三章　铁路工程概预算 ……………… 53
　第一节　铁路工程概预算概述 ……… 54
　第二节　铁路工程概预算的编制
　　　　　范围、分工和编制单元 …… 56
　第三节　铁路工程概预算的编制
　　　　　深度及定额的采用 ………… 57
　第四节　铁路工程概预算文件的
　　　　　组成 ………………………… 58
　第五节　铁路工程概预算费用
　　　　　组成 ………………………… 60
　复习思考题 …………………………… 63

第四章　铁路工程概预算费用项目
　　　　组成内容及计算方法 ………… 63
　第一部分　静态投资 ………………… 64
　第一节　建筑安装工程费费用的
　　　　　组成及计算方法 …………… 64
　第二节　设备购置费 ………………… 98
　第三节　其他费 ……………………… 99
　第四节　基本预备费 ………………… 116
　第二部分　动态投资 ………………… 117
　第五节　动态投资 …………………… 117
　第三部分　机车车辆购置费 ………… 118
　第六节　机车车辆（动车组）
　　　　　购置费 ……………………… 118
　第四部分　铺底流动资金 …………… 118
　第七节　铺底流动资金 ……………… 118

第五章　利用外资项目的概预算
　　　　编制 …………………………… 121

第六章　单项预算的编制 ……………… 123

第七章　工程量清单计价简介 ………… 155
　第一节　工程量清单概述 …………… 156
　第二节　工程量清单计价概述 ……… 157
　复习思考题 …………………………… 164

附录一　综合概预算章节表 …………… 165
附录二　总概预算汇总表 ……………… 226
附录三　总概预算汇总对照表 ………… 227
附录四　总概预算表 …………………… 228

附录五 综合概预算汇总表 …… 229

附录六 综合概预算汇总对照表 …… 230

附录七 单项概预算表 …… 231

附录八 单项概预算费用汇总表 …… 232

附录九 补充单价分析汇总表 …… 233

参考文献 …… 234

第一章

绪论

第一节 投资建设的概念与作用

一、投资建设的定义

投资建设也称资本(产)建设、基本建设或新增固定资产。基本建设是国民经济各部门为了扩大再生产而进行增加(包括新建、改建、扩建、恢复)固定资产以及与之相关联的建设工作,简称基建。一般由以下内容组成:

(1)所需要进行的全部建筑工程,包括永久性和临时性的建筑物、构筑物、设备基础等的准备和施工,小型设备的安装,电力线路及水利绿化工程等。

(2)各种大型设备的安装工程,包括生产、动力、起重、运输、传动、医疗、实验等所需的各种机械设备的装配、安装、防护及试车等。

(3)在项目内的各种材料、设备、工具、器具等的购置。

(4)建设项目的勘测设计工作。

(5)与之连带有关的其他建设工作,包括科学研究及实验工作、干部和工人的培训,征用土地及机构筹备等。

二、投资建设的作用

(1)投资建设是为国民经济各部门建立固定资产,提供生产能力,扩大再生产,促进国民经济发展的重要手段。

(2)投资建设是提高国民经济技术水平的重要手段。基本建设一方面直接增加了新的生产能力,通过基本建设,增加国民经济各部门的国定资产,提高劳动者技术装备程度,提高生产的机械化、自动化水平;另一方面通过基本建设用新的技术装备武装各部门,使新的科学技术转化为生产能力。

(3)投资建设是有计划地调整旧的部门结构,建立新的部门结构的重要物质基础。通过基本建设投资在国民经济中正确分配,可以不符合发展的生产比例,建立新的合理的生产部门,促进国民经济按比例协调发展。

(4)投资建设是合理分布生产力的重要途径。通过投资建设使生产各部门及产品数量在地区分布上保持比例协调。

(5)为改善和提高人民物质和文化生活创造物质条件。生产性固定资产可通过扩大生产能力,促进生产提高,逐步改善人民的物质文化生活,而非生产性固定资产,直接为满足人民的物质文化生活需要服务。

三、投资建设的特点

(1)建设周期长、物资消耗大。一个项目的建设周期短则两三年,长则几十年,建设过程中要消耗大量的人力、物力、财力,而且在建设投产之前只投入不产出。因此建设的前期工作必须要充分。

(2)投资建设是涉及面广,外部和内部联系都很复杂的一个独立、综合性很强的过程。投资建设的结果是形成固定资产,这是其他任何物质生产部门不可替代的,而它的支出一般占财政支出的30%～40%。因为它在国民经济中的这种地位,使它涉及国民经济各部门、各地区、各行业。比如一个建设项目,从确定投资开始,经过立项勘察、设计、征地拆迁、材料设备的分配供应、施工、竣工验收到投产使用等等,都要有许多部门来协同完成。所以必须协调好各方面的关系,做到综合平衡,按一定程序办事,否则必然受到客观规律的惩罚。

(3)投资建设产品具有整体性。整体性是指产品从确定建设到竣工投产,是许多部门共同劳动的成果,是动用大量建筑材料、构配件、设备及一些局部产品加工组合成的一个不可分割的综合,它是按照一个总体设计建造出来的工程配套、项目衔接的固定资产体系。

(4)投资建设产品具有固定性。固定性是指产品建造在选定的地点,并与土地连成整体,具有不可移动性。这使得建筑市场的区域性非常明显,每个地区的经济结构、特征、经济发展水平对建筑产品的需求不同也就呈现不同的特性,也造成材料、劳动等资源的价格不同,建造费用也不同,这给建筑企业开拓新的市场,适应市场需求提出更高的要求。

(5)投资建设产品具有单件性。建设项目都有特定的目的和用途,每项建筑产品的需求内容是不同的,只能单独设计、单独完成,根本无法进行大批量生产。同时,随着人们生活水平的不断提高,科学技术水平的不断进步,对建筑产品的需求将更加差异化。即使同类型工程,如铁路工程和公路工程,其等级不同,所处的地质条件、气候条件、原材料料源等不同,施工方法和程序不同,建设费用也不一样,因此,不可能按同一模式重复生产。所以,要求施工工艺与设计技术,设计费用与实际费用等必须密切协调,也就是承包施工单位与设计单位必须密切合作,才能按着需求者的要求顺利完成任务。

(6)建设产品具有连续性。每个项目一旦开工,要求不可间断,整个建设工程是一个一环扣一环的系统工程。

(7)建设产品的生产具有流动性。由于建筑产品总是建筑在某一土地之上,与土地相连,在施工过程中,劳动力和劳动工具是移动的,因此完成一项工程,施工人员及工具设备随之迁移到新的建设地点,必然要增加施工调遣费等。与其他产品相比势必增加成本。

(8)耗资大,形体庞大,与城市的形成关系密切。在建设产品中,房屋和有内部空间的构筑物不仅形体庞大,而且占有更大的空间。其他如城市的立交桥、高架桥、道路、码头、机场等一类工程,虽设有内部空间,但外部空间占有也是很大的。由于建筑产品形体庞大,消耗材料数量也是相当大的。而且在形成建筑产品的价值中,转移价值所占比重很大。同时,"建筑属于空间中的空间艺术",排他性很强。对城市的形成影响是很大的,城市必须控制建筑区位、面积、层高、层数、密度等。这给施工带来难度,在一定程度上增加施工费用。

上述投资建设产品及其生产的技术经济特点,反映了固定资产建筑的全过程,只有认识到这些特点,才能更好地按照客观经济规律的要求进行投资。作为供给者即承包人(施工企业)必须掌握建筑产品的技术经济特性,按照市场经济规律组织产品的生产,才能达到需求者即业主(建设单位)对产品功能和标准的要求,才能取得好的经济效益,提高信誉、增强市场的竞争力。

第二节 投资建设工作的分类与组成

为了统计和管理上的方便,便于研究投资效果,投资建设项目需要从多个角度进行分类,投资建设项目本身也具有过程不同等差别。

一、按建设项目的性质分类

按建设项目的性质分类如图1-1所示。

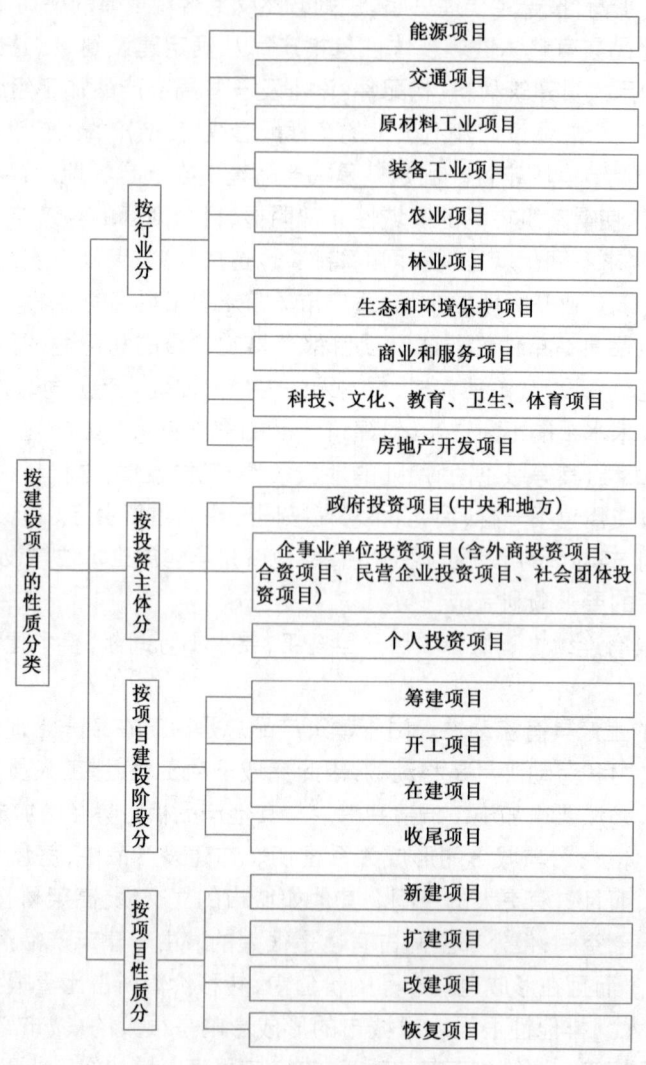

图1-1 按建设项目性质分类

(1)按行业不同可分为能源项目,交通项目,原材料工业项目,装备工业项目,农业项目,林业项目,生态和环境保护项目,商业和服务项目,科技、文化、教育、卫生、体育项目以及房地产开发项目等。

(2)按投资主体不同可分为政府投资项目(中央和地方)、企事业单位投资项目(含外商投资项目、合资项目、民营企业投资项目、社会团体投资项目)和个人投资项目。

(3)按项目建设阶段不同可分为筹建项目、开工项目、在建项目和收尾工程项目等。

(4)按项目性质不同可分为新建项目、扩建项目、改建项目、恢复项目。

①新建项目:从无到有的"平地起家"的建设项目(新建一条铁路、一个工厂等)及经过扩大规模后,新增的固定资产价值超过原有固定资产价值3倍的项目。

②扩建项目:原企业为了扩大原有产品的生产能力或效益,或增加新的生产能力而新建的

主要车间或工程项目[新建的联络线、编组场(为增加枢纽能力)等]。

③改建项目：企业为了提高生产效率，改进产品的质量或改变产品的方向，对原有的设备或工程进行技术改造的项目(为了提高铁路运输能力对线路和设备进行的改造)。

④恢复项目：由于某种原因(自然灾害、战争)使原有的固定资产全部或局部报废，以后按原来规模恢复起来的项目。

二 按建设项目的总规模或投资额分类

按项目规模或投资额，非工业建设项目的大中型划分标准如下：

农田水利项目：库容量 1 亿 m^3 以上，灌溉受益面积 50 万亩(1 亩 $=666.7m^2$，下同)以上的项目。

铁路：新建的干线、支线、地下铁路及原有干线、枢纽的重大技术改造投资额在 5000 万元以上的项目。

公路：新建改建长度在 200km 以上的国防公路，或跨省区市的主要干线，或投资额在 5000 万元以上的公路大桥项目。

港口：年吞吐量在 1000 万 t 以上的新建、扩建项目。

三 按建设项目的市场性能分类

(1)公益性建设项目：主要指为社会提供服务的建设项目，包括国防、科学研究、教育文化设施、医疗卫生、体育运动、生态和环境保护等。

(2)基础性建设项目：主要指具有自然垄断行业特点、建设周期长、投资规模大、投资回收期长、收益低的基础设施和部分基础工业建设项目，如能源项目、交通项目、水利项目、城市基础设施项目等。

(3)竞争性建设项目(经营性项目)：主要指投资收益好，对市场反应灵敏，具有竞争能力的建设项目，如加工工业项目、商业项目、房地产开发项目等。

四 按政府管理权限分类

按政府管理权限，建设项目分为审批制项目、核准制项目和备案项目。审批制适用于政府投资项目和使用政府性资金的企业投资项目；核准制适用于企业不使用政府性资金投资的重大项目、限制类项目；对于大多数企业投资项目，政府不再审批，而是企业自主决策，按属地原则向地方政府投资主管部门备案，即备案制。

五 建设项目组成

(1)建设项目：在一个总体设计或初步设计范围内，由一个或若干个单项工程所组成，经济上实行统一核算，行政上实行统一管理的投资建设单位。

(2)单项工程：具有独立的设计文件，竣工后可以独立发挥生产能力或效益的生产线(车间)或工程。铁路建设项目中一般指区段站工程。

(3)单位工程：具有独立的设计文件，竣工后不能独立发挥生产能力或效益的工程。如桥梁、隧道、土石方工程等。一般单位工程与个别概预算的编制单元相同。

(4)分部工程：分部工程是单位工程的组成部分，是单位工程的再分解，可根据工程的主要结构、主要部位及种类划分。隧道可分为：开挖、衬砌、支护；线路分为轨道、路基；桥梁分为上部、下部、附属设备。

(5) 分项工程(工序)：分项工程是分部工程的再分解，如隧道开挖可分为钻孔、装药、爆破、装渣、出渣等分项工程；也可分为人力开挖、机械开挖等分项工程。

(6) 子目：子目是分项工程的组成部分，是构成建筑安装工程的最基本单位，分项工程按不同施工方法，不同的深度、厚度或材料进一步划分为若干子目。

建设项目单项工程、单位工程、分部工程、分项工程、子目的划分均是相对意义的含义，具体应根据工程规模、工程技术复杂程度、概预算的难易及要求等情况划分。

第三节　铁路基本建设程序

基本建设程序是指国家按照项目建设的客观规律制定的，从项目立项、决策、设计、工程实施、竣工验收并交付使用整个建设过程中，各项工作必须遵循的先后次序。这个程序是由建设进程的客观规律决定的，是建设项目科学决策和顺利实施的重要保证。按照建设项目进展的内在联系和进展过程，建设程序分成若干个阶段，这些阶段有严格的先后顺序，可以交叉，但不能任意颠倒。

在我国，按现行的规定，一般大中型以上的建设项目从建设前期工作到建设、投入使用要经历以下几个阶段，如图 1-2 所示。

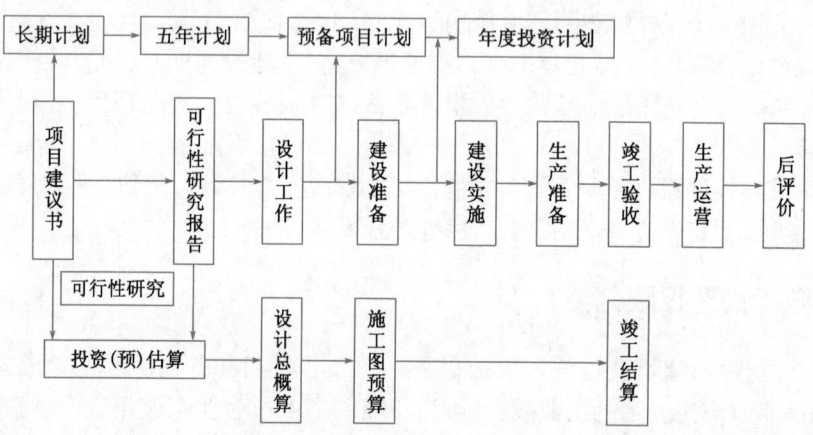

图 1-2　大中型以上建设项目建设程序示意图

一、项目建议书阶段

项目建议书是要求建设某一具体建设项目的建议文件，是投资决策前对拟建项目的轮廓设想。项目建议书的主要作用是为推荐一个拟进行建设的项目的初步说明，论述拟建设项目的必要性、条件的可行性和获利的可能性，供有关部门选择并确定是否进行下一步的工作。客观上，建设项目要符合国民经济长远规划，符合部门、行业和地区规划的要求。项目建议书的批准并不表明项目非上不可，项目建议书不是项目的最终决策。

项目建议书的内容，一般应包括：项目建设的必要性和依据，拟建设规模、建设地点和建设方案的初步设想，资源情况、建设条件和协作关系的初步分析，投资估算和资金筹措的设想，建设进度设想，经济效果和社会效益的初步估计。

二、可行性研究与设计任务书、项目评估

项目建议书批准后，即可开展可行性研究和项目评估工作。可行性研究是编制、审批建设项目的依据。需要确切的资源勘探，工程地质、水文地质的勘察，地形测量，工程工艺技术试验，地震、气象、环保资料的收集。在此基础上确定主要技术标准、线路方案，提出比较准确的工程数量和投资估算，论证建设项目在技术上、经济上和生产力布局上的可行性，并做多方案的比较，推荐最佳方案，为编制设计任务书和后期设计打下较为坚实的基础。

铁路建设项目在完成可行性研究后，均应委托中国国际工程咨询公司或有关专家进行项目评估。

可行性研究审批权限，根据国家规定，大中型项目送国家发展和改革委员会审批；其中2亿元以上重大项目由国家发展和改革委员会审核报国务院审批；其他小型项目由国家铁路局审批。凡需要勘测设计招标的工程，一般从初步设计或从可行性研究开始，实行建设项目勘测设计总招标，也可分段招标。

三、编制建设项目设计文件和下达投资计划

设计文件是国家安排建设计划和组织施工的主要依据。对不同工程项目，按国家规定，可采用不同的阶段设计。

建设项目的设计任务书和选点报告经批准后，主管部门应指定或委托设计单位按设计任务书的要求编制设计文件。大中型建设项目一般采用两阶段设计，即初步设计和施工图设计；对于技术上复杂而缺乏设计经验的项目，可增加技术设计阶段，即初步设计、技术设计、施工图设计；工程简单、原则明确、有条件的可按一阶段设计，即施工图设计。

初步设计的目的是确定建设项目在指定地点和规定期限内进行建设的可能性和合理性，从技术上和经济上对建设项目通盘规划和合理安排。从深度上看，应解决各项设计方案和技术问题、工程数量、主要设备数量、主要材料数量、用地拆迁数量、施工组织设计及总概算。初步设计文件组成要增加地质篇、环保篇，它经审查批准后，作为控制建设项目总规模和总投资的依据。

施工图设计是在批准的初步设计基础上制订的，比初步设计更加具体、精确，是进行建筑安装、铺设、建造各类建筑物和机器设备安装所需要的图纸，是现场施工的依据。在施工图设计中，还应编制施工图预算。

新建与改建铁路基本建设大中型项目和工业大中型项目的初步设计或扩大初步设计和总概算均由铁路总公司审批。利用国外贷款的项目，还应编制国外贷款方案报告和利用国外贷款用于土建工程或采购材料及设备的有关费用文件。建设项目完成上述各阶段的工作后，申请列入年度投资计划，其中大中型投资计划由国家发展和改革委员会批准；小型项目由铁路局（含部直属单位）审批。

四、组织项目的招标、投标、择优选择施工单位

铁路基本建设大中型项目列入建设计划后，先由主管部门按规定选定项目建设单位。然后由建设单位根据国家颁布的招标投标法和铁路总公司有关招标投标工作条例规定，组织项目的施工招标、投标，择优选择施工单位。不具备招标条件或不宜招标投标的铁路基本建设大

中型项目,由铁路总公司选定施工单位。

五、建设单位与招标选定(或指定)的施工单位签订承发包合同

一个建设项目或其中独立区段、工点、专业项目,其建筑安装(施工)任务可由一个总承包单位与建设单位签订合同,也可由几个承包单位与建设单位分别签订合同。经建设单位认可,总承包单位可将承包的工程项目部分分包给符合本工程资质标准的其他专业单位。各分承包单位对总承包单位负责,总承包单位对建设单位负责。

六、开工前审计和批准开工报告

根据国家审计署和铁路总公司文件要求,对基本建设开工项目和恢复建设的停缓建项目要进行开工前审计。凡属新建、改建、扩建或停建后复工的铁路基本建设项目和基本建设项目中的单项工程,都应在正式开工或停建后复工前,根据工程性质、具体条件分别按有关规定办理开工报告审批手续。

七、竣工验收交接和组成固定资产

铁路建设项目按批准的设计文件全部竣工或分期分段竣工的工程,已具备投产条件的,要及时进行竣工验收交接(包括按部规定须办理验收交接的过渡工程)和组成固定资产。

八、编制建设项目后评价报告

根据铁路总公司规定,所有列为国家按合理工期建设的重点铁路建设项目都要进行后评价,并在办理竣工验收后半年内提出项目后评价报告报铁路总公司,后评价报告由建设项目的铁路建设单位负责主持编写,各设计、施工及使用单位参加。

项目后评价的方法参照国际做法,结合我国实际,主要从项目的决策、实施、运营实绩、投资分析等多方面对建设项目作全面评价,达到总结经验,吸取教训,提高今后铁路建设项目决策水平和投资效益的目的。

第四节 基本建设投资额测算体系

根据我国铁路建设设计和概预算文件编制及管理办法,在初步设计阶段必须编制设计概算,在技术设计阶段必须编制修正概算,在施工图设计阶段必须编制施工图预算。在基本建设的全过程中,根据国家基本建设程序的要求和国家有关规定,除编制概预算文件外,在其他建设阶段,还必须编制以概预算为基础(投资估算除外)的其他有关投资额测算,具体如图1-3所示。

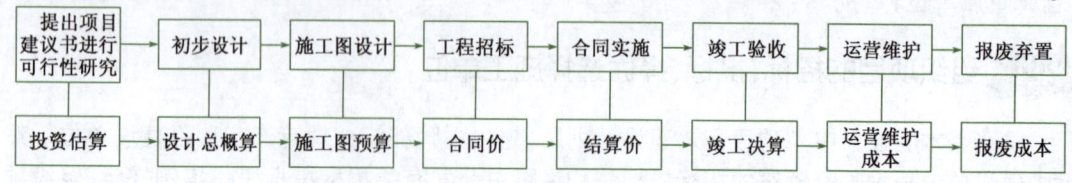

图1-3 投资额测算体系

一、投资估算

投资估算一般是指投资前期阶段，建设单位向国家申请建设项目或国家对拟建项目进行决策时，确定建设项目在规划、项目建议书、可行性研究报告等不同阶段的相应投资总额而编制的经济文件。投资估算是项目建议书和可行性研究报告的重要组成部分，是建设项目经济评价中支出费用的关键部分。项目建议书是基本建设程序中最初的前期工作，也是能否立项的重要依据，可行性研究报告是基本建设程序中决策的前期工作，是建设项目是否可行的重要论据。项目建议书投资估算与可行性研究报告投资估算编制的作用不同，其内容的深浅程度也不尽相同。国家对任何一个拟建项目，都要通过对可行性研究报告的全面评审后，才能决定是否正式立项。在可行性研究中，除考虑国家经济发展上的需要和经济上的可行性外，还要考虑经济上的合理性。投资估算为投资决策提供数量依据，也是建设项目经济效益分析中确定成本的主要依据，因此，它是建设项目在前期各阶段工作中，作为论证拟建项目在经济上是否合理的重要文件。

二、概算

概算分为初步设计阶段的设计概算和技术设计阶段的修正概算两种。设计概算是指在初步设计阶段，由设计单位根据设计文件、概(预)算定额、各类费用定额、建设地区的自然条件和技术经济条件等资料，预先计算和确定的建设项目从筹建至竣工验收的全部建设费用的经济文件。它是设计文件的重要组成部分，是国家确定和控制建设项目投资总额，安排基本建设计划，选择最优设计方案的依据。建设项目的总概算一经批准，在随后的其他阶段是不能随意突破的。

三、施工图预算

施工图预算是施工图设计阶段设计文件的重要组成部分，设计单位在施工图设计阶段均应编制施工图预算。

施工图预算必须以施工图设计文件、施工组织设计以及编制概预算的有关法令性文件等为依据。它是考核施工图设计经济合理性的依据；对于按施工图预算承包的工程，它又是签订建筑安装工程合同，实行建设单位和施工单位投资包干和办理工程结算的依据；对于进行施工招标的工程，施工图预算也是编制工程标底的依据；同时，它也是施工单位加强经营管理，做好经济核算的基础。

四、标底

标底就是建设单位招标时，对拟建的工程项目依据工程内容及有关规定计算出建成这项工程所需的造价，是对招标工程所需工程费用的自我测算和事先控制。标底一般由招标单位对发包的工程，按发包工程的工程内容、设计文件、合同条件以及技术规范和有关定额等资料进行编制。标底是一项重要的投资额测算，是评标的一个基本尺度，也是衡量投标人报价水平高低的基本指标，对投标竞争起着决定性的作用，标底过高或过低都会造成不良后果：标底过高，会造成投标报价的盲目性，很显然会给建设单位造成损失；标底过低，过低压标价，会造成中标单位亏损，甚至会导致工程质量下降，所以在编制标底时应考虑实际情况，既要力求节约投资,又能使中标单位经过努力获得合理利润。

标底的编制一方面应遵守国家的有关规定和要求,另一方面应力求准确。标底一般以设计概算和施工图预算为基础编制,以其中的建筑安装工程费为主,且不准超过批准的概算或施工图预算。每一个招标项目只允许有一个标底,明标招标时,标底在招标文件中明确公布;暗标招标时,标底在开标前应严格保密。

根据国内工程招标情况,关于标底的编制单位有以下几种情况:
(1) 建设单位委托设计单位编制标底;
(2) 建设单位自行编制;
(3) 建设单位以设计概算适当调整修正即作为标底;
(4) 建设单位聘请专业人员编制标底。

常见的标底编制方法有以下两种:
(1) 以批准的初步设计进行施工招标的工程,其标底应当控制在批准的总概算范围内;
(2) 以施工图设计进行施工招标的工程,其标底应以施工图预算为依据再分析影响本次招标的多种因素,考虑并确定一个幅度加以调整后即可作为标底。

五 报价

报价即标价,是投标者承包工程的预算造价,是由投标单位根据招标文件及有关定额和招标项目所在地区的自然、社会和经济条件及施工组织方案和投标单位自身条件,计算完成招标工程所需各项费用的经济文件。报价是投标文件最重要的组成部分和主要内容,是投标工作的关键和核心,也是决定能否中标的主要依据。

要进行投标报价工作,首先要充分了解招标文件的全部含义,对招标文件有一个系统而整的理解,从合同条件到技术规范、工程设计图纸,从工程量清单到具体投标书和报价单的要求,都要严肃认真对待。投标报价编制的依据,主要是在招标文件的前提下,对工程现场的实际考察与询价,对招标工程量的实际核算,对工程分包的询价及安排,对建设项目进行施工组织设计,确定施工进度和施工技术方案等;然后再考虑土木工程承包市场的行情,竞争对手的实力,市场上人工、材料及机械供应的费用;最后应结合本企业的自身经验和习惯,包括该施工企业的管理水平、工程经验与信誉、技术能力与机械装备能力、财务应变能力对承包风险进行管理的能力、降低工程成本增加经济效益的能力等,综合考虑诸多因素,利用自己已熟悉的投标报价程序和方法,编制出合理的报价。报价过高,中标率就会降低;报价过低,可能无利可图,甚至承担工程亏本的风险,因此,能否准确计算和合理确定工程报价,是施工企业在投标竞争中能否获胜的前提条件。中标单位的报价,将直接成为工程承包合同价的主要基础,并对将来的施工过程起到严格的制约作用,承包商和业主均不能随意更改报价。

六 施工预算

施工预算是指在施工阶段,在施工图预算的控制下,施工单位根据施工图设计文件及其他有关技术资料,进行施工组织设计,通过工料机分析,计算和确定完成一个工程项目或一个单位工程或其中的分部分项工程所需的人工、材料、机械台班消耗量及其他相应费用的经济文件。

施工预算是施工单位进行成本控制与成本核算的依据,也是施工单位进行劳动组织与安排,以及进行材料和机械管理的依据,对施工组织和施工生产有着极为重要的作用。

七、工程结算

工程项目的建设是一个复杂的过程,涉及的单位都是一些相对独立的经济实体,有着各自的经济利益,在项目建设过程中承担着不同的工程内容,因此,无论工程项目采用什么方式进行建设,在建设过程中,各经济实体之间必然会发生货币收支行为。这种在项目建设过程中由于可行性研究及设计任务的完成,器材采购、劳务供应、施工单位已完工程移交等经济活动而引起的货币收支行为,就是项目结算。项目的结算过程,实际上也是组织基本建设活动,实行基本建设拨、贷款的投资过程,也是及时掌握经济活动中的动态及其变化情况的过程。同时,通过结算,可以协助建设单位有计划地组织一切货币收支活动,使各企业、各单位的劳动消耗能及时得到补偿。项目结算的主要内容包括货物结算、劳务供应结算、工程费用结算及其他货币资金的结算等。工程费用结算指建设单位同施工单位之间,由于拨付各种预付款和支付已完工程等费用而发生的结算。工程费用结算习惯上又称为工程价款结算,是项目结算中最重要和最关键的部分,是项目结算的主体内容。工程价款结算,一般以实际完成的工程量和有关合同单价以及施工过程中现场实际情况的变化资料计算当月应付的工程价款。施工单位将实际完成的工作内容、工程量填入各种报表,按月送交驻地监理工程师验收签认,然后向建设单位提交工程价款结算单。建设银行依据《建设工程价款结算办法》的规定进行结算。建设工程价款的结算可根据情况采用以下几种方式:①按月结算;②竣工后一起结算;③分段结算;④合同约定的其他结算方式。

八、竣工决算

竣工决算是指在建设项目完工后竣工验收阶段,由建设单位编制的建设项目从筹建到建成投产或使用的全部实际成本的技术经济文件,它是工程建设投资管理的重要环节,是工程竣工验收、交付使用的重要依据。其内容由文字说明和结算报表两部分组成。文字说明主要包括工程概况、设计概算和基本建设规划的执行情况、各项技术经济指标完成情况,各项拨款(或贷款)使用情况,建设成本和投资效果的分析以及建设过程中的主要经验、存在的问题和解决意见等。

施工单位往往也根据工程结算结果编制单位工程竣工成本决算,核算单位工程的预算成本、实际成本和成本降低额。工程结算作为企业内部成本分析、反映经营效果、总结经验、提高经营管理水平的手段,它与建设项目的竣工决算在概念上是不同的。

九、投资额测算体系之间的相互关系

投资估算、概算、施工图预算、施工预算、标底、投标报价、工程结算和竣工决算都是以价值形态贯穿整个投资过程之中,从申请建设项目,确定和控制基本建设投资额,进行基本建设经济管理和施工单位进行经济核算,到最后以决算形成固定资产,构成了一个有机的整体,缺一不可。因此,在一定意义上说,它们是基本建设投资活动的血液,也是连接参与项目建设活动各经济实体的纽带。申请项目要编制投资估算,设计要编制概算和施工图预算,施工完成要编制决算,并且一般还要求决算不能超过预算,预算不能超过概算,概算不能超出估算所允许的幅度范围,结算不能突破合同价的允许范围,合同价不能偏离报价与标底太多,而报价(中标价)又不能超出标底的规定幅度范围,并且标底不允许超概算。总之,各种测算环节紧密联系,共同对投资额进行有效控制。

报价同施工预算比较接近,但不同于施工预算,报价的费用组成和计算方法同概预算类似,但其编制体系和要求均不同于概预算,尤其目前招投标工作中,一般采用单价合同,因而使报价时的费用分摊同概预算的费用计算方式有较大差别。总的来看,报价和概预算的差别主要体现在两个方面:一是概预算文件必须按国家有关规定进行编制,尤其是各种费用的计算,必须按规定的费率进行,不能随意修改;而报价则可根据投标单位的实际情况进行计算,更能体现投标单位的实际水平。二是概预算经设计单位编完后,必须经建设单位或其主管部门等审查批准后才能作为建设单位与施工单位结算工程价款的依据;而报价则可以根据投标单位对工程和投标文件的理解程度,在预算造价上上下浮动,无须送建设单位审核。因此,报价比概预算更复杂,也比概预算更灵活。

报价与标底有极为密切的关系,标底与概预算的性质很相近,编制方式也相同,都有较为严格的要求。但报价比标底编制要灵活,虽然两者有很明显的差别,并且从不同角度来对同一工程的价值进行预测,计算结果很难相同。

【复习思考题】

1. 什么是投资建设？投资建设项目按性质分为哪几类？
2. 投资测算体系包括哪些内容？
3. 投资建设有哪些作用？

第二章

铁路工程定额

第一节　铁路工程定额概述

一、定额的定义

定额是衡量生产效率或消耗的标准,顾名思义,就是规定的标准额度或限额。它是通过以往的生产实线经验,加以科学地分析整理而拟定出来的平均先进的消耗标准。任何产品的施工过程都是在一定的生产技术组织和自然条件下,劳动者利用一定的劳动资料作用于劳动对象上,经过一定的劳动时间形成的。产品生产的过程同时又是生产要素的消耗过程,要生产出一定数量的合格建筑产品,劳动者要付出一定的体力和脑力消耗,即劳动消耗;劳动资料如生产工具和物质条件要产生一定的有形和无形磨损,即机械消耗;劳动对象的消耗即材料消耗。随着生产技术的发展,施工组织水平的提高,施工方法的改进,当定额普遍被突破而失去先进性时,必须修订,借以不断促进劳动生产率的提高。因此,定额不是一成不变的,是随着生产力的发展而发展的,它与劳动者的素质即劳动者的体力、技术熟练程度、知识水平有关。

二、定额的测定方法

1. 劳动定额的测定方法

(1)技术测定法:按照平均先进的技术组织水平和施工条件,组织体力中强的劳动熟练程度平均稍高的工人,进行典型施工过程的施工,用测时法测定各工序的工作时间,用工作写实法观测有效生产时间之外的其他必要时间。

(2)统计分析法:利用以往积累的实际消耗资料,定额完成情况,记录和统计资料,经分析整理结合当时施工条件制定定额。

(3)类比法:通过同类型工序,进行分析比较后,选择有代表性的项目制定定额。

(4)经验估算法:由老工人、技术人员、定额员三结合,考虑到生产技术条件,凭以往的生产实践经验,估算制定定额。

2. 材料消耗定额的制定方法

(1)测定法:对选定对象的材料消耗进行测定与观察,通过整理计算出材料消耗定额。

(2)统计分析法:利用典型工程施工完成数量及材料使用的原始记录,通过分析计算材料消耗量的方法。

(3)计算法:利用图纸及其他技术资料,通过公式计算材料消耗量的方法。

(4)试验法:在实验室内用试验的方法测定材料消耗量。

三、定额的特点

1. 科学性

定额的科学性包括两重含义:一是指定额必须和生产力发展水平相适应,反映工程建设中生产消耗的客观规律;二是指定额管理在理论、方法和手段上必须科学化,以适应现代科学技术和信息社会发展的需要。

定额是在认真研究客观规律的基础上,应用科学的方法,通过长期观察、测定、总结生产实践经验,广泛搜集资料及科学计算制定的。因此,它能真实地反映出产品生产过程中人、财、机的数量消耗标准及影响消耗的各种主客观因素,促进提高劳动生产率和降低消耗。

2. 系统性

工程建设是个庞大的系统。工程定额就是为这个体系服务的。工程定额是相对独立、完整的系统。它的结构复杂,有鲜明的层次,明确的目标,是多种定额结合而成的有机整体。铁路定额从测定到使用,直至再修订都是为全面反映铁路工程所有的过程内容和项目,与铁路技术标准、规范配套,完全准确反映铁路工程施工工艺的每一个细节。

3. 统一性

定额的统一性是由国家对经济发展的有计划的宏观调控职能决定的。按照其影响力和执行范围来看,有全国统一定额、地区统一定额、行业统一定额等,层次清楚,分工明确;按照定额的制定、颁布和贯彻使用来看,有统一的程序、统一的原则、统一的要求和统一的用途。在所属范围内的任何单位和部门都必须认真贯彻执行,不得任意更改。

4. 权威性和强制性

主管部门通过一定程序审批颁发的工程建设定额,审核批准以定额为主要依据而确定的各阶段的工程造价,决定了定额的权威性。这种权威性在一些情况下具有经济法规性质和执行的强制性。

应该指出的是,对定额的权威性和强制性不应绝对化。在社会主义市场经济条件下,随着投资体制的改革和投资主体多元化格局的形成,随着企业经营体制的转换,投资者或经营者都可以根据市场的变化和自身条件,自主调整自己的决策行为。

5. 群众性

定额的制定是通过生产实践产生的,而又应用于实践,具有广泛的群众实践基础,易于被大多数单位和职工所接受,同时又具有激励的作用。

6. 相对稳定性

一定时期的定额反映一定时期的施工机械化水平,施工管理水平,劳动者的素质,以及生产工艺、材料等的水平和人、材、机的消耗水平,因而在一段时期内表现出稳定的状态。根据情况不同,稳定的时间有长短,一般为 5~10 年之间。保持定额的稳定性是维护定额权威性所必需的,更是有效贯彻定额所必需的。

另一方面来说,定额稳定性是相对的。但随着生产力的发展,当大多数企业和职工实际生产率普遍突破原定额水平时,就需要修订或编制新的定额标准,以适应生产发展的需要。

从一段时期来看定额是稳定的,从长期来看定额是变动的。

四 定额的作用

1. 定额是计划管理的基础

施工企业计划管理,就是用计划把施工企业生产和各项经营管理活动全面组织起来,并进行平衡、协调、控制和监督。显然铁路施工企业的施工生产离不开计划,而无论是施工进度计划,还是施工作业计划,都是按照定额来编制的,以保证提高经济效益,计划落到实处,所以,定额是计划管理的基础。

2. 定额是确定工程造价的依据

铁路工程的造价,是由设计内容决定的,而设计内容又是由它的工程所需要的人工、材料、机械设备等的消耗决定的。这里的人工、材料和机械设备等都是根据工程数量和定额计算出来的。因此,从设计的角度来看,定额是确定工程建设投资和铁路工程造价的依据。

3. 定额是衡量技术方案和劳动生产率的尺度

为了实现一个建设项目的功能,可以有几个相同的方案,造价也会有高有低。因此,定额又是比较设计方案经济合理性的尺度。劳动定额可以用来分析劳动消耗中存在的问题,并加以解决,从而降低单位产品中的人工工资含量,因此,定额又可看成是衡量劳动生产率的尺度。

4. 定额有利于完善市场的信息系统

定额管理是对大量市场信息的加工,也对大量市场信息进行传递,同时也是市场信息的反馈。信息是市场体系中不可或缺的要素,它的可靠性、完备性和灵敏性是市场成熟和市场效率的标志,是铁路工程信息管理的重要内容。

5. 定额是企业经济核算的依据

经济核算制是铁路施工企业管理的重要经济制度。它可以促使企业以尽可能少的资源消耗,取得最大的效益。定额是考核资源消耗的主要标准,是经济核算、成本核算的依据。

6. 定额是合理组织施工的依据

按定额组织施工,可使人工配备合理,工作时间利用恰当,材料使用得当,机械设备的效能得到充分发挥。用定额检查分析施工活动,可以找出成功的经验和差距,分析主要问题形成的原因,提出改进措施。

7. 定额是对市场行为的规范

定额既是投资决策的依据,又是价格决策的依据。对于投资者来说,可以利用定额来权衡自己的财务状况和支付能力,预测资金的投入和预期回报,还可以利用定额信息优化投资行为。对企业来说,在投标报价时,只有充分考虑定额的要求,做出正确的价格决策,才能在竞争中占有优势,获得更多的工程项目。

8. 定额有利于推广先进的施工技术和工艺

定额的水平包含着某些已成熟的先进施工技术和经验,工人要达到和超过定额的水平,就必须掌握和应用这些先进技术;要大幅度的超过定额水平,就必须创造性地劳动。第一,在工作中改进工具和操作方法,注意原材料的节约,避免能源浪费。第二,企业和主管部门为了贯彻定额,就得推行机具和施工方法,也就要推广先进技术。第三,企业和主管部门为了贯彻推行定额,往往组织技术培训帮助工人达到或超过定额水平,这样新技术、新工艺、新材料就很容易推广,从而提高社会生产效率。

9. 定额是国家对工程建设宏观调控和管理的手段

定额是国家对工程造价进行宏观管理调控,对资源配置进行预测和平衡,对经济结构,包括企业结构和所有制结构进行合理调控的手段。

五 定额的分类

铁路工程定额的内容和形成,是由铁路施工企业的施工生产需要决定的。因此,种类的划分也是多样化的,如图 2-1 所示。

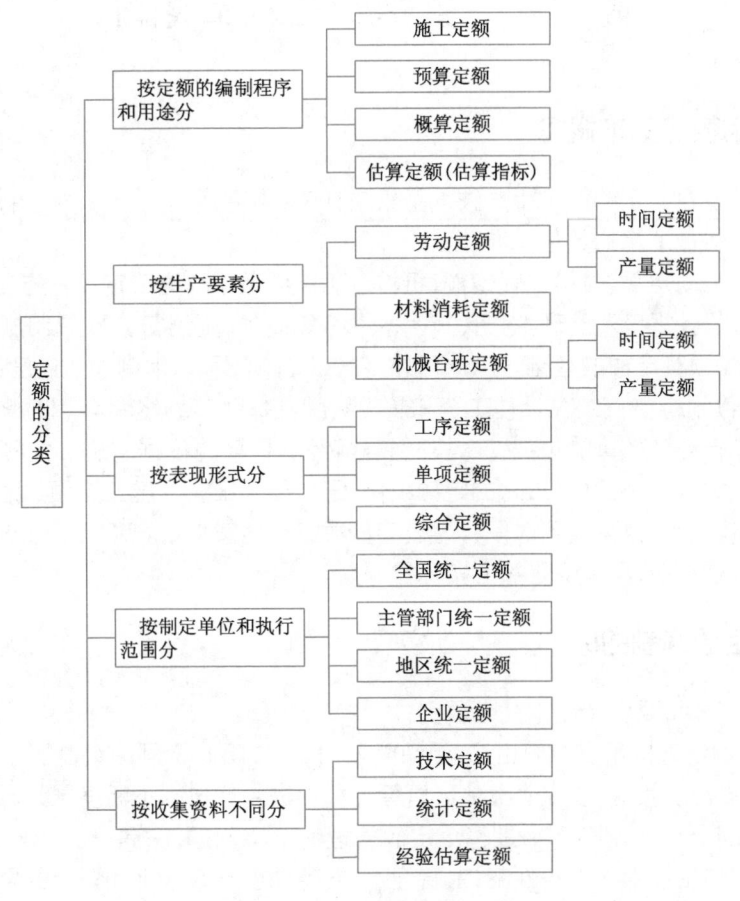

图 2-1 定额分类

1. 按编制程序和用途分类

按照定额的编制程序和用途不同,可分为施工定额、预算定额、概算定额、估算定额(估算指标)。

2. 按生产要素分类

按构成劳动过程的生产需要不同,可分为劳动定额、材料消耗定额、机械台班定额。

劳动定额又可分为时间定额和产量定额两种,机械台班定额,又可分为机械时间定额和机械产量定额。

3. 按制定单位和执行范围分类

按制定单位和执行范围不同,可分为全国统一定额、主管部门统一定额、地区统一定额、企业定额。

4. 按制定收集资料不同分类

按制定收集资料不同,定额可分为技术定额、统计定额和经验估算定额。

5. 按表现形式分类

按定额表现形式不同可分为工序定额、单项定额、综合定额。

第二节　铁路工程施工定额

一、施工定额的基本概念

施工定额就是在一定的施工生产技术组织条件下，为完成一定计量单位的合格产品所必需的人工、材料、机械消耗的数量标准。

施工定额由劳动定额、材料消耗定额，机械台班定额组成。施工定额是施工企业依据现行设计图、施工图、设计规范及管理、装备、技术水平等编制的，是施工企业编制施工预算用的一种定额，也是编制预算定额的基础。除此而外用施工定额还可以编制作业进度计划、签发工程任务单(包括限额领料单)、结算计件工资和超额奖励及材料节约奖金等。因此施工定额既是施工企业内部实行经济核算的依据，又是开展班组经济核算的依据。施工定额的使用对象主要是班组作业队等基层施工单位，它的定额项目、子目要求细些。施工定额的形式是多种多样的，它可以用产量表示，也可以用时间、人数、工日数或其他实物量表示，还可以用金额、百分率表示。总之要灵活掌握，尽量满足施工实际需要。

二、施工定额编制的原则

编制施工定额时，要坚持以下几个原则：

(1)施工定额是直接用以组织生产、组织分配的工具，因此定额的编制要以有利于不断提高工程质量，提高经济效益，改变企业的经营管理和促进生产技术不断发展为原则。

(2)平均先进原则。定额水平是整个定额管理的中心问题，它是一个部门或一个企业在一定时期和一定施工技术水平条件下，对管理水平、劳动生产率水平和职工的思想觉悟水平的综合反映。施工定额的编制，既不能以先进企业和先进生产者为测定对象，更不能以后进企业和后进生产者为测定对象，而只能以施工企业和生产者的社会平均先进水平为依据，才利于企业的发展。施工定额平均先进水平的含义，是指在正常的施工条件下(劳动组织合理管理制度健全，原材料供应及时，工程任务适量，保证质量均能满足)，经过努力，多数施工企业和劳动者可以达到或超过，少数施工企业和劳动者可以接近的水平。具体来说，这个平均先进水平，低于先进企业和先进劳动者的水平，高于后进企业和后进劳动者的水平，同时，略高于大多数企业和劳动者的平均水平。

(3)内容适用原则。施工定额的内容，要求简明、准确、适用，既简而全面，又细而不繁。简而全面，是指施工中经常性的生产活动和主要的生产活动，都能反映在施工定额的项目中，也就是说施工过程中的一般作业，都能从施工定额中查到生产要素的消耗标准。细而不繁，是指施工定额的内容，即足够，又最少。施工定额项目的划分，应以工种、分部分项工程为基础；结合编制施工企业计划，签发施工任务单，计算工资和超额奖，以及材料节约奖等的需要来进行。

三、施工定额的内容

(一)劳动定额

劳动定额是指在一定的生产技术组织条件下，完成合格的单位产品所必需的劳动力数量消耗的标准。劳动定额在施工定额中,占有特殊重要的地位,劳动定额蕴含着生产效益和劳动力合理运用的指标。劳动定额所规定的标准,是国家和企业在单位时间内完成产品或工作数量和质量的综合要求。

劳动定额一般用两种形式来表示,即时间定额和产量定额。

1. 时间定额

时间定额是指在一定的生产技术组织条件下,某工种和某技术等级的工人小组或个人,完成质量合格的单位产品所必需消耗的时间。它一般以工日(工天)为计量单位,也可以工时为计量单位。现行预算定额一律用时间定额的形式来反映劳动定额,时间定额的计算公式为:

$$时间定额 = \frac{工作人数 \times 工作时间}{工作时间内完成的产品数量}$$

式中:工作人数——单位为人工;

工作时间——单位为 h、d。

每一工日按 8h 计算。1 工日即一个工人工作 8h,0.5 个工日意味着一个工人工作半天(4h)。

产品数量的单位用单位产品的计量单位,如 m^2、$10m$、m^3、$10m^3$、根等。

时间定额中的时间,包括准备与结束时间、作业时间、休息和生理需要时间,工艺技术中断时间。

例如:定额编号 QY-709M10 浆砌片石涵洞基础 $10m^3$ 时,时间定额为 6.189 工日。

2. 产量定额

产量定额是指在一定的生产技术组织条件下,规定劳动者在单位时间内应完成合格产品的数量。产量定额的计算式为:

$$产量定额 = \frac{工作时间内完成的产品数量}{工作人数 \times 工作时间}$$

时间定额和产量定额,是同一劳动定额的两种不同表现形式。时间定额,以工日为单位,便于计算分部分项工程的总需工日数,计算工期和核算工资。因此,劳动定额通常采用时间定额来表示。产量定额是以产品的数量作为计量单位,便于小组分配任务、编制作业计划和考核生产效率。

3. 两者关系

时间定额是计算产量定额的依据,也就是说产量定额是在时间定额基础上制定的。时间定额和产量定额在数值上互成反比例关系或互为倒数关系。当时间定额减少或增加时,产量定额也就增加或减少。

(二) 材料消耗定额

材料消耗定额是指在一定的生产技术组织条件下,完成合格的单位产品所必需的一定规格的材料消耗的数量标准。

材料消耗定额按材料消耗的特征不同,可分为基本材料消耗定额和辅助材料消耗定额。基本材料消耗定额是构成建筑产品实体的材料消耗的数量标准。如混凝土工程中的水泥、碎石、砂、钢筋等,轨道工程中的钢轨、轨枕、道钉等。辅助材料消耗定额是指工程所必需但不构成建筑产品实体的材料消耗标准。辅助材料消耗定额进一步可分为一次性材料消耗定额(如炸药、雷管导火索等)和周转性材料消耗定额(如模板、脚手架等)。周转性材料要妥善使用,力争达到或超过使用次数,尽量节约原材料消耗。一般与下列四个因素有关:①第一次制造时的材料消耗(一次使用量);②每周转使用一次的损耗;③周转使用次数;④周转材料的最终回收折价。

$$一次使用量 = 净用量 \times (1 + 操作损耗)$$

周转及摊销均按下列公式计算:

$$定额用量 = 图纸一次用量 \times \frac{1 + 场内运输及操作损耗}{周转次(摊销数)}$$

在材料消耗定额中,只具体列出了主要材料的品种、规格及用量,零星材料则以"其他材料费"计列在定额里,以"元"表示。一般不因地区变化而变化,随着基价的变化而变化。周转性材料,在材料消耗定额中只列算了摊销量,而不是全部需要的材料数量。

材料消耗定额中已包括工地范围内施工操作和搬运过程中的正常损耗量,但不包括场外运输途中的材料损耗数量。

基本建设中材料的费用约占建筑安装费用的60%,因此,节约而合理地使用材料具有重要意义。必须管理好材料消耗,对物资消耗进行控制和监督,从而保证在满足生产需要的基础上降低物耗,减少材料积压,达到降低工程成本的目的。

材料消耗定额是编制材料用量计划、运输计划、供应计划、施工预算、计算仓库面积、签发限额领料单、考核经济核算的依据,也是编制预算定额的依据。

(三) 机械台班使用定额

施工机械使用定额是指在一定的生产技术组织条件下,规定某种机械设备完成质量合格的单位产品所必需的一定型号的机械消耗标准。它有两种形式:机械台班定额和机械产量定额。

1. 机械台班定额

机械台班定额是指在一定生产技术组织条件下,完成合格的单位产品所必需消耗的机械台班数量标准。计算公式为:

$$机械台班定额 = \frac{机械台数 \times 机械工作时间}{工作时间完成的产品数量}$$

机械工作时间是机械从准备发动到停机的全部时间,包括有效工作时间、不可避免的中断时间和无负荷工作时间。计量单位一般为工作班,简称班。一班为8h,一个台班表示一台机械工作8h。

2. 机械产量定额

机械产量定额是指在一定的生产技术组织条件下,每一个机械台班时间内,所必须完成合格产品的数量标准。

$$机械产量定额 = \frac{工作时间完成的产品数量}{机械台数 \times 工作时间}$$

机械设备是生产的重要手段,随着铁路建筑工业化、机械化发展,机械在施工中作用也越来越大。尤其是工程建筑实行招标投标以后,一个企业能否生存与发展,取决于能否投标中标,而中标的关键又在于投标报价是否先进合理,具有竞争力。而机械作业的水平高低,直接影响投标报价的先进与落后。因此,加强施工企业的机械设备管理和机械作业定额管理,不断提高施工机械的利用率和作业效率,对降低工程成本,提高经济效益,提高中标率,具有重要重义。

机械作业定额和劳动定额一样,是企业管理的一项基础工作。机械作业定额是衡量机械工人劳动成果的标准,是企业编制生产计划、机械使用计划和工程成本计划的基础,是实行经济核算的条件,也是衡量一个企业技术素质的标准。

第三节　铁路工程预算定额

一、预算定额的概念

预算定额是指在正常的施工技术和组织条件下,规定完成一定计量单位的分部分项工程或结构件所必需的人工、材料、机械以及资金合理消耗的数量标准。是用科学的态度和实际情况相结合的办法,按正常施工条件,规定某些数据,使工程有一个统一的造价和核算尺度,把工程资源的消耗量控制在一个合理的水平上,是铁路工程实行计划管理经济监督的有效工具。

预算定额是施工定额的综合和扩大,是以施工定额为基础,按分部工程和结构构件的施工过程而编制的。如混凝土工程,在施工定额中分得较细,将其分成模板、钢筋、混凝土三大部分,对每一部分又分成制作与安装(或灌注),而预算定额是综合制定了一个总的定额($10m^3$混凝土),在使用中就较为方便了。

预算定额是确定建筑工程造价的标准,是一个综合性定额,它与施工定额不同。施工定额可以把劳动定额、机械使用定额、材料消耗定额分别编制,贯彻执行。但预算定额是一个整体,它包括为生产一定计量单位的建筑产品所需要的全部人工、材料、机械台班数量,不能分别编制。但对于设计和施工中变化较多,影响造价较大的重要因素,或由于各分项各工序的变化,可根据需要重新组合合并。

二、预算定额的作用

预算定额是由国家或其授权机关组织编制,审批并颁发执行,是工程建设中一项重要的技术经济文件。它规定了社会必要劳动量,确定了建筑产品的计算价格。因此,预算定额主要是确定建筑工程预算造价,同时作为施工企业和建设单位结算工程价款的依据,也是国家和建设单位为建筑工程提供必要的人力、物力和财力的依据。因此,预算定额在工程建设中,具有十分重要的作用。

1. 预算定额是编制施工图预算和确定工程造价的依据

施工图预算是确定建筑工程预算造价的文件。编制施工图预算的依据主要是施工图纸和预算定额等资料。施工图纸决定着建筑产品的各分项工程和结构构件的数量,即工程数量;预算定额决定着各分项工程和结构构件的人工、材料和机械消耗的数量标准。在人工工资、材料预算价格和机械台班预算价格不变的情况下,当设计方案确定后,工程的预算价值就可以确定了。

2. 预算定额是实行招投标制、拨付工程价款和工程竣工结算的依据

工程建设实行招投标制,标底的多少是根据预算定额制定的。根据现行工程建设办理价

款的制度规定,施工企业在施工过程中,根据已完成的分项工程,向建设单位分期结算,或单位工程竣工后办理竣工结算,都是以预算定额和施工合同为依据进行的,以保证建设资金的合理使用和施工单位的经济收入。

3. 预算定额是企业进行经济核算的依据与计划管理的基础

预算定额中规定的人工、材料和机械台班消耗量,是企业施工过程中,工料机消耗的最高限额。施工企业为了尽快地完成施工任务,获得最大的利润,必须以预算定额作为评价工作的标准,进行经济活动的分析,做好企业的经济核算,尽量降低成本,努力提高劳动生产率,才能达到上述目的,取得较好的效益。

4. 预算定额是对设计方案进行比选的主要依据

工程设计方案,既要符合技术先进、适用和美观的要求,又要符合经济的要求,要从技术和经济两个方面来选择最佳方案。设计部门在进行设计方案的技术经济分析时,特别是选择和推广新结构和新材料时,就是根据预算定额中所规定的人工、材料、机械台班消耗数量标准和单价进行比较的,使其在满足技术先进、适用和美观的条件下,从经济角度衡量是否合理可行和具有推广应用的经济价值。

5. 预算定额是编制施工组织设计的重要依据

施工组织设计是施工阶段的主要环节,是施工准备工作的主要内容。编制施工组织设计时,除了选定施工方法外,还需确定施工中所需要的劳动力、材料、成品、半成品和施工机具的供应量,依据预算定额,能够比较精确地计算出上述各项物资数量的需要量,做到有计划地组织、采购、调配和平衡。

6. 预算定额是编制概算定额和概算指标的基础

预算定额是以分项工程或结构构件为标定对象,而概算定额则是以扩大分项工程或扩大结构构件为标定对象。所谓"扩大",其含义就是把几个可以合并的分项工程或结构构件合并一起,使概算定额的范围比预算定额的范围更扩大,定额内容更简括。因此,概算定额是在预算定额的基础上加以综合,归并而成。

三、预算定额的编制原则和依据

预算定额规定了单位产品所需全部的人工工日、材料、机械台班消耗的数量标准,预算定额的水平高低直接影响工程造价的高低。因此,预算定额的编制必须遵守一定的原则和依据。

(一)预算定额编制的原则

1. 社会平均水平的原则

预算定额是确定和控制工程造价的主要依据。因此必须按生产过程中所消耗的社会必要劳动时间确定定额水平,预算定额的水平以大多数施工单位的施工水平为基础,考虑更多可变因素并保留合理幅度差后确定的。预算定额的水平,是社会平均水平,而施工定额反映的则是平均先进水平,也就是说,预算定额的水平比施工定额的水平一般要低一些,两定额的人工幅度差10%~15%,材料幅度差4%~5%,机械幅度差5%~10%,这样,才能符合大多数地区和企业实际可能达到的水平。

2. 简明适用性的原则

预算定额是在施工定额的基础上扩大、综合而成的，所以必须做到简明、扼要、项目齐全、使用方便、计算简单。即对那些主要、常用、价值较大的项目，分项工程划分细一些；次要、不常用、价值相对小的项目划分粗一些。

(二) 预算定额编制的依据

1. 现行的劳动定额或施工定额

预算定额中的人工、材料和机械的消耗指标，要根据现行的劳动定额或施工定额来取定，预算定额的分项和计算单位的选择，也要以劳动定额或施工定额为参考，从而保证二者的协调性和可比性，减轻预算定额的编制工作量和缩短编制时间。

2. 通用设计标准图集、定型设计图纸和有代表性的设计图纸

编制预算定额时，要选择通用的、定型的和有代表性的设计及图纸(图集)，加以仔细分析研究并计算出工程数量，作为编制预算定额时选择施工方法和分析工料机消耗的计算依据。

3. 现行的设计规范、施工及验收规范、质量评定标准和安全操作规程

现行的设计规范、施工及验收规范、质量评定标准和安全操作规程等文件是确定设计标准、施工方法和质量以及保证安全施工的重要法规。编制预算定额，确定工料机等消耗量时，必须以上述文件为依据。

4. 新技术、新结构、新材料的科学试验、测定、统计以及经济分析资料

新技术、新结构、新材料的科学试验、测定、统计以及经济分析资料是调整定额水平，增加新的定额项目和确定定额数据的依据。

5. 现行的预算定额和各企业的临时定额和补充定额

现行的预算定额，包括国家和各省、市、自治区过去颁发的预算定额及编制的基础资料，有代表性的补充定额，是编制预算定额的依据。

6. 现行的人工工资标准、建筑材料预算价格和机具台班单价

现行的人工工资标准、建筑材料预算价格和机具台班单价，是编制预算定额，确定人工费、材料费和机械使用费及定额单价的必要依据。

四、铁路工程预算定额的组成及使用方法

(一) 预算定额手册的组成

铁路工程预算定额手册，由法定批文、总说明、各工程项目说明、定额项目表组成。

1. 法定批文

铁路工程预算定额是一项具有经济立法性质的技术规定，它必须经过授权审批机关的确认。应刊印有关批文，宣布定额的作用，开始执行时间，以及发现问题之后，归口上报的单位。

2. 总说明

主要说明编制预算定额的原则、依据、大致内容、适用范围及编制定额时有关共同性问题的处理意见和预算定额的使用方法。

3. 各工程项目说明

铁路建设项目按工程专业特点划分为路基工程、桥涵、隧道工程、轨道工程、通信工程、信号工程、信息工程、电力工程、电力牵引供电工程、房屋工程、给排水工程、机务车辆机械工程、站场工程共十三册及基本定额。各工程项目说明主要说明预算定额的适用范围、工程量计算规定，预算定额使用方法和其他说明。基本定额主要有辅助结构材料及半成品摊销；辅助结构制作、安装及拆除；混凝土拌制、运输、浇筑及养护；备料工程；混凝土及水泥砂浆配合比用料表等内容。

4. 定额项目表

各册项目中分部工程为章，章以下分为若干分项工程，以节号第一节、第二节……排列，在分项工程中又按工程结构、性质分为许多项目，用序号一、二、三……排列；在项目中，还可按土壤、岩石、结构规格、材料类别又分为若干子目。

定额项目表中主要包括该项目定额的工作内容、计量单位、人工、材料、机械台班用量、基价、定额重量及附注。

(二) 铁路工程预算定额的使用方法

铁路工程预算定额的编制补充、修订过程是在正常的条件下进行的，由于我国地域辽阔，自然条件、施工条件相差甚远，用统一定额去衡量消耗数量，必然不符合个别地区的实际情况，而每个地区都去制定定额，又要耗费大量人力、物力和时间，增加定额本身的篇幅。为此，本着简明、扼要、实用的原则，按一般条件制定，对于在特殊地区条件下的共性问题与个性问题，采用增加系数的方法加以解决，因此，在使用定额时应注意按以下顺序进行：

(1) 首先熟悉定额总说明及分册说明与目录，了解制定各工程项目定额的过程及使用时应注意的问题。

(2) 将分析的工程进行分解，分解至分项工程或工序。根据工程项目名称查找目录，找出该项目所在分册及页码。

(3) 根据具体条件对号入座，注意其工作内容，计量单位是否与所查工程项目一致。

(4) 根据设计图纸和施工组织设计检查是否需要抽换。若应抽换，根据具体条件抽换。

1. 铁路工程预算总说明

(1)《铁路工程预算定额》(以下简称"本定额")适用于铁路基本建设工程设计概预算的编制。

(2) 本定额以现行的铁路工程设计规范、施工规范、施工质量验收标准等国家标准和行业标准为依据，按正常的施工条件、合理的施工组织编制。共13个分册。

(3) 本定额是完成规定计量单位分项工程所需的人工、材料、施工机具台班的消耗量标准。

(4) 人工。

① 人工消耗量包括：基本用工、人工幅度差、辅助用工、工地小搬运工。其中基本用工是指完成定额单位所需的主要用工量；辅助用工是指在施工过程中配合完成定额单位工程所需的用工量；工地小搬运工是指完成定额单位工程所需的工地范围内材料及设备运输用工量。工地小搬运范围按工厂化施工编制的子目为临时场站内，其余定额子目为50m以内，另有说明者除外。

②单位人工工日第三册(隧道工程)按7h编制,其余册按8h编制。

(5)材料。

①材料消耗量包括净用量和消耗量。损耗量包括工地运输及施工操作损耗,损耗率按《铁路工程基本定额》规定执行。房屋工程按《铁路工程预算定额 房屋工程》规定执行。

②周转性材料(如模板、支撑、脚手杆、脚手板、挡土板等)的消耗量依据《铁路工程基本定额》规定的摊销量计算。房屋工程按《铁路工程预算定额 第十册房屋工程》规定执行。

③带括号的材料数量代表完成定额单位工程该类材料的消耗量。此类定额子目未计列"材料费"及"重量",使用时根据设计采用的材料另行计列。

④当设计采用的主要材料与对应定额子目不符时,可在消耗量不变的前提下抽换。

⑤关于混凝土:

a. 带括号的混凝土、水泥砂浆的数量指完成定额单位工程的消耗量。其中:电算代号为"HT-0"的混凝土,其定额子目未计列"材料费"及"重量"和组成混凝土的用料,使用时应根据"基本定额另行计列";其他电算号的混凝土、水泥砂浆定额子目意计列"材料费""重量"及组成混凝土、水泥砂浆的用料。当设计采用混凝土、水泥砂浆与定额不同时,应根据"基本定额"调整。房屋工程混凝土及砂浆配合比按《铁路工程预算定额 第十册房屋工程》规定执行。

混凝土和水泥砂浆的砂子消耗量,是按天然湿度砂编制,已考虑了膨胀率。

【例2-1】 M10浆砌片石涵洞基础(QY-709)每$10m^3$圬工水泥(42.5级)用量为907.5kg,用细砂时,调整此工作项目定额水泥用量。

解:应按配合比用料表调整为$907.5 \times 302 \div 275 = 996(kg)$。

上式中M10水泥砂浆定额,每m^3砂浆中的用粗砂时水泥用量为275kg,使用细砂时水泥用量为302kg。

【例2-2】 求M15浆砌片石涵洞基础每$10m^3$圬工水泥(32.5级)用量。

解:$907.5 \times 354 \div 275 = 1168.2(kg)$。

用细砂时水泥(32.5级)用量为$907.5 \times 387 \div 275 = 1277.1(kg)$。

354为M15每m^3水泥砂浆定额中用粗砂时水泥的用量,使用细砂时水泥用量为387kg。

【例2-3】 预制钢筋混凝土管柱,C40高性能混凝土水泥用量。

解:预制10m钢筋混凝土管柱($\Phi1.55$),C30高性能混凝土(QY-270)水泥(42.5级)用量为1160.34kg($4.98 \times 233 = 1160.34$)。C40混凝土,时水泥(42.5级)用量为$1160.3 \times 280 \div 233 = 1394.4(kg)$或$4.98 \times 280 = 1394.4(kg)$。

用料表混凝土配合比中粗集料的料径从10~80mm,选择配合比时应选择与工程定额中相对应粒径时的配合比,例2-2中我们选择的就是碎石粒径为25mm时混凝土的配合比。

b. 采用"基本定额"混凝土拌制、运输、配合比子目时,应根据该子目所对应的设计体积,乘以消耗量体积与实体体积的换算系数。混凝土拌制与运输定额的单位$10m^3$指构成实体的设计数量,不含损耗及扩孔等因素,与路基、桥涵、站场等预算定额中混凝土配合比编号为HT-0的混凝土浇筑子目配套使用。根据该子目所对应的设计实体体积的换算系数计算,如一般现浇混凝土的换算系数为1.02,钻孔桩浇筑混凝土系数为1.122、1.260、1.183……

【例2-4】 陆上浇筑 $10m^3$ C25 混凝土(碎石粒径40)墩身需要 $10.2m^3$ 混凝土,如果需要计算水泥等有关混凝土材料消耗时,应乘以 1.02 的系数。水泥用量为 $224 \times 10.2 = 2284.8(kg)$。

c. 当采用商品混凝土时,混凝土按当地含运输费用的市场价格计算,不再另计算混凝土拌制与运输的费用。

(6)对用量少、低值易消耗的零星材料,其费用列入"其他材料费",以"元"表示。

(7)施工机械和仪器仪表。

对于零星使用和费用很少的施工机械和仪器仪表,其费用列入"其他机械使用费"。

(8)设备。

安装工程定额子目不含设备费。

①人工单价:执行《铁路基本建设工程设计概(预)算费用定额》(TZJ 3001—2017)。

②材料单价:执行《铁路工程材料基期价格》(TZJ 3003—2017)。

③机械及仪器仪表台班单价:执行《铁路工程施工机具台班费用定额》(TZJ 3004—2017)。

(9)其他说明事项。

①定额中的工作内容指完成定额子目的各项工序,部分子目仅列出主要施工工序,未列出的次要工序亦包含在工作内容内。

②定额中"重量",为各项材料的重量之和,不包括列入其他材料费的材料、水和施工机具消耗的燃料重量。

③定额中用以内或以下表示尺寸的,均包括上限值,用以外或以上表示的,则不包括下限值。

④未注尺寸单位均为 mm。

⑤用符号"～"或"至"表示尺寸的,均已包括上限值。

(10)定额系按正常条件制定的,遇有特殊情况施工,应按规定进行调整。在预算中一般列入特殊施工增加费。

①高原施工地区增加系数:指在海拔 2000m 以上的高原地区施工时,由于人工和机械受气候、气压的影响而降低工作效率所增加的费用。本项费用由人工增加费和机械增加费两部分组成。高原地区定额增加幅度见表2-1。

高原地区定额增加幅度　　　　表2-1

海拔高度(m)	定额增加幅度(%)	
	工日定额	机械定额
2000(含)～3000(含)	12	20
3001(不含)～4000(含)	22	34
4001(不含)～4500(含)	33	54
4501(不含)～5000(含)	40	60
5000 以上	60	90

注:通过辅助坑道施工的隧道工程,按辅助坑道最高海拔确定高原地区施工定额增加幅度;海拔高度范围内的长大隧道(隧长>4km),其高原地区施工定额增加幅度按提高一档计算。

②风沙地区施工增加系数:指在非固定沙漠或戈壁地区,月(或连续30d)平均风力达到四级以上(平均风速>5.5m/s)风季,在相应的风沙段进行室外建筑安装施工时,由于受风沙的

影响而增加的人工和机械台班。内容包括防风、防沙及积沙、风蚀的清理人工、机械等,增加幅度为2.6%。

$$增加人工 = 受影响的定额工日 \times 2.6\%$$
$$= 受影响的工程量 \times 工日定额 \times 2.6\%$$
$$= 总工程量 \times 时间定额 \times 地带比 \times 2.6\%$$
$$增加机械(仪器仪表) = 各种受影响的定额机械(仪器仪表)台班 \times 2.6\%$$

大风高发月(或连续30d)平均风力达到四级以上(平均风速>5.5m/s)且小时极大风速大于13.9m/s的风力累计85h以上的风沙、大风地区,可根据调查资料另行分析计算。

③东北原始森林地区施工增加系数。

由于受气候的影响,路基土方工工程的工日和施工机具台班定额可增加30%。

④行车干扰施工增加系数。

在不封锁营业线路通车的情况下施工时,如在行车线或邻线上进行建筑安装工程及跨轨道作业,因受行车影响,造成局部停工或妨碍施工,所需劳动力、机械台班应增加0.40%(0.48%)系数。

2. 路基工程定额说明

(1)综合说明

①本册定额适用于铁路路基工程,改移道路、平交道、改沟(河)及其他土石方工程。

②本册定额含有"HT-0"表示混凝土子目均未含混凝土拌制和混凝土材料,其中现浇混凝土未含场外运输,未含的内容应采用"基本定额"相关子目另行计列。本册定额场外运输指临时场站至工点的运输。

③构件预制定额,采用蒸汽养护的锅炉系按燃煤锅炉编制,当预制场所在地有明文规定不允许采用燃煤锅炉的,可抽换为燃油锅炉。

④本册定额中的混凝土构件预制、钢筋制作等定额子目系按工厂化施工编制,未含场外运输,使用时应按相关子目另计。

⑤本册定额未包含的基坑开挖和拆除工程应采用《铁路工程预算定额 桥涵定额》(TZJ 2002—2017)(以下简称桥涵定额)、《铁路工程预算定额 基本定额》(TZJ 2013—2017)相关子目。

(2)其他说明

第一章 场地清理

一、本章包括原地面清表和挖除树根两节。主要用于主体工程施工前场地清理工程。

二、原地面清表是指对原地面以下30cm及以内的农作物、根系和表土的清除。

三、挖树根定额适用于离地面1.3m高处树干直径≥10cm的树木,其余均属原地面清表。

四、清表和挖除的废弃物运至处理地点的运输费用按相关定额子目另计。

五、工程量计算规则:

(1)清表按设计处理地表面积计算。深度超过30cm时,全部按挖方计算。

(2)挖除树根数量按需挖除的颗数计算。

第二章 挖方

一、本章包括挖土方、挖石方、挖除淤泥3节。

二、土石方挖填工程,除工作内容说明外,另包括:路堑修坡检底、取土坑整修等所需的人工、材料、机械台班数量。

三、土石方工程定额中的单位,挖方及运输为天然密实方,填方为压(夯)实方。当以填方压实体积为工程量,采用以天然密实方为计量单位的定额时,所采用的定额应乘以以下系数。

铁路等级	岩土类别	土方			石方
		松土	普通土	硬土	
设计速度>160km/h	区间	1.258	1.156	1.115	0.941
	站场	1.230	1.130	1.090	0.920
120km/h<设计速度≤160km/h	区间	1.225	1.133	1.092	0.921
	站场	1.198	1.108	1.068	0.900
设计速度≤120km/h	区间	1.125	1.064	1.023	0.859
	站场	1.100	1.040	1.000	0.840

注:1. 表中系数已考虑路堤施工要求两侧加宽的土石方。
2. 无砟轨道路基换算系数按设计速度>160km/h考虑。

【例2-5】 某段设计速度160km/h的Ⅰ级铁路区间路基工程,挖方(天然密实方)全部利用。填方(压实后断面方)10000m³,假设路基挖方和填方全为土方,则路基挖方作为填料压实后的数量为 5000/1.133 = 4413m³,需外借土方 10000 − 4413 = 5587m³,以此可理解为挖土5000m³,压实方4413m³,尚需借土填方5587m³,而这5587m³计算挖方工程量时又需乘以1.133的系数。

四、土石方运输定额已考虑了道路系数(便道及交通干扰等因素),土石方工程中汽车增运定额仅适用于运距10km及以内运输,超过10部分应乘以0.85的系数。

各种运输机械的经济运距

运输方法	经济运距	适用范围
人力挑抬运	20~50	零星、少量的土方和爆破后的石方
双轮车运	50~200	场地狭小,数量较少的土方和爆破后的石方
小型运输车辆运输	≤1000	场地狭小,数量较少的土方和爆破后的石方
推土机推运	20~80	一般土石方
自卸汽车运输	≥1000	一般土石方
装载机	配合装车	一般土石方

五、深孔、浅孔爆破开挖土石方,当作为弃方或需破碎后再填筑时,采用LY-60、61、62、66、67、68子目,需破碎的,按填料破碎子目另计;当直接以挖作填时,采用LY-63、64、65、69、70、71子目。

六、光面(预裂)爆破定额单位按爆破面积计算,应与其他石方开挖定额叠加使用(光面爆破只适用于非控制爆破)。

七、控制爆破定额适用于既有电气化铁路增建二线需控制爆破的石方开挖工程。若爆破点周围200m以内有房屋等建筑物时,可用C类控制爆破子目。

(1)按施工条件不同分为A、B、C三类,如下:

A 类	B 类	C 类
线间距≤5m,开挖高度≥8m,开挖厚度≤4m,既有边坡坡度＞1:0.5,岩石硬度为次坚石以上	线间距≤10m,开挖厚度≤10m,既有边坡坡度≤1:0.5	不满足 A、B 类条件,但距既有线路堑边坡顶 50m 之内无天然屏障的石方爆破

注:1. 上表中开挖高度为路肩至路堑边坡最高点的高度。
　　2. 开挖厚度为爆破体平均开挖厚度。

(2)定额中已考虑了要点封锁线路引起的工效降低因素,使用时不再计列行车干扰施工增加费。

(3)爆破覆盖层分为4层、2层、1层三种,覆盖材料为钢筋网、橡胶炮被、土袋。4层为钢筋网、土袋各1层,橡胶炮被2层;2层为橡胶炮被、土袋各1层;1层为橡胶炮被。一般情况下,A类采用4层覆盖,B类采用2层覆盖,C类采用1层覆盖。

八、冻土开挖可采用软石开挖定额执行。

九、弃土场、弃石场整理定额适用于施工组织设计中设有弃土场、弃石场的工程。

十、工程量计算规则：

(1)开挖与运输的数量以天然密实体积计算,填筑数量以压(夯)实体积计算,光面(预裂)爆破数量按照设计边坡面积计算。

(2)路堑开挖按照设计开挖线计算土石方数量。

(3)弃土场、弃石场整理按弃土方、弃石方的天然密实体积计算。

(4)淤塘抽排水数量按抽排静水体积计算。

第三章　填方

一、填料制备为集中场拌,填料制备与填料压实定额应配套使用。

二、填料运输定额仅适用于填料从大临场站至工地的运输。

三、水泥改良土、石灰改良土定额消耗量含水泥、石灰,未含土方数量。

四、级配碎石、水泥稳定碎石定额含全部材料。

五、级配碎石制备定额是按碎石编制的,若设计采用级配砂砾石,可抽换。

六、零填挖路段翻松、整平、压实定额,适用于不做基底处理地段的原地面整理。

七、过渡段压实定额,包边材料工程量已计入过渡段工程量中。

八、路基填筑压实定额已包含一般情况下的洒水或晾晒内容,路基洒水定额仅适用特殊缺水地区,洒水量由设计确定。

九、改良土和填料破碎应与土石方挖运定额配套使用,见前表。

十、路堤刷坡收边定额应与路基填筑定额配套使用。

十一、工程量计算规则：

(1)填料制备、填料运输及填筑压实工程数量按设计填筑断面以压实体积计算。

(2)路堤填筑按照设计填筑线计算土石方数量,护道土石方、需要预留的沉降数量计入填方数量。

(3)路基基底清表、碾压后,与原地面之间的回填土石方数量计入填方数量内。

(4)路基洒水量按设计数量以"t"计算。

(5)零填挖路段翻松、整平、压实数量按设计面积计算。

(6)路堤刷坡收边数量按设计边坡面积计算。

第四章 防护工程

一、坡高以坡底为起点。

二、小型构件预制应与砌筑定额子目配套使用。

三、绿化工程定额计量规格:胸径是指从地面起至树干1.3m高处的直径,冠径是指枝展幅度的水平直径,苗高是指从地面起至稍顶的高度。灌木以冠径/苗高表示。

四、栽植定额以原土回填为主,如需换土,按"换种植土"定额另计。

五、喷混植生定额中绿化基材当设计配方与定额不符时可以进行抽换调整。

六、本定额中一般地区、干旱地区、寒冷地区的划分标准执行《铁路工程绿色通道建设指南》中的有关规定。一般地区指年平均降水量>400≥mm、最冷月月平均气温≥-5℃的湿润、温暖地区;干旱、半干旱地区是指年平均降水量<400mm的地区;寒冷地区是指最冷月月平均气温<-5℃的地区。

七、工程量计算规则:

(1)沟槽开挖数量按设计开挖体积计算。

(2)盲沟、管沟开挖抽排水工程量按地下常水位以下的湿土开挖体积计算。

(3)小型构件预制数量按设计外形尺寸以体积计算,其中混凝土空心块按实体体积计算。

(4)钢筋重量按钢筋设计长度乘以理论单位重量计算。不得将搭接、焊接料、绑扎料、垫块等材料计入工程数量。

(5)砌筑数量按设计外形尺寸以体积计算。

(6)植物防护按设计数量计算。

(7)锚杆数量按设计长度计算。

(8)喷混凝土体积按设计喷射混凝土厚度乘以面积计算。

第五章 支挡结构

一、挡土墙定额亦适用于护墙。

二、土钉定额中不含挂网和喷射混凝土,需要时按有关定额另计。

【例2-6】 某路堑边坡加固采用钻孔注浆型土钉,土钉长5m,共30根,面层喷C20混凝土$14m^3$,求人工、水泥、砂子、钢筋、喷射混凝土的数量?

解:查LY-318、LY-283可知:

人工:$13.98 \times (150 \div 100) + 11.133 \times 1.4 = 36.556$(工日)

混凝土:$10.71 \times 1.4 = 14.994(m^3)$

水泥:42.5级 $302.841 \times 1.5 = 454.262$(kg)

中粗砂:$0.383 \times 1.5 = 0.574(m^3)$

钢筋:$308.207 \times 1.5 = 462.311$(kg)

三、工程量计算规则如下:

(1)圬工体积按设计尺寸以实体体积计算,不扣除圬工中钢筋、钢绞线、预埋件和预留压浆孔道所占体积。

(2)锚杆挡土墙中锚杆制安以及锚索制安按所需主材(钢筋或钢绞线)重量计算,附件重量不得计入。其计算长度是指嵌入岩石设计长度,按规定应留的外露部分及加工过程中的损耗,均以计入定额。

(3)抗滑桩桩孔开挖,均按总孔深套用定额。桩身混凝土工程量按桩顶至桩底的长度乘以设计桩断面积计算,不包括护壁混凝土的数量。护壁混凝土按相应定额另计。

(4)桩孔抽水数量按地下常水位以下的湿土开挖体积计算。

【例2-7】 某山体滑坡,采用抗滑桩加固,石质地层,孔深12m,桩径1.2m,10根,钢筋重11.1t,护壁混凝土厚10cm,钢筋重5.4t,求所需人工数量?

解: 查LY-328(开挖)、LY-332(护壁混凝土)、LY-333(桩身)、LY-334(钢筋笼)5.140、LY-335(护壁钢筋)7.420、LY-344(钢筋装卸)0.05、LY-345(每运1m)可知:

$5.865 \times 18.46 + 21.570 \times 4.90 + 4.2 \times 13.56 + 5.14 \times 11.1 + 7.42 \times 5.4 + 0.05 \times 16.5 = 368.860$(工日)

第六章 地基处理

一、当各类地基加固桩成桩定额,未含桩帽、筏板和桩间土挖运,发生时按相关定额另计。

二、复合地基加固桩桩身掺入料或掺入比与设计不符时,可按设计要求调整。

三、CFG桩桩身混凝土自搅拌站至浇筑点的运输费用采用混凝土运输子目。

【例2-8】 某铁路路基采用CFG桩复合地基处理,设计桩径0.5m,扩孔系数1.25,设计工程量6000m³,混凝土拌合料运距3km,试根据完成该工程所需人工,求所需的混凝土、搅拌车的数量?

解: 人工:LY-379 7.108×60 LY-380 $0 \times 5 \times 60$
拌制运输混凝土的数量:
$(24.840 + 0.207 \times 5) \times 60 = 1552.50$(m³)
YY-44 $0.149 \times 155.25 = 23.132$
YY-450 $\times 3 \times 155.25$
混凝土搅拌运输车:
$(0.149 + 0.025 \times 3) \times 155.25 = 34.776$(台班)

四、管桩定额是按静力压桩施工组织编制。

五、使用冲击碾压和强夯定额时,可根据设计采用的处理方案,按每增减定额调整。

六、本定额中的各种地基处理未包括含桩顶空钻部分,实际发生时应单独计算空钻部分工程数量,消耗量作以下调整:人工和机械台班消耗量乘0.5的系数,扣除桩体材料和集中搅拌机械、灌注机械数量。空钻指地面标高到设计桩顶间的距离。

七、软土地基垫层定额中石垫层定额片(碎)石垫层亦适用于机械施工抛石挤淤工程。当设计采用砂卵石等混合填料时,可抽换。

八、填筑砂石定额适用于构筑物基底、后背填筑。抛填片石定额适用于人工配合抛石挤淤。

九、钻孔压浆定额中浆液系按水泥砂浆编制,当设计采用其他类型浆液时,可抽换。

十、工程量计算规则:

(1)各种地基加固桩的工程量均按设计图示桩顶至桩底的长度计算。施工所需的预留等因素不得另计。

(2)各种地基加固桩如需试桩,按设计文件计入工程数量。

(3)挖除桩间土工程量不扣除桩身体积计算。

(4)冲击碾压、强夯、堆载及真空预压工程量按设计处理面积计算。

第七章　排水沟、管

排水管数量按设计管道中心线长度计算。

第八章　其他相关工程

一、设计采用的土工合成材料和透水软管的规格型号与本定额的规格型号不同时，可抽换。

二、混凝土防护栅栏运输采用小型预制构件运输定额。

三、路基地段电缆槽和接触网基础定额适用于路基同步施工的情况。

四、在斜坡上挖台阶定额，仅供既有线路基帮宽使用。

五、"土质路面(拱)、边坡修整""石质路堑(渠)修整"定额仅供单一工作项目使用。

六、工程量计算规则

(1)铺设土工材料数量按设计铺设面积计算。若特殊设计需要回折的，回折部分另行计算并计入工程数量中。

(2)路基边坡斜铺土工网垫按照设计铺设面积计算，定额中已经包括了撒播草籽。

(3)透水软管铺设数量按设计铺设长度计算。

(4)防护栅栏刺丝滚轮安装按设计长度计算。

3.桥涵工程定额说明

综合说明：

(1)本册定额适用于内陆铁路桥梁、涵洞工程。

(2)水上定额适用于设计采用船舶施工的工程及水上栈桥与陆地连接的工程。水上如采用栈桥、栈桥加平台或筑堤等(栈桥应与陆地连接)，则混凝土工程采用陆上混凝土搅拌站拌制、运输、浇筑定额，其他水上辅助工程根据施组情况调整船舶数量；栈桥或筑堤等按本册定额第一章或第五章相关子目另计。河滩、水中筑岛施工采用陆上定额。

(3)辅助结构已按摊销计入定额，除另有说明外，不扣除回收料的残值。

(4)现浇异形梁模板可按建设项目一次摊销，并扣除模板回收残值。

(5)除另有说明外，定额中已含脚手架、支架、扒杆等的搭拆及摊销。

(6)公铁两用桥路面除斜拉桥公路桥面结合板及湿接缝外，其他可采用公路工程定额相关子目。

(7)钢筋定额子目未包含成型钢筋由集中加工场至安装地点的运输，钢筋笼运输按本册定额第一章第四节相关子目另计，其他成型钢筋运输按本册定额第五章第六节相关子目另计。钢筋定额子目中已计入钢筋损耗量，其中套筒连接子目已含连接套筒，非套筒连接子目已含搭接量。

(8)预应力筋定额中已含孔道压浆数量，不含两端封锚后涂刷防水层内容，防水层涂刷按本册定额第五章第一节相关子目另计。

(9)预应力筋定额中已计入4%的损耗量(不含工作长度)，若预应力筋设计数量未含工作长度，损耗率改为9%。

(10)预应力钢绞线束长指钢绞线在结构物内的长度，即两端锚具间的长度。

(11)本册定额中混凝土构件预制未含预制场至安装地点的运输，预制构件运输按本册定额第二章第十节相关子目另计。

(12)现浇框架式桥身采用现浇框架涵定额。

(13)工程量计算规则：

①基坑开挖数量以天然密实体积计算,填筑数量以压实体积计算。

②各类砌体体积,按砌体设计尺寸以实体体积计算。

③混凝土的体积,按混凝土设计尺寸以实体体积计算,不扣除混凝土中钢筋(钢丝、钢绞线)、预埋件和预留压浆孔道所占的体积。

④非预应力钢筋的重量按钢筋设计长度(应含架立钢筋、定位钢筋)乘以理论单位重量计算。不得将焊接料、绑扎料、接头套筒、垫块等材料计入工程数量。

⑤预应力钢筋(钢丝、钢绞线)的重量按设计下料长度乘以理论单位重量计算。不得将锚具、锚板及连接钢板、封锚、捆扎、焊接料等计入工程数量。

⑥各种桩基如需试桩,其数量由设计确定,纳入工程数量。

第一章 下部工程

第一节 挖基及抽水

一、无水挖基指开挖地下水位以上部分,有水开挖指地下水位以下部分,开挖淤泥、流砂不分有水、无水均采用同一定额。

二、开挖基坑定额不含坑壁支护,需要时应根据设计确定的支护方式采用相应定额,本定额仅编制了挡土板和钢筋混凝土围圈子目,当设计采用钢板桩支护时,可采用打拔钢板桩定额;采用锚杆、喷射混凝土、土钉等支护方式时,可采用路基定额相应子目。

三、同一基坑内,不管开挖哪一层深度均执行该基坑总深度定额。

四、开挖基坑定额中弃方运距为10m,如需远运,按路基定额相应子目另计。

【例2-9】 某桥梁明挖基础坑深3m,无水,无挡板,人力挖土方300 m^3,运至90m外卸土,求所需人工。

解:需查QY-9,知运至坑口外10m,本题要求运至90m远处,增运90-10=80m。查LY-44知每增运10m需3.040工日,应满足一个进级单位,故共增运80m。

人工 = $2.10 \times 30 + 3.040 \times 8 \times 3 = 135.96$(工日)

五、井点降水定额适用于地下水位较高的地区,井点管安拆子目中已含井点管和总管及附件的摊销。

六、采用井点降水后的基坑开挖按无水计。

七、采用无砂混凝土管井降水时,水泵的抽水费用另计。每座无砂混凝土管井需配置1台水泵,水泵的型号应根据工点的设计涌水量确定。

八、工程量计算规则

(1)基坑开挖的工程量按基坑设计容积计算。

(2)挡土板支护的工程量按所支护的基坑开挖数量计算。

(3)基坑回填数量=基坑开挖数量-基础(承台)圬工数量。

(4)基坑开挖深度一般按坑的原地面中心标高、路堑地段按路基成形断面路肩设计标高至坑底的标高计算。

(5)井点降水使用费的计算,以50根井点管为一套,不足50根的按一套计。使用天数按施工组织设计确定的日历天数计算,24h为一天。

(6)与无砂混凝土管井配套的水泵台班数量,按施工组织设计确定的日历天数计算,24h为一天,每天每台水泵计3个台班。

(7)基坑抽水工程量为地下水位以下的湿处开挖数量。已含开挖、基础浇(砌)筑及至混凝土终凝期间的抽水。

（8）抽静水定额仅适用于排除水塘、水坑等的积水。工程量按设计抽水量计算。

第二节　围堰及筑岛

一、土坝、草袋、塑料编织袋围堰及筑岛定额中已含20m以内的运输，按就地取土编制。

二、打钢板桩定额系按打拔和每使用1个季度分别编制，使用费按施工组织设计确定的时间计算。当施工组织设计确定不再拔除钢板时，按一次摊销计算。钢板桩定额中不含钢板桩围堰内支撑的制安拆，发生时另行计算。内支撑材料用量参照钢板桩围堰外围所包围的断面积每$10m^2$单层面积所需内支撑钢料870kg，其中工钢464kg，钢管246kg，钢板160kg。

三、双壁钢围堰在水中下沉定额中，按摊销量计入了定位船（桩）至双壁钢围堰上、下兜缆，兜缆数量不得另计。

四、定额中的定位船系按一前一后两艘编制，施工组织设计每增减一艘定位船，有关定额中工程驳船（≤400t，三班制）的台班应增减的数量见下表。

按施工组织设计增减驳船（≤400t，三班制）的数量

项目名称	单位	增减数量
双壁钢围堰、钢沉井底节、钢围笼浮运、定位、下水	台班/t	0.17
吊箱围堰浮运、定位、下水	台班/t	0.195
双壁钢围堰、大型钢围堰在水中下沉	台班/100m³	1.18
双壁钢围堰在覆盖层中下沉	台班/100m³	2.63
钢沉井在水中下沉	台班/100m³	1.86
钢沉井在覆盖层中下沉	台班/100m³	4.35
双壁钢围堰内钢护筒安拆及固定架制安拆	台班/t	1.31
大型钢围堰中上节拼装	台班/t	0.425
双壁钢围堰基底清理	台班/10m²	0.72
钢沉井基底清理（覆盖层）	台班/10m²	1.1
钢沉井基底清理（风化层）	台班/10m²	2.76

五、双壁钢围堰在下沉定额中未含井壁填充混凝土，需要时按填充混凝土定额另计。

六、吊箱围堰定额适用于单臂吊箱围堰，拼装定额中已含吊箱围堰摊销量。

七、大型钢围堰外缘所包围的断面积大于等于$1100m^2$。

八、大型钢围堰底节拼装定额不包括拼装场地的处理，需要时另计。

九、大型钢围堰覆盖层下沉、基底清理、壁内填充及封底混凝土采用双壁钢围堰下沉覆盖层定额。

十、双壁钢围堰和大型钢围堰拼装定额子目，未含钢围堰摊销量，其摊销量和回收量应由设计方案确定。

十一、工程量计算规则如下：

（1）土坝、草袋、塑料编织袋围堰的工程量，长度按围堰中心长度，高度按设计的施工水位加0.5m计算，不包括围堰内填心数量，需填心时，按筑岛填心定额另计。

（2）钢围堰浮运的工程量按设计确定所需的浮运重量计算。

（3）钢围堰拼装的工程量按设计的围堰身重量计算，不包括工作平台的重量。

（4）双钢围堰在水中下沉的工程量按围堰外缘所包围的断面积乘以施工设计水位至原河

床面中心的高度计算。

(5) 钢围堰在覆盖层中下沉的工程量按围堰外缘所包围的断面积乘以河床面中心标高至围堰刃脚基底中心的高程的高度计算。

(6) 钢围堰拆除的工程量按施工组织设计确定所需的拆除数量计算。

(7) 双壁钢围堰基底清理的工程量按围堰刃脚外缘所包围的断面积计算。

(8) 拼装船组拼拆的工程量按设计使用次数计算。

(9) 双壁钢围堰下沉设备制安拆的工程量按设计使用墩数计算。

第三节　船上设备及锚碇

一、一般定位船舱面设备定额中含定位船至导向船的拉缆摊销量，大型钢围堰的定位船舱面设备定额中含定位船至钢围堰的拉缆摊销量。

二、锚碇系统定额中均含抛锚、起锚、锚绳、锚链安拆及摊销等全部内容。

三、锚碇工程数量按施工组织设计确定的数量计算。

第四节　钻孔桩与挖孔桩

一、孔深指护筒顶高程至桩底设计高程的深度。钻孔长度，陆上指地面高程，水上指河床面高程，筑岛施工指筑岛平面高程，路堑地段指路基设计成形断面路肩高程至桩底设计高程的长度。定额单位10m指钻孔长度。

二、钻孔桩定额按不同的地层分类。见桥涵定额。

三、在滩涂、水田等浅水、淤泥地带钻孔，其工作平台的费用可采用筑岛填芯定额计算。

四、旋挖钻、冲击钻和回旋钻钻孔定额均适用于孔深50m以内，若钻孔深度大于50m时，可按钻孔总深度采用下表综合系数调整定额中的人工和机械台班消耗量。

总孔深定额人机综合调整系数

地层分类	钻孔深度(m)				
	≤60	≤70	≤80	≤90	≤100
土	1.008	1.022	1.039	1.058	1.080
砂砾石	1.013	1.035	1.063	1.096	1.134
卵石、软石、次坚石、坚石	1.017	1.044	1.080	1.123	1.172

注：大直径(桩径≥2.5m)钻孔桩在陆上施工时，则取消定额中的水上船舶数量，并将定额中斜撑桅杆式起重机(≤20t)数量抽换成50t履带吊机数量。

【例2-10】 某桥地基土质为粗砂加砾石，无水，拟采用钻孔桩基础。桩径为1.25m，20根桩总长704m，其中2根桩65m，4根桩56m，其余均为50m以下桩。试计算旋转钻机钻孔所需人工。

解：查QY-117，可知在砂砾石中每钻10m需人工11.38。

人工 = (11.38×2×65×1.035× + 11.38×4×56×1.013 + 11.38×350)÷10
　　　= 809.64(工日)

【例2-11】 某桥梁陆上冲击钻钻孔，设计桩径1.5m，设计钻孔深度68m，其中砂砾层20m，软石22m，坚石26m，求完成该桩基钻孔需多少人工？

解：查QY-93(砂砾)、QY-98(软石)、QY-112(坚石)可知：

人工 = 30.183×20×1.035 + 60.420×22×1.044 + 183.712×26×1.044)÷10
　　　= 6999.193(工日)

五、水上钢护筒按一次摊销计,不另计拆除及整修的费用,也不扣除回收料的费用。

六、钢护筒和双壁钢围堰内导向护筒定额已含护筒的摊销量。

七、挖孔桩定额按不同桩长及不同岩土分级编制,在同一根内不论挖何种地层,均执行总孔深定额。

【例2-12】 某桥梁基础采用挖孔灌注桩,4根桩,孔深15m,桩径2.5m,桩孔开挖普通土320m³,护壁混凝土20m³,桩身C20混凝土300m³(商品混凝土),钢筋12t,求所需人工数量?

解:查QY-231(开挖)QY-241(护壁)、QY-239(桩身)、QY-207(制安)QY-211(装卸)、QY-212(运输)可知:

人工 = 7.013 × (320 ÷ 10) + 21.574 × (20 ÷ 10) + 5.143 × 12 + 0.050 × 12 + 4.918 × (300 ÷ 10) = 477.42(工日)

八、挖孔桩桩身混凝土定额按普通混凝土编制,当自孔底及孔壁渗入地下水的上升速度>6mm/min时,应抽换为水下混凝土。挖孔桩桩身钢筋采用钻孔桩钢筋笼定额。

九、工程量计算规则:

(1) 钻孔桩钻孔深度,陆上以地面高程、水上以河床高程、筑岛施工以筑岛平面高程路堑地段以路基设计成形断面路肩高程至桩尖设计高程计算。当采用管柱作为钻孔护筒时,钻孔深度应扣除管柱入土深度。

(2) 钻孔桩桩身混凝土工程量按设计桩长(桩顶至桩底)加1m之和乘以设计桩径断面积计算,不得将扩孔因素计入工程量。

(3) 水中钻孔工作平台的工程量,一般钻孔工作平台按承台面尺寸每边各加2.5m计算面积,其他钻孔施工平台的面积按施工组织设计确定的尺寸计算;钢围堰钻孔工作平台按围堰外缘尺寸每边加1m计算面积。

(4) 钢护筒和钢导向护筒的工程量按设计重量计算,包括加劲肋及连接部位的重量,不包括固定架的重量。

(5) 钻孔用泥浆和钻渣外运工程量按钻孔体积计算,计算公式为:

$$V = 0.25\pi D^2 H (m^3)$$

式中:D——设计桩径(m);

H——钻孔深度(m)。

(6) 声测管的数量按设计钢管重量计算。

(7) 凿除桩头工程量以桩径大小按设计桩基根数计算。

(8) 挖孔桩开挖工程量按护壁外缘包围的断面乘以孔深计算。

(9) 挖孔桩桩身混凝土工程量按承台底至桩底的长度乘以设计桩径断面积计算,不包括护壁混凝土的数量。护壁混凝土按相应定额另计。

(10) 挖孔抽水按设计地下水位以下的开挖体积计算。

第五节 钢筋混凝土方桩与管桩

一、打桩定额系按打直桩编制。如打斜桩,人工和机械台班数量应分别乘以1.15和1.21的系数。

二、钢筋混凝土方桩与钢筋(预应力)混凝土管桩中已含导桩、送桩的摊销量及凿除桩头的损耗。

三、工程量计算规则如下:

(1)钢筋混凝土方桩预制与沉入的工程量按设计桩顶至桩尖的长度乘以设计桩径断面积计算。

(2)钢筋(预应力)混凝土管桩的工程量按设计桩顶至桩尖的长度计算。

(3)振动下沉钢管桩的工程量按设计重量计算。

第六节　管柱

一、管柱下沉定额未含射水吸泥管路的数量,需要时按沉井外管路中的射水吸泥管路定额另计。

二、管柱钻岩定额中已含封端。

三、管柱内浇筑混凝土。管柱内部分采用管柱内浇筑水下混凝土定额,管柱内钻孔桩部分采用水上钻孔浇筑水下混凝土定额。

四、工程量计算规则如下:

(1)管柱下沉定额中未含管柱的数量。预制管柱的工程量按设计柱顶至柱底的长度计算。

(2)管柱下沉的工程量按设计的入土深度计算。

第七节　沉井

一、定额中的薄壁轻型沉井,适用于利用泥浆套和空气幕下沉的沉井工程。

二、浮运钢沉井下沉设备及浮运、定位、下水可采用双壁钢围堰定额。

三、沉井吸泥下沉定额中未含射水吸泥等所用的各种管路。使用时按沉井内外管路制安拆定额另计。

四、射水吸泥管路定额适用于管柱、沉井、双壁钢围堰等工程吸泥用。

五、工程量计算规则如下:

(1)沉井陆上下沉的工程量按沉井外缘所包围的断面积乘以原地面或筑岛平面中心标高至沉井刃脚基底中心高程的高度计算。

(2)浮运钢沉井在水中下沉的工程量按钢沉井外缘所包围的断面积乘以设计施工水位原河床面中心高程的高度计算。

(3)浮运钢沉井在覆盖层下沉的工程量按钢沉井外缘所包围的断面积乘以河床面至沉井刃脚基底中心高程的高度计算。

(4)沉井基底清理的工程量按沉井外缘所包围的断面积计算。

(5)钢沉井工程量按设计数量计列,其辅助临时钢结构按施工组织设计数量计列。

第八节　墩台

一、墩台高度为基础顶面或承台顶面至墩台帽、盖梁顶或0号块底的高度。

二、墩顶支撑垫石和防震落梁混凝土挡块可采用顶帽混凝土子目。

三、门式墩盖梁混凝土、钢筋、预应力筋可采用支架法现浇箱梁的相关子目。

第九节　斜拉桥索塔

一、斜拉桥索塔定额适用于塔高(承台顶至索塔顶的高度)200m以内。斜拉桥索塔定额分为塔座、下塔柱、中塔柱、上塔柱及横梁。塔座为承台顶至下斜腿底;下塔柱为塔座顶至下横梁底;中塔柱为下横梁顶至上横梁底或两塔肢交汇处;上塔柱为中塔柱顶至塔顶(含锚固区)。

二、劲性钢骨架的工程量按设计钢结构重量计算,不包括钢筋的重量。

三、斜拉桥索塔定额适用于水上,若塔墩在岸边或陆上,则取消定额中的船舶数量,并将定额中起重船数量抽换成50t履带吊机数量。

第二章　上部工程

第一节　钢筋混凝土拱桥

拱上墙柱、桥面板及墩上结构定额亦适用于钢管拱。

第二节　钢筋(预应力)混凝土

一、梁体混凝土定额未含蒸汽养护，蒸汽养护按《铁路工程基本定额》相关子目另计。

二、钢筋制安定额未含梁体预埋钢件，预埋钢件以设计数量按第二章第二节相关子目另计，需防腐处理时，可将定额中普通钢件抽换为防腐钢件。

三、600t和900t搬梁机分为轮胎式和轮轨式两种，适用于制梁场内搬梁、装车。2×450t轮轨式提梁机适用于制梁场旁边架梁和提梁至桥上装车。定额中未含走行轨及地基处理费用，其费用可根据现场情况按设计数量另计，列入大临工程。

四、预应力混凝土梁现浇分支架法现浇和移动模架法现浇两种。支架法现浇定额中未含梁下支架及地基处理内容，应根据施工组织设计采用的施工方法和数量另计；移动模架法现浇箱梁钢筋采用支架法现浇箱梁钢筋定额子目。

五、预应力混凝土简支梁后张法纵向预应力钢筋制安定额适用于橡胶棒制孔，当设计采用波纹管制孔时，波纹管的数量按设计另计。

六、架设和运输箱梁定额仅适用于坡度小于20‰地段，当用于坡度大于20‰、小于等于30‰的地段时，架设箱梁定额子目人工和机械台班数量乘以2.0系数，箱梁每运输1km定额子目人工和机械台班数量乘以1.7系数。

七、预应力混凝土架设定额中未含梁和支座数量及支座的安装，梁按预制或价购另计，支座按成品价格另计。支座安装按第九节相关子目另计。

八、门式起重机定额适用于单独铺架且墩台附近场地平坦，场地最小宽度能满足运梁车与吊机能同时运行的工程。

九、桥头线路加固定额仅适用于没有做路桥过渡段设计的架桥机架设成品梁的桥梁。

十、梁面打磨及修补定额适用于铺设CRTSⅡ型板式无砟轨道的梁面。

十一、工程量计算规则：

(1) T梁架设机械和箱梁搬、运、架机械安拆调试数量按施工组织设计确定的次数计算。

(2) 预制场内移T梁数量，不论其移动次数均按预制梁片数计算；预制场内搬梁机搬运箱梁数量，不论其搬运次数均按设计预制箱梁孔数计算。包括由制梁台座至存梁台座，再由存梁台座至装梁台座的搬运。

(3) 预制场内轮轨式移梁台车移箱梁数量，按设计移梁孔次数计算。从制梁台座起算，每一孔梁从一个台座移至另一个台座，每移动一次即为"1孔次"。包括由制梁台座至存梁台座，再由存梁台座至装梁台座的搬运。

(4) 箱梁架设应区分隧道口首末孔(首孔为出隧道口架设与桥台连接的简支箱梁，末孔为架设隧道进口端与桥台连接的简支箱梁)和其他孔；变跨数量按设计不同梁跨变化次数计算。

(5) 移动支架安拆数量按设计支架重量乘以安拆次数计算，移动模架安拆数量按设计模架(不含模板)的重量乘以安拆次数计算。

(6) 移动支架(模架)纵向移位数量按施工组织设计确定的移动支架(模架)施工的首孔中心点至末孔中心点距离计算。

(7) 梁面打磨及修补数量按设计图示防撞墙以内的梁面面积计算。

第三节　预应力混凝土连续梁

一、梁体钢筋制安定额未含梁体预埋钢件内容，预埋钢件数量以设计数量按第二章第二节相关子目另计，需防腐处理按第二章第八节相关子目另计。

二、预应力筋制安定额中已含波纹管制安。

三、连续箱梁混凝土浇筑定额中未含墩旁托架、边跨鹰架、合龙段吊梁及临时支座等项目，需要时根据施工组织设计数量另计。

四、预应力连续箱梁拼接顶推定额中已含顶推用千斤顶、托架、制动梁、导向梁、顶推锚栓、千斤顶顶座、墩顶临时支座、导梁上拉杆、锚梁、滑板等的摊销量。但未含顶推用的导梁制安拆，顶推用导梁需按导梁定额另计。

五、悬浇箱梁定额适用墩高30m以内。

六、悬浇箱梁挂篮安拆定额中已含挂篮摊销量。

七、挂篮安拆定额单位"t次"，"t"指挂篮重量，"次"指安拆次数，一个悬浇段算一次。

第四节　钢板梁及钢桁梁

一、钢梁架设定额中未含钢梁和支座数量及支座安装。钢梁和支座费用按成品另计。

二、钢桁梁拖拉架设法的连接及加固定额中未含枕木垛，需要时根据施工组织设计数量按相关子目另计。

三、钢桁梁悬臂架设定额中未含施工临时加固杆件。

四、钢桁梁架设定额中高强度螺栓带帽系按平均单重0.5kg/套编制，当设计采用的单重与此不符时，可调整。

五、钢梁的工程量按设计杆件和节点板的数量计算，不包括附属钢结构、检修设备走行轨道和支座、高强度螺栓的重量。

第五节　钢—混凝土结合梁

一、路基上拼装配合拖拉法适用情况：①不可封闭的跨线、跨路施工，且全桥全部为钢-混凝土结合梁；②所架梁跨距台后路基较近。

二、墩顶吊拼分为直接吊拼和墩顶吊拼配合拖拉法两种工艺。其中直接吊拼适用于可封闭的跨线、跨路施工；墩顶吊拼配合拖拉法适用于不可封闭的跨线、跨路施工。

三、工程数量计算规则如下：

（1）钢梁的工程量按设计杆件和节点板的数量计算，不包括附属钢结构、检修设备走行轨道和支座、高强度螺栓的重量。

（2）钢—混凝土结合梁拖拉法施工工程量按质量与长度的乘积计算。

第六节　钢拱梁

一、钢管拱和钢箱拱架设定额适用于悬臂扣挂的施工工艺(先拱后梁)。

二、钢管(箱)拱架设定额中未含钢管拱和钢箱拱的数量，钢管拱和钢箱拱的费用按成品价格计算。

三、钢管(箱)拱架设定额中未含缆索吊装设备，需要时可根据施工组织设计按缆索吊定额另计。

四、钢管(箱)拱架系杆安装定额适用于高强度钢丝束，设计采用的材质与定额不同时可抽换。

五、钢桁拱架设定额中未含钢桁拱梁和支座的数量及支座安装。钢桁拱梁和支座的费用按成品价格另计，支座安装按第二章第九节相关子目另计。

六、钢拱扣索塔定额中未含扣索的制安拆。扣索制安拆的费用根据施工组织设计数量按相关定额另计。

七、工程量计算规则如下：

（1）钢管（箱）拱的工程量按设计重量计算，不包括支座和钢管拱内混凝土的重量。

（2）系杆的工程量按设计重量计算，不包括锚具、保护层（套）的重量。

（3）钢桁拱的工程量按设计杆件和节点板的重量计算，不包括附属钢结构、检修设备走行轨道和支座、高强度螺栓的重量。

（4）钢拱扣索塔价根据施工组织设计按设计重量计算。

第七节　钢斜拉桥

一、钢桁梁悬臂架设定额中未含钢梁和支座的数量及支座安装。钢梁和支座的费用按成品价格另计，支座安装按第二章第九节相关子目另计。

二、斜拉索挂索定额中未含索的数量。斜拉索的费用按成品价格另计。

三、工程量计算规则如下：

（1）斜拉索的工程量按设计斜拉索重量计算，不包括锚具、锚板、锚箱、防腐料、缠包带的重量。

（2）斜拉索张拉的工程量按设计数量计算，每根索为一根次。

（3）斜拉索调索的工程量按设计要求计算，每根调整一次算一次。

（4）斜拉索钢梁的工程量按设计杆件和节点板的重量计算，包括锚箱重量，不包括附属钢结构、检修设备走行轨道和支座、高强度螺栓的重量。

第八节　钢梁油漆

钢梁油漆适用于工地油漆的最后一道面漆，不含工厂油漆。

第九节　支座

支座安装定额中未含支座本身，支座的费用按成品价格另计。

第十节　桥面

一、小型预制构件预制、安装包括遮板、步板、盖板及挡砟块等构件。

二、铁路桥面钢筋混凝土栏杆安装定额中已含套筒，但未含预埋件，预埋件应按相关子目另计。

三、公路桥面结合板预制、安装及湿接缝混凝土定额，仅适用于公铁两用桥的公路桥面板与钢梁结合的工程。结合板的钢筋、预应力钢筋或钢绞线可采用预制梁相关定额。公路桥面其他设施（如步行板、栏杆、伸缩缝、路缘石、排水管等）可按公路工程定额相关子目另计。

四、工程量计算规则如下：

（1）钢筋混凝土栏杆的工程量按设计长度以"双侧米"计算。

（2）梁端伸缩缝应区分材质和有砟轨道、无砟轨道，按设计伸缩缝长度计算。

第十一节　桥上设施

一、玻璃钢电缆槽定额中未含支架，需要时按支架制安定额另计。

二、箱梁引下式排水管道包含箱梁本身的排水管道和经汇水管顺桥墩引下的管道。

三、桥梁综合接地连（焊）接定额，墩、梁连接子目包含预埋连接钢件，其余子目仅包含焊接等内容。因接地所需新增的钢筋仍分别采用相应的基础、墩台、梁体钢筋定额。墩、梁连接指梁上接地端子与墩顶接地端子之间的钢结构导电件的制安。

四、工程量计算规则如下：
(1)防震落梁设施按设计钢件重量计算。
(2)箱梁排水管道应区分有砟轨道、无砟轨道和排水方式，按设计梁长计算。
(3)梁内、墩身和基础中由于接地而额外增加的钢筋数量应计入相应部位的钢筋工程数量。设计采用的不锈钢接地端子及尾部压入的30cm钢筋作为整体考虑，其费用按设计数量乘以成品价格另计。
(4)桩基础，明挖基础，梁墩之间综合接地的工程量按设计接地端子"处"计算，1个接地端子为1处。

第三章 涵洞工程

一、基础和涵身及出入口定额适用于各类涵洞。
二、钢筋混凝土倒虹吸管管身定额中已含钢筋混凝土圆管的制安和钢筋混凝土套梁的制作。

第四章 既有线顶进桥涵工程

一、本章包括钢筋混凝土框架式桥涵顶进，钢筋混凝土圆涵顶进。
二、顶进作业的接缝处隔板与钢插销制安定额，适用于顶进法及中继法。
三、框架身外沿底宽是指顺线路方向外侧间的长度。
四、D型梁安拆定额已含临时支座及补砟数量。但未含支墩及基础、路基加固以及为满足线路开通速度要求而进行的大机整道、无缝线路应力放散及锁定、更换轨枕及扣件等，未含的内容应根据工程具体情况，按设计要求采用相关子目另计。
五、工程量计算规则如下：
(1)顶进框架式桥涵身重量包括钢筋混凝土桥涵身和钢刃脚的重量。
(2)顶进工程量按设计顶程计算，即被顶进的结构重心移动的距离。
(3)接缝处隔板与钢插销的工程量按桥身外沿周长计算。

第五章 其他工程

一、砂浆砌筑混凝土预制块定额中未含预制块，预制块按第二章第十节相关子目另计。
二、玻璃纤维混凝土和聚丙烯网状纤维混凝土定额中已含需掺入的纤维，但未含混凝土材料。
三、钢结构制作定额中的钢材数量为一次投入的数量，未考虑其摊销；当用于临时结构时，应扣除钢材数量，与第四节钢结构安拆子目配套使用，钢结构安拆子目已考虑钢材摊销量。
四、万能杆件、贝雷梁安拆子目仅包含安拆一次损耗，应根据施工组织设计确定的时间，按每季度使用率4%另计使用费。
五、满堂支架搭拆定额已考虑了正常施工期间杆件的摊销。
六、辅助钢结构支架定额适用于所有桥梁施工的临时支撑架，已考虑了正常施工期间钢材和杆件的摊销。
七、堆载预压定额是按袋装土(砂)考虑的，未含袋装土(砂)的购买及运输，发生时另计。
八、缆索吊索鞍、主缆、牵引索、起重索、缆风索、后塔架锚绳钢绞线安拆定额，是按水上船舶施工考虑的，当用于陆上时，应扣除其船舶消耗量。
九、栈桥定额已考虑了正常施工期间钢材和杆件的摊销。
十、限高防撞架定额未含支柱基础，其基坑挖填与基础浇筑费用按相关子目另计。
十一、水上凿除混凝土、钢筋混凝土和拆除石笼、砌石定额，仅适用于水深0.5m以内，超过0.5m需设置围堰及抽水时，按第一章第二节相关子目另计。
十二、拆除钢板梁定额中未含铺拆滑道及搭拆枕木垛，需要时可按上、下滑道及枕木垛定额另计。

十三、工程量计算规则

(1) 防水层、防护层(玻璃纤维和聚乙烯网状纤维混凝土除外)和伸缩缝、沉降缝的工程量按设计数设面积计算。玻璃纤维和聚乙烯网状纤维混凝土的工程量按设计体积计算。

(2) 满堂支架的工程量按以下公式计算：

满堂支架空间体积 = 梁底至地面的平均高度 × [梁的跨度(L_p) − 1.2m] × (桥面宽 + 1.5m)

(3) 钢结构(支架)、万能杆件、贝雷梁安拆工程量按设计所需钢结构、杆件重量计算。

(4) 现浇梁支架堆压重量按设计梁重乘以1.2系数计算。

4. 隧道工程定额说明

(1) 本定额适用于使用小型机具钻爆法施工的新建和改(扩)隧道工程。

(2) 本定额按正常条件下,合理工期均衡组织施工编制,未考虑高压富水、高地温、高地应力(岩爆、软岩大变形)、岩溶、瓦斯等特殊地质条件的影响因素,亦未考虑隧道全断面预注浆、帷幕注浆、涌水抽排、多层支护等相关措施方法对后续工序的影响。

(3) 定额所指断面有效面积,系指隧道洞身衬砌后的内轨顶面以上净空横断面积。

(4) 当采用路基、桥涵有关定额用于洞内工程时,人工乘以1.257系数。

(5) 本册定额根据铁路隧道施工组织的特点,按独立施工组织特点、独立施工工区模式编制各项与隧道长度相关的子目,如开挖、出渣、混凝土运输、材料运输、通风管线路等。使用中应首先根据隧道施工组织设计安排,确定独立工区设置个数与范围。定额工区长度范围按基础长度(运距)及每增长度(运距)叠加选用,不足部分,按进整计算。

① 工区长度是指按照施工组织设计安排独立工区分界点距洞口或辅助坑道口的最大独头长度,分为正洞进出口工区、通过辅助坑道施工正洞工区。

a. 正洞进出口工区。

未单独进行施工组织设计的铁路隧道工程,隧长≤1000m 的可按一个独立工区编制,隧长>1000m 的可按进口、出口两个独立工区各负担隧长1/2进行编制。

当正洞工区由正洞进出口和通过平行导坑交替施工时,其工区长度应按两者最远的掘进面至洞口的距离计算。

b. 通过辅助道坑施工正洞工区。

当通过斜井、竖井、横洞施工正洞时,均应视为一个独立工区,按其自身长度加正洞最大独头距离计算独立工区长度;当施工组织设计要求必须通过斜井、竖井、横洞同时向两个方向施工正洞时,可视为两个独立工区,工区长度应按施工方向分别计算(图2-2)。

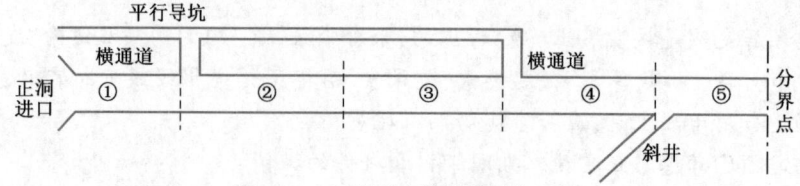

图2-2 工区长度计算的具体示例

示例描述: 本示例中,正洞负责开挖①、③区段;平行导坑负责开挖②、④区段;斜井负责开挖⑤区段。
正洞工区长度为:①+②+③+④。
平行导坑工区长度为:正洞工区长度+1个横通道长度。
斜井工区长度为:斜井长度+⑤。

当通过平行导坑施工正洞时,其工区长度按正洞长度加1个横通道长度计算。

②运距是指本定额出渣、混凝土、材料运输所通过的洞内各工区不同运输条件的段落长度,分为正洞内运距、正洞通过辅助道坑运距、洞外运距。

本定额对正洞运输、正洞通过辅助道坑转、增运及洞外增运部分均分别编制了定额子目,运距按不同运输条件分别套用定额,叠加计算。

运输定额中有轨运输均已包含洞口至卸渣栈桥、转运场、充电机房、维修间轨道长度及摊销。有轨运输已含洞外运距200m,无轨运输已含洞门外运距500m。当洞外运输超过此运距时,超过部分,有轨运输应采用本定额有轨洞外增运子目;无轨运输应视具体情况采用本定额无轨倒运及增运子目。

③通风长度、管线路通风及敷设长度与工区长度相同。

通风长度、管线路通风为洞口(辅助坑道口)至工区分界点最大独头施工段落长度。其中定额中已含洞口外架设位置至洞口(辅助坑道口)通风管长度;空压机房至(辅助坑道口)高压风管长度。

④辅助道坑自身施工长度及运距,均是指辅助道坑本体施工长度。

其中,斜井、竖井为设计确定斜井口、竖井口至井底车场、联络通道长度;平行导坑为设计确定平行导坑全长,含全部横通道长度。

第一章 洞身开挖及出渣

一、洞身开挖及出渣定额按隧道正洞洞身净空断面有效面积分别编制。洞身断面有效面积>85m², 开挖定额仅适用正线铁路单洞双线隧道工程,不适用于特殊断面及局部渐变截面隧道工程。

二、洞身开挖定额,含采用开挖台架气腿式凿岩机钻爆法开挖工序相关内容,开挖工法Ⅱ、Ⅲ级围岩按全断面法,Ⅳ、Ⅴ级围岩按两台阶法考虑,使用中部分工程部位(即拱部、边墙、仰拱、底板、沟槽、洞室)均使用本定额。工区长度≤500m及>500m后每增500m编制,叠加使用。

三、洞身开挖定额石方爆破,系按光面爆破编制,定额消耗中已含规范允许的超挖及预留变形因素。

四、正洞洞身开挖和通过斜井、竖井出渣定额,已含施工用水抽排,排水量系按≤10m³/h编制。超过此排水量时,根据所采取治水措施另行分析计算排水费用。

费用包括两部分,治水费和排水费。治水措施一般有堵(注浆)和泄(泄水导洞)等,如果经过治水后,涌水量还大于10m³/h,应根据施工组织设计的排水方案计算排水费用。

五、洞身出渣运输定额包括有轨、无轨正洞内运输和通过辅助坑道运输子目。按不分围岩级别综合编制,定额消耗中已综合考虑允许超挖、预留变形和岩石松散系数等因素。使用时根据施工组织设计安排合理选用有轨、无轨运输模式,与开挖定额子目配套使用。

六、洞身出渣运输定额,按正洞出渣定额基本运距≤500m、运距每增加500m编制,叠加使用。其中通过有轨斜井、竖井运输按基本运距≤100m、运距每增加100m编制,含井底及竖井倒装全部工作内容。

七、洞身出渣运输定额有轨运输子目,均按洞内坡度≤13‰编制,当洞内坡度>13‰时,蓄电车及充电机台班应乘以1.5的系数。

八、明洞明挖及洞门土石方挖运,应采用路基定额相应子目。

九、开挖台架和仰拱栈桥定额,按隧道延长米综合编制。

十、工程量计算规则

1. 正洞洞身开挖、出渣的工程数量,均按图示不含规范允许超挖、预留变形量的设计开挖断面数量计算。包含沟槽及各种附属洞室的开挖数量。

2. 开挖台架、仰拱栈桥的工程量按隧道延长米计算。

【例2-13】 某隧道长900m,断面有效面积≤40m²,开挖Ⅲ级围岩40320m³,汽车运输,求所需人工数量?

解:人工:

SY-10　SY-14　$(2.158+0.037)\times 4032$

SY-53　SY-54　$(0.701+0.033)\times 4032$

SY-147　SY-148　$(2.116+0.098)\times 900$

SY-155　SY-156　$(2.856+0.471)\times 900$

第二章　支护

一、本章包括喷射混凝土,锚杆,钢筋网,格栅钢架,超前支护,拆除临时支护,综合接地焊接,支护台架7节。主要用于正洞洞身、辅助道坑及洞门附属工程的永久性支护及临时支护。

二、喷射混凝土子目含湿喷料拌制、初喷、复喷、检查、机具清洗等工作内容。按不区分断面有效面积、正洞及辅助坑道、拱墙及仰拱部位等因素综合编制,定额消耗量已综合考虑了混凝土回弹因素。定额消耗量中未考虑设计允许超挖回填和预留变形回填因素。喷射合成纤维混凝土定额,合成纤维掺入量按喷射混凝土重量的$0.9kg/m^3$计入,当设计采用的掺入量与本定额不符或采用其他纤维时,可以抽换。

三、喷射混凝土子目中已含混凝土拌制,但未含混凝土运输,喷射混凝土运输应采用第五章相关子目另计。

四、锚杆、钢筋网、钢架子目含材料制作与安装工作内容。其洞内运输应按材料运输定额另计。

五、超前支护包括管棚、小导管、注浆等子目。其中小导管、管棚定额按钻孔、顶管综合编制。注浆定额适用于其他洞内围岩加固处理工程。其洞内运输应按材料运输定额另计。

六、拆除临时支护定额,指根据设计需要,对必须拆除的临时支护体的凿除和拆除,其中拆除混凝土定额包括拆除钢筋网、锚杆和连接钢筋工作内容。拆除后的运输按材料运输定额另计。

七、综合接地焊接定额,按不同围岩设计采用接地方式综合编制,定额中仅包含完成焊接、测试等工作内容所需人工、机械消耗量,未含接地主体材料和接地端子。其洞内运输应按材料运输定额另计。

八、支护台架定额,按隧道延长米综合编制。

九、工程量计算规则如下:

(1)喷射混凝土工程数量,按喷射面积乘以厚度计算。喷射面积按设计外轮廓线计算。工程数量中应计入设计允许超挖、预留变形量按规定应由喷射混凝土回填的数量和设计封闭掌子面喷射混凝土工程数量。

(2)锚杆定额工程数量,均以100m作为计算单位。砂浆锚杆按每根长3m、直径22mm考虑,中空锚杆、自钻式锚杆按每根长3m、规格25mm×5mm考虑,当设计锚杆规格与本定额不一致时,锚杆钢筋(锚管)、中空(自钻式)锚杆体及附件可以抽换。

> **【例2-14】** 某单线隧道长800m,采用砂浆金属锚杆支护,锚杆直径φ20,长2.5m,共200根,求人工、钢筋和自卸汽车的消耗量?
> **解:** 查SY-86、SY-180、SY-181可知:
> 人工:$12.738 \times (200 \times 2.5 \div 100) + 0.22 \times 3.9378 = 64.556$(工日)
> 钢筋:$302.336 \times 5 \times (20 \div 22)^2 = 1.2493$(t)
> 重量:$(0.840 - 0.3023) \times 5 + 1.2493 = 0.5778$(kg)
> 自卸汽车≤8t$(0.011 + 0.002) \times 3.9378 = 0.0512$(台班)

(3)格栅钢架、型钢钢架工程数量,均按设计钢架及除螺栓、螺母以外的连接钢材重量计算。应根据设计情况在工程数量中一并考虑钢架间连接钢筋增加因素,单独显示。

(4)超前小导管及管棚工程数量,均以100m作为计算单位。超前小导管按直径32mm考虑,管棚按直径108mm考虑,当设计规格与本定额不一致时,可以抽换。

(5)拆除临时支护定额中喷射混凝土工程数量,均按设计喷射混凝土体积计算,不扣除钢筋网、锚杆体体积。

(6)临时支护中的钢结构当与喷射混凝土组合使用时,按一次摊销,扣除20%残值计算,独立使用按二次摊销,扣除20%残值计算,整修费用不再另计。

(7)综合接地焊接工程数量,按设计引下接地的数量以"处"计算,由于接地而额外增加的钢构件数量计入洞内钢筋、锚杆等相应工程数量。接地端子的费用按其设计数量乘以成品价格另计。

(8)支护台架工程数量按隧道正洞延长米计算。

第三章 衬砌

一、本章包括衬砌模板、台架模注混凝土、钢筋、钢筋混凝土盖板、防水与排水、中心水沟、拱顶压浆7节。主要用于正洞洞身和辅助工程的衬砌、钢筋、防排水、压浆工程。

二、衬砌模板含钢台模、组合模板两种类型,按隧道正洞洞身断面有效面积分别编制。沟槽模板按双侧水沟模式编制,防水板台架按隧道正洞洞身有效面积编制。

三、衬砌工程包括混凝土拌制、浇筑。混凝土浇筑以正洞洞身不同部位按拱墙、仰拱、铺底、填充、沟槽分别编制。定额消耗中未考虑设计允许超挖回填和预留变形量回填因素。当设计采用的混凝土等级与定额不相符或采用特殊混凝土时,可抽换。

四、防水与排水包括防水板、土工布、透水管、止水带、施工缝处理、刷涂界面剂等子目。其中防水板定额中综合考虑了防水板的搭接、实铺长度与初期支护基面弧长铺设松弛度关系及操作损耗,使用时不得另计其他数量增加因素。当设计采用的防水板、土工布、止水带、透水管材料规格与定额不符时,可以抽换。

五、中心水沟包括中心水沟开挖、钢筋混凝土预制管铺设、深埋中心水沟检查井子目。中心水沟开挖子目已考虑超挖因素。中心水沟检查井子目按座为单位综合编制。

六、沟槽盖板、深埋水沟检查井定额已含混凝土拌制内容。

七、本章混凝土工程未含混凝土运输,应与第五章中混凝土运输定额配套使用。

八、工程量计算规则如下:

(1)正洞洞身混凝土拌制、浇筑及运输的工程数量,均按设计图示衬砌断面外轮廓线面积乘以厚度计算。工程数量中应计入设计允许超挖、预留变形量按规定应由模注混凝土回填的数量和沟槽及各种附属洞室衬砌数量。

(2)正洞洞身衬砌工程所使用定型钢台模、组合钢模板、防水板台架的工程量按隧道延长米分别计算。

组合钢模板延米工程量,应按整座隧道下锚段等变截面段计算。当变截面段断面有效面积>100m^{2}或车站股道设置在洞内时,按变截面段与正常段模板接触面积之比例系数调整定额。专用洞室及余长电缆腔模板应采用组合钢模板定额,按每500m设置一处,每处1.5延长米计算。

(3)防水板工程数量,按敷设面积计算。

(4)止水带、盲沟、透水管工程数量,均按设计长度计算。

(5)拱顶压浆工程数量,设计时可按每延长米0.25m^{3}综合考虑。

(6)衬砌沟槽模板定额,按双侧沟槽编制,如设计采用单侧沟槽,定额消耗量应乘以0.7的系数。

【例2-15】 某隧道长3000m,断面有效面积≤60m^2,Ⅳ级围岩,洞身衬砌C30混凝土7000m^3,其中拱墙2500m^3,铺底2000m^3,填充1000m^3,沟槽1000m^3,仰拱500m^3,洞身钢筋2000t,求人工消耗量?

解:查SY-106(模板)1.81×3000

SY-113(沟槽模板)1.040×3000

SY-118(拌制)0.029×7000

SY-119,120,121,122,123(浇筑)

SY-124(钢筋制作)2.860×2000

SY-178,SY-179(0.032+2×0.013)×2000(钢筋运输)

SY-126(钢筋安装)3.601×2000

SY-165,SY-166(混凝土运输)(0.855+0.105×2)×700

第四章 通风及管线路

一、本章包括通风,高压风管、照明、电力线路内容。主要用于隧道正洞在施工期间的正洞内通风,高压风管、照明、电力线路安装、铺设、调试维护等工程内容。按洞身断面有效面积分别编制。

二、通风管线路定额,按工区长度(管线独头敷设距离)≤500m,每增500m编制,叠加使用。

三、通过斜井、竖井、横洞施工正洞时,其通风、管线路按独立工区长度(含通过辅助道坑长度)计算,当施工组织设计确定同时向两个方向施工正洞时,通风、管线路按各自独立工区长度(含通过辅助道坑长度)分别计算。

四、通风及管线路工程量按工区长度计算。

第五章 运输

一、混凝土运输定额,包括洞外混凝土增运、正洞混凝土运输、通过辅助道坑运输。按有轨、无轨运输模式分别编制,使用时根据施工组织设计确定的方案选用。定额中未考虑超挖及预留变形量回填因素。

二、混凝土运输定额,正洞运输按基本运距≤500m,每增500m编制,叠加使用。当通过辅助道坑运输时,应组合使用。其中有轨斜井、竖井按基本运距≤100m,每增100m编制,叠加使用。洞外运输超过起始运距时,采用洞外混凝土增运子目。

三、混凝土运输子目用于第二章中喷射混凝土的运输时,普通混凝土乘以1.20的系数,纤维混凝土乘以1.15的系数;用于第十章中喷射混凝土运输时乘以1.16的系数。

四、材料运输定额,包括正洞运输及通过辅助道坑材料运输子目,适用于支护、衬砌章节中除模板和混凝土以外的锚杆、小导管、管棚(含注浆)、钢筋网、钢架、洞身钢筋、钢筋混凝土盖板、防水板、止水带、盲沟、透水管等构成工程实体材料的洞内运输。

五、材料运输定额按有轨、无轨运输模式分别编制,按基本运距≤500m,每增500m编制,其中竖井按基本运距≤100m,每增100m编制,叠加使用。

六、工程数量计算规则如下:

(1)混凝土运输工程数量与喷射混凝土,正洞洞身衬砌混凝土、浇筑工程量一致。

(2)运输材料以"t"为计算单位,材料的计算范围为锚杆、小导管、管棚(含注浆)、钢筋网、钢架、洞身钢筋、钢筋混凝土盖板、防水板、止水带、盲沟、透水管等构成工程实体材料的重量,采用概预算统计重量作为工程数量。

第六章 洞门及明洞

一、本定额包括洞门及明洞混凝土、洞门及明洞砌筑、洞门附属、明洞附属4节,适用于各类型隧道洞门和明洞附属工程。

二、洞门及明洞混凝土子目已含模板制安拆工作内容,已含距洞门或明洞500m内混凝土装卸、运输,超过此运距时,按洞外增运子目另计。本定额洞门工程混凝土子目按高性能混凝土编制,当设计采用其他类型混凝土时,可抽换。

三、洞门、明洞土石方及加固工程,采用路基定额相应子目。

四、洞门及明洞混凝土、砌筑及附属工程,均按设计工程数量计算。

第七章 辅助坑道

一、本章包括辅助坑道开挖、出渣运输、衬砌、通风、管线路、混凝土运输、材料运输、辅助坑道模板台架共8节。按平行导坑、有轨斜井、无轨斜井、竖井分别编制。

二、平行导坑定额,适用于与正洞平行超前施工的贯通或非贯通辅助坑道工程。按平行导坑单口独头掘进长度基本运距≤500m,每增500m编制。平行导坑定额也适用于横洞、横通道、迂回道坑工程。

三、有轨斜井定额,适用于斜井长≤800m、综合坡度≤70%(斜角≤35°),采用斗车提升运输的主、副斜井工程,按有轨斜井单口独头掘进长度基本运距≤100m,每增100m编制。

四、无轨斜井定额,适用于斜井长≤2500m、综合坡度≤12%(斜角≤8°),采用汽车运输的斜井、斜坡道工程,按无轨斜井单口独头掘进长度基本运距≤500m,每增500m编制。

五、竖井定额,适用于竖井井长≤800m,根据施工组织需要自上向下钻爆法施工的辅助工程,按竖井垂直提升运输长度基本运距≤100m,每增100m编制。

六、平行导坑、斜井、竖井的开挖,出渣运输,衬砌,通风,管线路,适用于辅助坑道自身施工,不适用于通过平行导坑、斜井、竖井的正洞洞身工程。

七、斜井、竖井的衬砌、通风管线路定额不适用于永久性通风或其他用途工程。

八、工程量计算规则如下:

(1)辅助坑道本体的工程数量,均为平行导坑、斜井、竖井自身的开挖、衬砌、支护工程数量,包含斜井井身、井底车场、渣仓、横通道、水仓与配电室等的数量。

(2)辅助坑道均不考虑超挖预留变形、回填因素。开挖、出渣工程数量按图示不含超挖、预留变形量的设计开挖断面数量计算，不含横通道、井底挑顶及渣仓等各种施工必需的附属洞室的开挖数量。支护、衬砌工程数量均按图示设计数量计算。

(3)辅助坑道所使用的施工台架、组合钢模板的工程数量按辅助坑道延长米计算。

第八章　超前地质预报及监控量测

一、本章包括超前地质预报、施工监控量测两节。其中超前地质预报定额仅编制风钻钻机超前水平钻探地震波物探定额，主要用于Ⅰ级风险隧道中极高风险段落的加强地质预报工程。监控量测定额主要用于隧道施工监控量测必测项目的量测，定额中已含洞外观察等内容。

二、风钻加深炮孔按手持气腿式凿岩机施工、孔径与爆破孔相同、孔深5m编制，孔数、孔位应根据开挖断面大小和地质复杂程度由设计确定。所钻探测孔为单独设计地质预报专用不装炸药探测孔。

三、钻机超前水平钻探定额分为冲击钻与取芯钻两类，使用中不得因钻机、钻杆类型及取芯方法不一致调整定额消耗。定额已含技术作业相关工作。

四、地震波物探法按每次探测隧道前进方向100m编制，使用中不得因探测距离不同调整定额消耗。定额已含技术作业及报告编制工作内容。

五、工程量计算规则如下：

(1)超前地质预报措施中风钻加深炮孔及钻机超前钻探工程数量，均按设计单孔全长计算，不区分隧道正洞、辅助坑道断面大小及围岩等级。

(2)超前地质预报措施中地震波反射法探测工程数量，按隧道延长米计算，不区分隧道正洞、辅助坑道断面大小及围岩等级。

(3)监控量测工程数量，地表下沉与底板沉降、拱顶下沉子目按设计测点个数计算，净空按设计基线条数计算。

第九章　改(扩)建工程

一、本章包括围岩开挖、圬工凿除、洞身衬砌、出渣、支护、防水与排水、其他7节，主要用于铁路既有线隧道的改扩建工程，按封锁线路(天窗点)施工编制断线改造按新建工程处理。

二、围岩开挖、圬工凿除、洞身衬砌定额，不分围岩级别及工程部位均使用本定额。

三、围岩开挖、圬工凿除清运、进料等采用出渣定额。

四、工程量计算规则如下：

(1)围岩开挖、圬工凿除定额，按图示设计开挖断面数量计算，包含沟槽及各种附属洞室的开挖数量。

(2)洞身衬砌定额，按图示设计衬砌断面数量计算，包含沟槽及各种附属洞室的衬砌数量。

第十章　机械化施工

一、本章包括凿岩台车机械化开挖、辅助坑道机械化出渣、衬砌机械化施工、支护机械化施工4节，其中机械化开挖、辅助坑道机械化出渣、衬砌机械化施工、支护机械化施工主要用于使用大型机械化钻爆法开挖、衬砌、支护的断面有效面积≥76m²的新建铁路隧道工程；辅助坑道机械化出渣主要用于正洞自斜坡底皮带出渣和平行导坑履带式挖装机配合自卸汽车出渣。

二、凿岩台车机械化施工洞身开挖定额，按凿岩台车施工、装药台车装药爆破考虑。不区分开挖部位，含正洞及仰拱工作面钻爆全部工序，定额中已考虑凿岩台车施工施工外插角扩孔因素。

三、凿岩台车开挖Ⅴ级围岩子目,适用于隧道正常施工过程中遇有局部软弱破碎石质围岩情况下,不改变凿岩台车作业方式,采用微台阶法配合常规支护措施的施工模式。需要根据具体地质条件及施工组织设计情况酌情选用。当Ⅴ级围岩为土质或设计采用帷幕注浆等支护模式致使凿岩台车无法组织正常施工时,应另行补充单价分析。

四、辅助坑道机械化出渣定额,包括正洞自斜井底皮带出渣、平导挖装机装运定额,适用于配合钻爆法开挖的洞内无轨运输模式。皮带机无轨斜井运输使用范围为斜井底至斜井洞口。无轨斜井坡度为10°~15°;平导出渣按履带式液压挖装机装渣、自卸汽车运渣编制,与本定额平导开挖子目配套使用,使用范围为平导开挖面至平导洞口,含洞外无轨运输500mm。

五、衬砌机械化施工定额,包括衬砌台车、模架、栈桥定额,均按隧道延长米编制,定额中已含正常材料摊销及回收。使用中不得另计设备及材料残值。沟槽模架按单侧编制,当设计采用双侧沟槽时定额应乘以系数2,双侧沟槽加设中心水沟时乘以系数3。

六、湿喷机械手喷射混凝土定额已考虑混凝土回弹数量,已含混凝土拌制,但未含混凝土运输,应采用第五章相关子目另计。如设计喷射混凝土强度等级与定额不符时,可进行交换。

七、凿岩台车锚杆作业定额,与凿岩台车机械化施工配合使用,按凿岩台车钻锚杆眼,人工安装锚杆、灌注砂浆编制,锚杆规格直径22mm、长3m编制,使用时可抽换。

八、工程量计算规则如下:

(1)正洞洞身的开挖、出渣的工程数量,均按图示不含规范允许超挖、预留变形量的设计开挖断面数量计算,包含沟槽及各种附属洞室的开挖数量。定额中已考虑凿岩台车施工外插角扩孔因素。

(2)喷射混凝土工程数量,按喷射面积乘以厚度计算。喷射面积按设计轮廓线计算。工程数量中应计入设计超挖、预留变形量按规定应由喷射混凝土回填的数量和设计封闭掌子面喷射混凝土工程数量。

第四节 铁路工程概算定额

一、概算定额概念

概算定额也称综合预算定额,它是确定一定计量单位综合分部工程所需的人工、材料和机械台班数量消耗标准。是以预算定额为基础进行综合归纳而编制的一种定额。

概算定额与预算定额相比,综合性较强。在预算定额中分单项列出了石砌基础、涵身及出入口、钢筋混凝土盖板、沉降缝、防水层等的单项分部工程定额,比较单一而详细。而概算定额则不同,是它们的综合,只要知道孔径即可。因此,在进行原则性方案比较阶段,设计部门进行施工组织设计和编制概算时,使用概算定额也就是显得更为方便和适用,而在计算精度上,也能满足有关设计阶段的要求。

二、概算定额作用

(1)概算定额是初步设计阶段"站后"工程编制设计概算的依据。

(2)概算定额是编制概算指标的重要依据。

(3)概算定额可作为工程建设计划、供应主要材料的参考。

(4) 概算定额是设计方案进行技术经济分析与比较的依据。

(5) 概算定额是企业在准备施工期间编制施工组织总设计或总规划的依据。

三、概算指标

概算指标是指以统计指标的形式反映工程建设过程中生产合格工程建设产品所需资源消耗的水平，以整个建筑或整个分部工程为单位而规定的人工、材料、机械台班消耗标准。

在预算定额和概算定额的基础上编制的，它比概算定额更综合，对进行原则性方案的经济比较更加方便。概算指标主要用于投资估算、初步设计阶段初期，特别是当工程设计形象尚不具体，计算分部分项工程量有困难，无法查用定额，同时又必须提出投资概算的情况下，才利用概算指标。

四、估算指标

铁路工程估算指标，是经过统计已交付使用的在不同地形条件、不同设计标准、不同牵引种类的新建单线的情况下，估算增建二线的主要费用指标。它是编制铁路建设项目建议和设计任务书（可行性研究报告）投资估算的依据。

第五节 企 业 定 额

企业定额是指企业依据国家有关政策、法规等，根据本企业自身的技术和管理水平，确定的完成合格单位产品所必需的人工、材料、机械以及其他生产经营要素消耗的标准，是自行编制、审查、批准、颁发并在本企业贯彻执行的定额，供企业内部经营管理、成本核算和投标报价的文件。

1. 编制企业定额的必要性

（1）每个企业的施工条件与统一定额中所考虑的施工条件往往有很大不同，执行起来完成定额的程度相差悬殊，且这种不同不一定是属于企业主观上的原因，如果不区别客观因素，要全国所有班组执行同一定额，则必然出现苦乐不均，造成分配上的不合理。

（2）定额是一种经济杠杆，如企业受制于全国统一定额而不能灵活调整水平，就无法把这个杠杆用活，定额偏紧的项目往往很难布置下达，偏低的项目不利于企业劳动生产率的提高，这就需要企业定额来协调。

（3）全国统一定额的修编费工费时，工作周期一般很长，不能及时适应客观形式变化的需要，尤其是新技术、新工艺、新材料不断开发应用，统一定额就无法满足施工需要。

（4）实行招标承包制以后，如果各企业都以统一定额为基础来编制标书标价，必然是大同小异，无法进行评标，这就失去招标择优施工和投标竞争的意义。

可见，虽然有了统一定额，但为了提高经营管理水平，适应招投标及工程管理的需要，各企业编制自己的企业定额是十分必要的。

2. 企业定额的作用

企业编制企业定额不仅能反映企业的劳动生产率和技术装备水平，同时也是衡量企业管理水平的标尺，作用如下：

(1) 企业定额是编制施工组织设计和施工作业计划的依据。

(2) 企业定额是施工队或班组下达任务书和限额领料、计算工时和工人劳动报酬的依据。

(3) 企业定额是企业进行投标报价的主要依据。

(4) 企业定额有助于加强定额建设工作。

企业编制的企业定额,对修编全国统一定额非常有利,并且对提高施工企业经营管理水平,实现企业自主和加强定额自身建设有重要意义。

3. 企业定额的分类和用途

(1) 企业施工定额

企业施工定额是根据本企业具体施工条件和工人技术熟练程度分工种、分工序或工作过程制定的劳动定额,机械作业定额和材料消耗的总称,它是施工企业基层单位对工人班组下达工程任务单,限额领料单,实行计件工资,计时超额奖,材料节约奖或开展班组经济核算的依据,也是工人班组开展劳动竞赛的指标,所以又称班组施工定额。

(2) 企业预算定额

企业预算定额是企业内部承包的预算单价定额,作为工程局对各工程处下达投资计划,进行经济责任制考核的依据。

(3) 不变定额

不变定额指把现行预算定额固定起来,保持一定时期不变的定额,这种定额主要用于编制工程不变价格,计算建安工作量作为衡量企业历年劳动生产率的增长程度。

(4) 目标定额

目标定额是指在正常的施工生产技术组织条件下,制定本企业对某分部分项工程在今后一段时期内要求达到的时间、人力、物力、财力消耗指标或生产能力指标,作业企业的奋斗目标,有时也指在施工劳动竞赛中指出的奋斗目标。

(5) 投标定额

投标定额是指编制投标报价所用的概预算定额,但它的水平不是统一定额的水平,它是根据本企业过去已达到的水平编制而成。投标定额在充分了解投标项目的工程现场情况,如地形、地质、水文、气象、交通和各种施工条件以及施工组织情况以后,以本企业素质、施工水平为条件编制的本企业内部投标定额,考虑了实际完成定额情况,并参考国家预算定额编制出来的,投标定额并不是一个固定不变的定额,随投标项目的变化而变化,但一经中标,作为计算中标项目工程单价的投标定额就是固定不变的。它起着与概预算定额同等的作用。

4. 企业定额编制的原则

(1) 执行国家、行业的有关规定,遵循《建设工程清单计价规范》或《铁路工程量清单计价指南》的原则。

(2) 真实、平均先进的原则。

(3) 简明实用的原则。

(4) 时效性和适应性的原则。

(5) 独立自主编制的原则。

编制企业的方法很多,与其他类型定额的编制方法基本一样。概括起来,主要有定修正法,经验统计法、观察测定法、理论计算法等。

【复习思考题】

1. 什么是劳动定额？它有几种表示方法？它们之间有何关系？
2. 简述材料消耗定额的概念及组成。
3. 什么是预算定额？它由哪几部分组成？
4. 简述预算定额的作用。
5. 什么是企业定额？简述企业定额的分类。
6. 预制 C15 钢筋混凝土圆涵管节 200m^3（孔径 2.0m），需要工料机多少？如用细砂，需水泥多少？
7. 人工挖硬土双轮车运 350m，工程量 8400m^3，求所需工日？如小型机具运输，节省多少工日？
8. 某单位机械施工，工程量如下，求所需工日、台班？
   (1) 2.0m^3 装载机自挖自卸软石 5450m^3，运距 100m。
   (2) 2.0m^3 装载机配合≤8t 自卸汽车施工 5450m^3，运距 1000m。
   (3) 2.0m^3 挖掘机自挖自卸普通土 6000m^3。
   (4) 2.0m^3 挖掘机配合≤8t 自卸汽车施工 6000m^3，运距 2000m。
9. 某班 45 人，出工率 90%，月计划施工 26 天，问能完成 M10 浆砌片石涵洞基础多少方？
10. 某路基土方工程，人工挖普通土 2881m^3，双轮车运输远距 100m，要求 25 天完成，问每天安排多少人施工？
11. 某涵洞人力挖土方，有挡板，有水，坑深 5m，安排 12 人施工，6 天完成 130m^3，问完成定额的百分之几？
12. 某段设计速度 160km/h Ⅰ 级铁路区间路基石方工程，次坚石（天然密实方）4000m^3，采用机械钻眼浅孔爆破，装载机（≤3m^3）挖土，≤8t 的自卸汽车运输 2km；挖方全部利用，填方（压实后断面方）10000m^3，除利用方外，缺口需外借，仍为石方，装载机配合自卸汽车施工运输 5km，求人工、机械所需数量。
13. 某铁路桥梁基础，陆上钻孔，钻孔长度 70m，桩径 1.2m，桩长 65m，地质为软石，泥浆和钻渣外运 3km，钢筋笼 2.1t，钢护筒埋深 1.5m，桩身为 C30 混凝土，试套用定额计算所需人工机具数量。
14. 某直线隧道长 5000m，断面有效面积≤40m^2，工区长度 2500m，采用钻爆法施工，无轨运输，开挖Ⅲ级围岩 50000m^3，Ⅳ级围岩 87000m^3，均卸在洞外 800m 处，采用喷混凝土和锚杆支护，喷混凝土 2000m^3，砂浆锚杆长 4m，Φ20 的钢筋 500 根，复合式防水板 40000m^2，橡胶止水带 1000m，拱顶压浆 1250m^3，衬砌 C30 高性能混凝土拱墙 8500m^3，填充 550m^3，铺底 300m^3，仰拱 3000m^3，沟槽 250m^3，水沟电缆槽盖板 250m^3，盖板钢筋 25t，墙体钢筋 300t，求人工、水泥、钢筋、自卸汽车、混凝土运输车的数量。

第三章

铁路工程概预算

第一节　铁路工程概预算概述

一、概预算的意义

铁路工程概预算,人们习惯称工程预算,工程预算包括预算和概算,是个综合名称。预算包括施工图预算和施工预算。

铁路工程概预算,是按规定的程序和要求,现行的定额和费用标准,对拟建铁路预先计算确定建设费用的经济技术活动。

铁路工程概预算,是铁路基本建设文件的重要组成部分;铁路工程概预算工作,是铁路建设投资造价管理的核心内容。它贯穿于铁路建设始终,能够合理确定投资有效控制造价。根据铁路基本建设发展计划,提出项目建议,经可行性研究论证后编制建设项目投资估算书,作为国家确定基本建设的依据。铁道部编制的设计任务书经国家批准后,建设项目进入设计阶段。在设计阶段,设计院编制建设项目设计文件,对于两阶段设计的建设项目,在初步设计阶段,编制设计概算;在施工图设计阶段,编制施工图预算。

在工程招投标阶段,建设单位要编制"标底",投标单位要编制"标价"。标底和标价,都是在概预算的基础上,根据概预算的编制原理原则确定的。

在施工阶段,施工单位要编制施工预算,据以挖掘工程成本。

在竣工阶段,施工单位要编制竣工结算,建设单位要编制竣工决算,据以考核工程成本和建设成本。结算和决算都是在概预算的基础上,根据概预算的编制原理原则确定的。由此可见,概预算工作贯穿于铁路建设自始至终,起着确定和控制造价的作用。

二、概预算的种类

(一) 按概预算编制的时间分类

(1) 两阶段设计。

①在初步设计阶段,编制设计概算(或设计总概算)。铁路建设工程的设计概算,是铁路建设工程设计文件的必要组成部分,是全面反映铁路建设项目投资规模和投资构成的主要文件。是据以合理确定铁路建设项目投资和铁路基本建设计划,控制铁路基本建设投资,以及作为实行招标投标和投资包干的重要依据。也是考核设计的经济合理性和积累技术经济资料的重要依据。设计概算确定的最高投资额,应控制在国家批准投资估算允许浮动的范围内。

②在施工图设计阶段,编制施工图预算(也称投资检算)。施工图设计,是设计阶段的最后一道程序,提供施工所需要的所有图纸,因而该阶段的设计,从类型到构造到每一个细节尺寸都非常详细,把建筑产品的每个细节都反映在施工图纸上,以供施工单位使用。在这一阶段编制的施工图预算,也就很详细,基本上反映了实际情况,起到检查投资的作用,是考核施工图设计技术经济合理性的主要依据。施工图预算确定的费用,必须在批准的概算范围内。施工图预算,是建设单位控制工程造价的依据,也是建设银行控制拨款贷款的依据,施工图预算也是施工单位进行建筑安装工程实行包干、经济核算、分析工程造价、考核工程成本的依据,施工图预算对建设单位、施工单位、建设银行以及监理单位都有着广泛的用途。

③施工阶段,编制施工预算。施工预算是施工企业内部的一种管理文件,它起到节约工料消耗、降低工程造价、考核工程成本的作用。

(2)一阶段设计,编制总预算。其作用同两阶段设计中的扩大初步设计总概算、兼有施工图预算的作用,不再赘述。

关于设计阶段的确定,一般情况下,建设规模大的长大铁路、技术复杂、采用新技术属于大中型的建设项目,采用三阶段设计。正常情况下,采用两阶段设计,简单又有设计经验的小型建设项目可采用一阶段设计,但是几阶段设计最终应遵循批准的项目可行性研究报告规定的设计阶段。本章按两阶段设计叙述铁路工程概预算的有关内容。

(3)根据现行《铁路基本建设项目投资管理办法》,在初步设计及总概算批准15日内,建设单位应组织设计单位按照批复的概算的原则,编制初步设计鉴修概算报铁道部核备,并附技术经济指标统计表。鉴修概算应严格按批复的初步设计原则编制,并与批复的总概算相吻合,鉴修概算编制中如与批复内容不一致的应另行提出并报部批准。依据原铁道部批复意见编制的初步鉴修概算是项目建设单位组织工程招标或编制施工图投资检算的主要依据,也是项目工程实施阶段投资控制的基础。除此而外,设计单位还可能受项目建设委托,按照检算单位编制的指导性施工组织设计中拟定的标段划分原则编制招标概算。

项目招标完成后,建设单位要及时组织编制分标段的执行预算。项目执行预算以中标人的投标报价和合同约定条件编制,是项目指导验工计价和投资管理的基础。项目执行预算要报铁道部发展计划司、建设管理司、工程设计鉴定中心核备。

(二)按概预算编制范围大小分类

铁路工程概预算的编制层次,是由小到大、由个体到全体、由简单到复杂,层层扩大完成的。这样就有了一个编制范围和编制单元的大小问题,按编制范围大小可分为以下几类:

(1)单项概预算(也称个别预算)。一般编制范围较小,工程类别单一,是概预算的基础部分。

(2)综合概预算。一般编制范围扩大,工程类别较多,是在个别预算的基础上汇总编制的。

(3)总概预算。编制范围更大,工程类别多样,是在综合概预算的基础上汇总编制的。

但对于分段设计的项目,还需由项目总体设计单位编制总概预算汇总。因此大中型项目设计概算文件包括4个层次。概预算的编制,在时间的顺序上是:先编制设计概算,再编制施工图预算,最后编制施工预算。反映了设计阶段由粗到细的设计层次,同时反映了基本建设程序,符合经济技术规律。

概预算的编制在操作顺序上由小到大,先编制个别概预算,再编制综合概预算,然后编制总概预算,最后编制总概预算汇总。反映了概预算在编制操作上的层次,由单一到复杂,由局部到全体,逐步扩大,最后完成,其编制层次像施工作业,一个一个的完成,最后全线竣工。

三 概预算编制依据

各个阶段的概预算,在编制要求和深度上有所不同,编制依据也有差别,但总的来说铁路工程概预算的主要依据是:

(1)批准的项目任务书和主管部门的有关规定。

(2)铁路基本建设工程设计概预算的编制办法,现在执行的是国铁科法〔2017〕30号文。

(3) 设计文件、设计图表、工程数量或审查意见,设计过程中有关各方签订的涉及费用的协议纪要。

(4) 施工组织设计、施工方法、技术措施、施工现场平面布置、临时工程设施修建情况。

(5) 施工调查资料,如地质、水文、气象、资源、津贴标准、政策性取费标准、土地征、租用及道路改移、既有线运行情况等。

(6) 地方政府的有关政策规定、拆迁安置赔偿等情况的有关规定。

第二节 铁路工程概预算的编制范围、分工和编制单元

一、总概预算的编制范围及单元

总概预算反映整个铁路建设项目投资规模和投资构成的文件,是在综合概预算的基础上,按综合预算章节表所划分的章节号顺序与名称、费用类别进行分章汇总而成,主要任务是对综合概预算同类费用的汇总和累加。其编制范围应按整个铁路建设项目的范围进行编制,不能随意划分编制范围。若遇到以下情况应分别编制总概预算,并汇编该建设项目的总概预算汇总表。

(1) 两端引入工程,与项目有关的联络线、疏解线等可根据需要单独编制总概预算。

(2) 铁路枢纽、编组站、物流中心、动车段、动车运用所、综合物业开发相关内容应单独编制总概预算。

(3) 采用工程所在地地区统一定额的旅客站房及综合楼应单独编制总概预算。

(4) 凡跨越省、市、自治区或铁路局者,除应按各自所辖范围编制总概预算外,尚需以铁路枢纽为界分别编制总概预算。

(5) 分期建设的项目,应按分期建设的工程范围,分别编制总概预算。

(6) 一个建设项目,如有几个设计单位共同设计,则各设计单位按各自承担的设计范围,分别编制总概预算。总概预算汇总表由建设项目总体设计单位负责汇编。

如有其他特殊情况,可结合项目需要划分总概算的编制范围。施工图总概算的编制单元原则上与初步设计总概算编制单元一致。

二、综合概预算范围及单元

综合概预算是具体反映一个总概预算范围内的各种工程类别投资总额及其构成的文件,其编制范围应与相应的总概预算的编制范围一致。综合概预算是在单项概预算的基础上,按照综合概预算章节表的内容和顺序汇总而成的,主要任务是对单项概预算同类费用的汇总和累加。

三、单项概预算范围及单元

单项概预算是编制综合概预算、总概预算的基础,是详细反映各工程类别和重大工程、特殊工点的概预算费用的主要文件。内容包括人工费、材料费、施工机具使用费、价外运杂费、价

差、填料费、施工措施费、特殊施工增加、间接费和税金。设备单项概预算的编制内容包括设备费、设备运杂费和税金。

编制单元应按总概预算的编制范围化分,结合综合概预算章节表的要求,按工程类别分别编制。其中技术复杂的特大桥、大、中桥(指最大基础水深在10m以上的桥梁或有100m以上跨度梁的桥梁或有正交异性板钢梁等特殊结构的桥梁)及高桥(墩高50m及以上),4000m以上或有辅助坑道的单、双线隧道,多线隧道及Ⅰ级风险隧道;机车库,县级及以上旅客站房(含综合楼)等大型房屋及投资较大、工程复杂的新技术工点等,应按工点分别编制个别概预算。

铺轨架梁工程、在铺轨架梁单位所承担的工程范围内,以总承包单位(工程局)承担的工程范围为单元各编一个个别预算。

第三节 铁路工程概预算的编制深度及定额的采用

一、编制深度及要求

铁路工程概预算的编制深度应与设计阶段及设计文件组成内容的深细程度相匹配。
(1)单项概预算,应结合建设项目的具体情况、编制阶段、工程难易程度确定编制深度。见表3-1。

单项概预算编制深度　　　　表3-1

序号	工程类别	设计阶段	
		初步设计	施工图设计
1	路基土石方	根据工程数量,采用预算定额编制	根据工程数量,采用预算定额编制
2	路基附属工程	根据工程数量,采用预算定额编制	根据工程数量,采用预算定额编制
3	桥涵	根据工程数量,采用预算定额编制	根据工程数量,采用预算定额编制
4	隧道及明洞	根据工程数量,采用预算定额编制	根据工程数量,采用预算定额编制
5	轨道	根据工程数量,采用预算定额编制	根据工程数量,采用预算定额编制
6	房屋	根据工程数量,采用概算或预算定额编制	根据工程数量,采用预算定额编制
7	通信、信号、信息、灾害监测、电力、电力牵引供电	根据设计标准和数量,采用概算或预算定额编制	根据设计标准和数量,采用预算定额编制

续上表

序号	工程类别	设计阶段	
		初步设计	施工图设计
8	给排水、机务、车辆、动车、工务、站场、其他建筑及设备等	根据设计规模、结构类型、设备能力及工程数量,采用概算或预算定额编制	根据设计规模、结构类型、设备能力及工程数量,采用预算定额编制
9	其他工程	按详细工程细目及施工组织设计确定的规模与数量采用概算或预算定额编制	按详细工程细目及施工组织设计确定的规模与数量采用预算定额编制

(2)综合概预算,根据单项概预算,按国铁科法〔2017〕30号文中综合概预算章节表的顺序进行汇编。没有费用的章号及名称应予保留,各节中的细目结合具体情况可以增减。一个建设项目有多个综合概预算时,应汇编综合概(预)算汇总表。

(3)总概预算,根据综合概预算分章汇编。没有费用的章号及名称一律保留,一个建设项目有多个总概预算时,应汇编总概预算汇总表。

各编制阶段定额的采用

(1)概预算的编制深度与编制阶段和设计文件深细程度密切相关,各编制阶段对定额的采用有一定的要求,根据不同设计阶段和各类工程(其中路基、桥涵、隧道、轨道及站场简称"站前工程",其余为"站后工程")的编制深度要求,原则上采用铁路工程定额体系编制。

(2)旅客站房及站房综合楼的房屋工程等可采用工程所在地的地区的统一定额编制,其工料机价格及单项概预算中的各项费用定额应配套采用。

(3)现行定额未涵盖或不适用而建设项目亟需的工程,应根据该工程施工工艺要求等编制补充单价分析。

第四节　铁路工程概预算文件的组成

概预算文件,是概预算工作的结晶。将编制成果按规定装订成册,成为设计文件和施工文件的组成部分。概预算文件是反映铁路工程投资的文件,必须随同各设计阶段的设计文件进行编制,并一同送上级单位审批,没有概预算文件的设计,不是完整的设计。

概预算文件必须按规定的程序和要求编制,由于编制阶段的不同、编制范围的不同、编制深度要求不同等原因,各类概预算文件的组成内容也稍有不同,但均应包括以下基本内容:

编制说明

编制说明,主要说明概预算在编制过程中的一些重要问题,其内容包括:

(一)编制范围

应说明建设名称、线路等级、起点及起点里程、线路全长、工程特征、铁路经过地区的自然情况、是平原还是山区、地质水文等工程特征,施工单位,如有多个施工单位,说明施工单位名称及其承担的施工范围。

(二) 编制原则和依据

(1) 说明上级批准的编制原则,根据哪些规章、办法、协议等进行编制,对于预算和概算在编制原则上有不一致的地方,应说明原因和上级批准的依据。要重说明建设项目的工程特点、地区条件、自然特征及工期安排、劳动力部署、技术组织措施等施工组织原则,其他对预算有影响的问题应加以说明。

(2) 说明采用的定额,预算工资标准,材料单价,运输及装卸单价,工程用水、工用电的供给方式及单价,机械台班费用的确定等。

(3) 有的工程会增加一些特定费用,按施工组织设计和具体施工条件,需要在概预算中特别增加的费用,例如机械施工土方的超填费、大桥和长隧道的排水费等特殊费用,应加以说明。

(三) 概预算主要成果

说明概预算的总造价。全线劳动力数量,全线主要材料和设备数量,全线施工机械台班数量,每公里技术经济指标等,对于比较突出的个别指标,要做扼要分析,说明其特殊性。

(四) 在编制过程中有什么特殊问题,采取怎样解决的办法,还存在哪些问题,有什么建议等,也可在编制说明中说明。

二、各种表格

概预算的编制过程,主要是按规定要求填算各种表格,概预算的成果也主要反映在表格上,因此概预算文件的绝大部分是由表格组成,不可缺少的表格有以下几种:

(1) 总概(预)算汇总表
(2) 总概(预)算汇总对照表
(3) 总概(预)算表
(4) 总概(预)算对照表
(5) 综合概(预)算汇总表
(6) 综合概(预)算汇总对照表
(7) 综合概(预)算表
(8) 综合概(预)算对照表
(9) 建筑工程个别概(预)算表
(10) 设备及安装工程个别概(预)算表
(11) 个别概(预)算汇总表
(12) 主要材料(设备)运杂费单价分析表
(13) 补充单价分析表

另外还有调整系数计算表,劳、材、机数量计算表,技术经济指标分析表等。

三、有关附件

有关附件是指与编制概预算有关的一些会议纪要、合同、协议等文件,如和地方政府部门的会议纪要,合同、协议等。如拆迁协议、补偿标准协议、当地料供应价格协议等。

第五节　铁路工程概预算费用组成

根据铁路基本建设工程设计概算编制办法规定,概预算费用由4大部分组成。第一部分静态投资,第二部分动态投资,第三部分机车车辆(动车组)购置费,第四部分铺底流动资金,共16章36节。

一、静态投资

静态投资是指概预算编制期的投资。按照铁路基本建设工程设计概算编制办法规定,在编制概预算时,为了简化编制工作,排除价格因素变动的影响和有一个统一的取费基础,并保持一个相对的稳定时期,对直接费中的人工费、材料费(不含可抵扣进项税)、施工机具使用费等均按2014年的价格计算。2014年的价格称为基期价格,用基期价格计算的费用为基期费用,2014年为基期年。

从基期年到概预算编制年这段时间内,由价格发生的变化产生费用差额,在编制概预算时,以"价差"的形式列入概预算费用之中。也就是静态投资等于在基期费用基础上加上基期到编制期的价差。

静态投资的费用组成,按费用的性质分有建筑工程费、安装工程费、设备工器具购置费、其他费及基本预备费等(图3-1)。并且按工程类别将费用划分为12章32节。各章的名称如下:

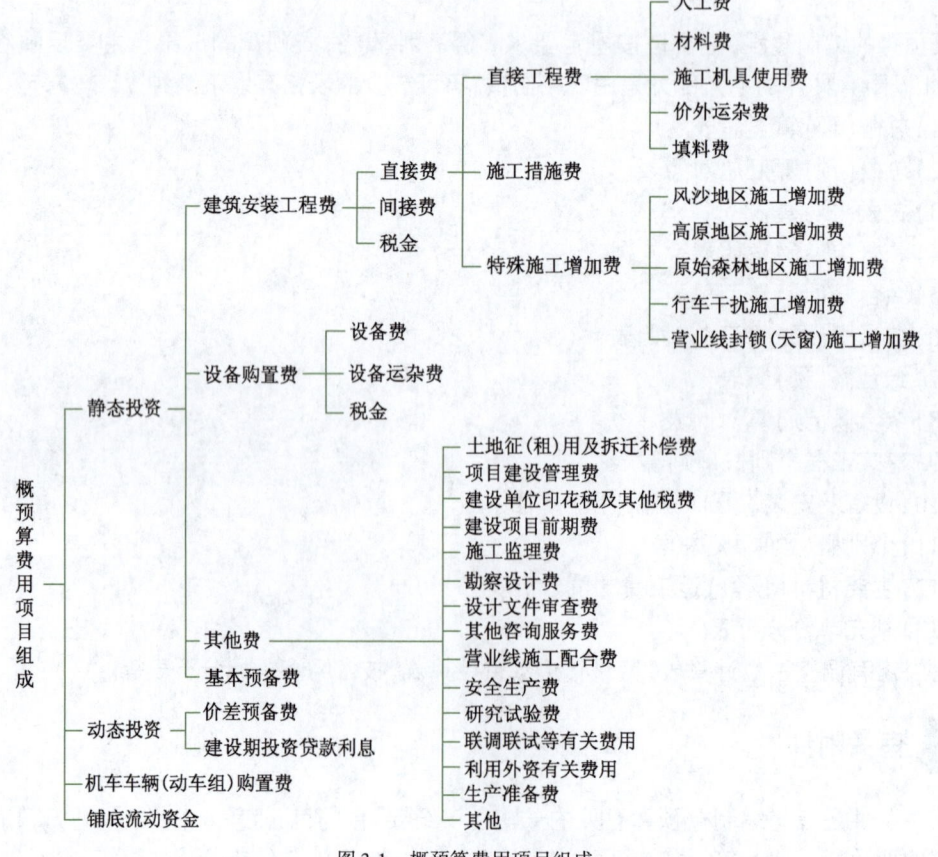

图3-1　概预算费用项目组成

第一章　拆迁及征地费用
第二章　路基
第三章　桥涵
第四章　隧道及明洞
第五章　轨道
第六章　通信、信号、信息及灾害监测
第七章　电力及电力牵引供电
第八章　房屋
第九章　其他运营生产设备及建筑物
第十章　大型临时设施及过渡工程
第十一章　其他费用
第十二章　基本预备费

二、动态投资

动态投资是指概预算编制期至竣工期之间的整个期限内，由于形成工程造价的工料机等因素的正常价格变动，导致工程项目总投资额的变化，相对静态投资产生了"差额"，为了正确反映基本建设工程项目，在整个建设期内的概预算总额，结合各种价格变动因素，对"差额"进行合理确定，并对概预算总额进行调整，所增加的预测预留费，称为动态投资。

动态投资的费用构成，包括工程造价价差预备费和建设期投资贷款利息。各章的名称如下：

第十三章　价差预备费
第十四章　建设期投资贷款利息

三、机车车(动车组)辆购置费

机车车辆(动车组)购置费，是指逐步推行投资有偿占用制度，根据铁路机车、客车投资有偿占用有关办法的要求中，在新建铁路、增建二线和电气化技术改造等基建大型项目总概预算中，根据需要计列的机车车辆(动车组)购置费。名称如下：

第十五章　机车车辆(动车组)购置费

四、铺底流动资金

铺底流动资金，是指为了保证新建铁路项目，在投产初期能正常运营，确保所需流动资金有可靠的来源，而计列的费用。名称如下：

第十六章　铺底流动资金

【复习思考题】

1. 概预算由哪些文件组成?
2. 什么是工程预算?
3. 概预算编制的依据是什么?
4. 概预算费用由哪些内容组成?

第四章

铁路工程概预算费用项目组成内容及计算方法

第一部分 静 态 投 资

静态投资,是概预算编制期的计划投资,静态投资的构成,可按两个方面进行分类:一是按投资构成的性质分,是由建筑工程费、安装工程费、设备购置费、其他费4类费用以及基本预备费组成。二是按费用发生的工程类别分,是由12章32节组成。

1. 按投资构成性质分

(1) 建筑工程费

一般是指经过兴工动料,经过施工活动形成建筑物或构筑物所发生的费用,如路基、桥梁、隧道及明洞、轨道、通信、信号、信息、灾害监测、电力、电力牵引供电、房屋、给排水、机务、车辆、动车、站场设备、工务、其他建筑等,和属于建筑工程范围内的管线敷设、设备基础、工作台等,以及迁改工程,大型临时和过渡工程中应属于建筑工程费内容的费用。

(2) 安装工程费

指各种需要安装的机电设备的装配、装置工程,与设备相连的工作台、梯子等的装设工程,附属于被安装设备的管线敷设,以及被安装设备的绝缘、刷油、保温和调试所需的费用。安装工程,一般要经过兴工动料的施工活动。

(3) 设备购置费

指一切需要安装与不需要安装的生产、动力、弱电、起重、运输等设备(包括备品备件)的购置费,以及够成固定资产工器具(包括备品备件)、专用工具(包括备品备件)等的购置费用。

(4) 其他费

指上述三种费用以外的各种费用,土地征用(租)及拆迁补偿费、建设项目管理费、建设单位印花税及其他税费、建设项目前期费、施工监理费、勘察设计费、设计文件审查费、其他咨询服务费、营业线施工配合费、研究试验费、安全生产费、联调联试等有关费用、利用外资有关费用、生产准备费及其他等。

(5) 基本预备费

建设阶段各种不可预见因素的发生而预留的可能增加的费用。设计概预算中难以预料的费用。

2. 按费用发生的工程类别分

新的概预算编制办法规定,按照大体的施工先后顺序和工程类别,概预算费用由12章32节组成(见附录一)。

第一节 建筑安装工程费的费用组成及计算方法

建筑工程费和安装工程费,在投资构成上分属两种费用,但在费用组成内容上却是一致的,所以一并介绍。

建筑、安装工程费,是铁路建设项目投资的主要组成部分,它由直接费、间接费和税金三个部分组成。

一、直接费

直接费是施工现场在工程施工过程中发生的有关费用。它包括直接工程费、施工措施费、特殊施工增加费和大型临时设施和过渡工程费4种。

（一）直接工程费

直接工程费是指在施工过程中耗费的构成工程实体和有助于工程形成的各项费用，包括人工费、材料费、施工机具使用费、价外运杂费、填料费。

1. 人工费

人工费，指直接从事建筑安装工程施工的生产工人开支的各项费用。它是按概预算定额和工程数量计算的人工工日数量与工资单价（综合工费标准）的乘积。其计算公式为：

$$人工费 = \sum 定额人工消耗量 \times 综合工费标准$$
$$= 工日定额 \times 工程数量 \times 综合工费标准$$

式中工日定额，指概预算定额中，每单位工程量规定的工日消耗量。综合工费标准按下列办法确定：

1）概预算综合工费标准的组成内容

综合工费标准，包括基本工资、津贴和补贴、生产工人辅助工资、职工福利费、生产工人劳动保护费5项费用。

（1）基本工资

基本工资是国家规定的各类工人的工资标准。

（2）工资性补贴

工资性补贴，指按规定标准发放给生产工人的流动施工津贴、施工津贴、隧道津贴、国家及地方价格补贴、煤、燃气补贴、住房补贴、上下班交通补贴及特殊地区津贴、补贴等。

（3）生产工人辅助工资

生产工人辅助工资，指生产工人年有效施工天数之外的非有效作业时间的工资，例如开会和执行必要的社会公益义务活动时间的工资，职工学习、职工培训期间的工资，调动工作和职工探亲期间的工资，因气候影响停工的工资，女职工产假期间的工资，育儿哺乳期间的工资，由行政直接支付的6个月以内的病假期间的工资，婚假、丧假期间的工资。

（4）职工福利费

职工福利费，是按国家规定计提的职工福利基金和医药费基金。

（5）生产工人劳动保护费

生产工人劳动保护费，系指按国家有关部门规定标准，发放的劳动保护用品的购置费、维护修理费、服装补贴费，以及炎热季节防暑降温费，在有害于职工身体健康环境中，施工生产的保健营养费等。

2）综合工费标准

基期综合工费标准见表4-1。

基期综合工费标准　　　　　　　　　　　　　　　　表4-1

综合工费类别	工程类别	基期综合工费标准（元/工日）
Ⅰ	路基（不含路基基床表层及过渡段的级配碎石、砂砾石），涵洞，一般生产房屋和附属，给排水、站场（不包括旅客地道、天桥、雨棚）等的建筑工程，取弃土（石）场处理，临时工程	66
Ⅱ	路基基床表层及过渡段的级配碎石、砂砾石	68

续上表

综合工费类别	工 程 类 别	基期综合工费标准（元/工日）
Ⅲ	桥梁（不含箱梁的预制、运输、架设、现浇、桥面系）、通信、信号、信息、灾害监测、电力、电力牵引供电，机务、车辆、动车、公务、其他建筑及设备等的建筑工程	70
Ⅳ	设备安装工程（不含通信、信号、信息、灾害监测、电力、电力牵引供电的设备安装工程）	71
Ⅴ	箱梁（预制、运输、架设、现浇）、钢梁、钢管拱架设、桥面系，粒料道床、站房（含站房综合楼）、旅客地道、天桥、雨棚	73
Ⅵ	轨道（不含粒料道床）、通信、信号、信息、电力、电力牵引供电的设备安装工程	77
Ⅶ	隧道	82

注：1. 本表中基期综合工费单价，不包括特殊地区津贴、补贴。特殊地区津贴、补贴按国家有关部门和省（自治区、直辖市）的规定计算，按人工费差价计列。海拔3000m以上高原地区工资补贴，以基本工资为基数，按表4-2的补贴比例计算。基本工资按综合工费单价的40%计列。计列高原地区工资补贴后，不再计列该地区生活费补贴和艰苦边远地区津贴。
2. 掘进机、盾构机施工的隧道，综合工费单价结合其实际情况另行分析确定。
3. 过渡工程执行同类正式工程综合单价。
4. 本表工程类别外的其他工程，执行Ⅰ类工单价。
5. 大型旅客站房（含站房综合楼）及其他房屋工程，若采用工程所在地地区统一建筑安装工程定额的，采用与其定额相匹配的工程所在地的综合工费标准。

高原地区工资补贴比例　　　　表4-2

海拔高度（m）	工资补贴比例（%）	海拔高度（m）	工资补贴比例（%）
3000（含）~3500（含）	70	4000（不含）~4500（含）	140
3500（不含）~4000（含）	100	4500以上	165

2. 材料费

材料费，指按施工过程中耗用的即按概预算定额和工程数量计算的用于构成工程实体的原材料、辅助材料、构配件、零件和半成品、成品的费用，以及不构成工程实体的一次性材料消耗费用和及周转材料的摊销费用等。还包括现行定额中以"其他材料费"列入的零星材料费、低值易耗品的摊销费。

材料费的计算，是按定额和工程量计算的各种材料数量与相应的材料预算单价乘积之和。材料费的计算公式为：

$$材料费 = \sum(计算的材料数量 \times 材料预算单价)$$
$$= \sum(材料定额 \times 工程数量 \times 材料预算单价)$$

式中的"材料定额"，是指概预算定额中，每单位工程规定的材料消耗量（含其他材料费）

（1）材料预算价格的组成

材料预算价格由材料原价、价内运杂费采购及保管费组成。

$$材料预算价格 = (材料原价 + 价内运杂费) \times (1 + 采购及保管费率)$$

①材料的原价。指材料的出厂价或指定交货地点的价格，对同一种材料，因产地、供应渠道不同而出现几种原价时，应按其供应量的比例加权平均确定。

②价内运杂费。指材料自来源地（生产厂或指定交货地点）运至工地所发生的计入材料费的有关费用，包括运输费装卸费及其他有关运输费用。

③采购及保管费。是指材料在采购、供应和保管过程中所发生的各项费用。包括采购费、仓储费、工地保管费、运输损耗费、仓储损耗费,以及办理托运所发生的费用(如按规定由托运单位负担的包装、捆扎、支垫等的料具耗损费,从钢厂到焊轨基地钢轨座架使用费,转向架租用费和托运签条)等。采购及保管费费率见表4-3。

采购及保管费率 表4-3

序 号	材 料 名 称	费率(%)
1	水泥	3.78
2	碎石(包括道砟及中、小卵石)	3.45
3	砂	4.47
4	砖、瓦、石灰	4.98
5	钢轨、道岔、轨枕、钢梁、钢管拱、斜拉索、钢筋混凝土梁、铁路桥梁支座、电杆、铁塔、钢筋混凝土预制桩、接触网支柱及硬横梁、机柱	1.10
6	其他材料	2.65

(2)材料预算价格的确定

①水泥、木材、钢材、砖、瓦、砂、石、石灰、粉煤灰、风沙路基防护用稻草(芦苇)、黏土、花草苗木、土工材料、钢轨、道岔、轨枕、钢轨扣配件(混凝土枕用)、钢梁、钢管拱、斜拉索、桥梁高强螺栓、钢筋混凝土梁、铁路桥梁支座、桥梁防水卷材、桥梁防水涂料、钢筋混凝土预制桩、隧道防水板、火工品、电杆、铁塔、机柱、接触网支柱、接触网及电力线材、光电缆线、给水排水管材、钢制防护栅栏网片等主要材料(电算代号见表4-4)的基期价格采用现行的《铁路工程材料基期价格》(国铁科法〔2017〕32号),编制期价格采用不含可抵扣进项税额的价格,由设计单位实地调查分析确定。若调查价中未含采购及保管费,要计算其按不含可抵扣进项税额的调查价格计取的采购及保管费;若调查价格为指定交货地点(非工地)的价格,还需在单项概预算中单独计算由交货地点运至工地所发生的价外运杂费。

采用调查价格材料的品类及电算代号 表4-4

序 号	材料名称	电 算 代 号
1	水泥	1010002~1010015
2	木材	1110001~1110018
3	钢材	1900014~1910109,1920001~1962001,1980012,1980050,1980053,2000001~2000027,2200100~2201071,2220016~2240019,2810023~2810115,
4	钢筋混凝土管、铸铁管、塑料管	1400001~1403004,2300010~2300512,2330010~2330055,3372010~3372041,3372150~3372399
5	砂	1260022~1260024
6	石	1230001~1240121,1300010~1300011
7	石灰、黏土	1200014~1200015,1210004,1210016
8	粉煤灰、矿粉	1260129~1260132、1210020
9	砖、瓦	1300001~1300002,1300060~1300070,1300085~1300088,1310002~1310005
10	花草苗木	1170050~1170075
11	风沙路基防护用稻草(芦苇)	115002

续上表

序号	材料名称	电算代号
12	土工材料	34100010~3412012
13	钢制防护栅栏网片	2547322
14	钢轨	2700010~2700401
15	道岔	2720218~2726206
16	轨枕	2741012~2741120,2741200~2741704
17	钢轨扣件（混凝土枕）	2750020~2750021,2750024,2750026,2750029,2750030,2760015~2761012,2762012~2762015,2762018~2763011,2765012,2766020,2766022,2766026~2766029,2766101~27661133
18	钢梁、钢管拱、斜拉索	2624010~2624152
19	钢筋混凝土梁	2601110~2601219
20	铁路桥梁支座	2610010~2612116,2613110~2613181
21	桥梁防水卷材、涂料	1710050、1710054、1710056、1710061、1710101~1710106
22	桥梁高强螺栓	2750027,2750028
23	钢筋混凝土预制桩	1405001~1405103
24	隧道防水板	3341021~3341044
25	火工品	3220012~3220013,3220110~3220214
26	电杆、铁塔、机柱	1410001~1413006,7812010~7812112,8111036~8111038
27	接触网支柱	5200303~5200703,5300202~5322203
28	接触网及电力线材	2120015,5800201~5800332,5811022~5866401
29	光电缆线	4710010~4715112,4720010~4732517,4732610~4732692 4732801~4732840,4733010~4734403,7010010~7310116,7311010~7311012,7311110~7312311,8010010~8017,010,8018101~8018120

②设计单位自行补充材料的预算价格比照主要材料预算价格的确定方法确定。

③施工机械用燃油料的预算价格为包含该材料全部运杂费和采购及保管费的价格。基期价格采用现行的《铁路工程材料基期价格》（国铁科法〔2017〕32号），编制期价格采用不含可抵扣进项税额的价格，由设计单位实地调查分析确定。编制期价格与基期价格的差额按价差计列（计入施工机械使用费价差中）。

④除上述材料以外的其他材料（辅助材料）预算价格为已包含该材料全部运杂费和采购及保管费的价格。基期价格采用现行的《铁路工程材料基期价格》，编制期价格与基期价格的差按有关部门颁布的辅助材料价差系数调整。即此类材料的基期价格已包含运杂费和采购及保管费，部颁材料价差系数也已考虑运杂费和采购及保管费的因素，编制概（预）算时不应另计运杂费和采购及保管费。

(3) 材料费的调整

根据规定,编制概预算时,材料预算价格一律按国铁科发〔2017〕32号文件发布的《铁路工程材料基期价格》取定,用基期价格计算的材料费叫基期材料费。概预算编制时的年份,称为编制年。概预算编制年的材料价格实际上已发生变化,用变化了的价格计算的编制期的材料费,称为编制期材料费。基期材料费与编制期材料费必然存在一个差值,这个差值,称为作材料价差。

材料费的调整,就是将基期材料费加上材料价差,形成编制期材料费。这样才符合概预算编制年的实际情况,使预算具有负于的意义及作用。基期材料费,是根据部颁《铁路工程材料预算价格》计算的,这很容易。关键是怎样确定材料价差。

材料价差的确定方法从理论上讲,就是以概预算编制年工程所在地的材料实际价格(即当时当地实际价格)计算的材料费减去以基期年(2014年)的"材料预算价格"计算的材料费。所得之差,就是材料价差。该价差包括了地区差和时间差。确定材料价差的方法有以下几种:

①水、电差价(不包括施工机具台班中的水电)=水、电的消耗量×(编制期调查价 – 基期价)

②水泥—光电缆线等材料价差的确定

水泥—光电缆线等材料价差,应以其基期价格与概预算编制年采用的调查价格之间的差价计算,即:

$$水泥—光电缆线等材料价差 = \sum [材料用量 \times (编制期调查价 - 基期价)]$$

③辅助材料价差 = 辅助基期材料费 × (辅助材料价差系数 – 1)

铁路总公司根据材料价差产生原因和调整的理论,结合铁路建设的实际情况和特点每年发布一次材料价差系数,供编制概预算和验工计价使用,以此为依据计算材料价差,调整材料费用。这是今后编制概预算,计算材料价差、调整材料费用的主要方法。

材料价差系数,以前一年的十月份至当年的九月份为一个周期,统计各工程局铁路局等材料供应部门在本周期内工程用料的实际价格,分工程地区,工程类别进行综合分析计算,确定各地区,各工程类别的材料综合价格,进一步计算各地区各工程类别的材料价差系数(不含水泥、光电缆等),经铁路总公司批准后发布供下年度编制概预算计算材料价差,调整材料费用。公式为:

$$价差系数 = \frac{\sum(编制期实际材料价格 \times 材料数量)}{\sum(基期实际材料价格 \times 材料数量)}$$

材料价差经计算确定后,列入个别概预算中,基期至编制期的材料价差属静态投资(编制期至竣工期的材料价差属动态投资)。

3. 施工机具使用费

施工机具使用费,指按概预算定额规定和工程数量计算的参与建安工程施工的各种机械、仪器仪表的使用费或其租赁的费用。此项费用按预算定额规定的台班消耗量和工程数量计算所需各种机械、仪器仪表台班数量,乘相应的机械台班单价而得。

$$施工机具使用费 = 施工机械使用费 + 施工仪器仪表使用费$$

$$施工机械使用费 = \sum(定额施工机械台班消耗量 \times 施工机械台班单价)$$

$$= \sum(施工机械台班定额 \times 工程数量 \times 机械台班单价)$$

$$施工仪器仪表使用费 = \sum(定额施工仪器仪表台班消耗量 \times 施工仪器仪表台班单价)$$

$$= \sum(施工仪器仪表台班定额 \times 工程数量 \times 仪器仪表台班单价)$$

式中"台班定额"指概预算定额中,单位工程量规定的机械、仪器仪表台班消耗量。

(1)机械台班单价的组成

机械台班单价,指一台施工机械工作一个班中所发生的全部费用。按国家规定一般工作八小时为一班。机械台班单价由折旧费、检修费、维护费、安装拆卸费、人工费和燃料动力费及其他费用7项组成。

①折旧费:指施工机械在规定的使用期限(耐用总台班)内,陆续收回其原值(不含贷款利息)的费用。机械的原值,指购置时的预算价值。折旧费实际上就是将原值逐步摊销到工程成本中去的价值。

②检修费:指施工机械在耐用总台班内,按规定的检修间隔进行必要的检修,以恢复其正常功能所需的费用。机械在施工作业中各部件受到磨损,长期下去会降低机械的正常功能,使工作效率降低,油耗电耗增大。各种机械都有规定的检修间隔台班,机械完成了规定的检修理间隔台班后,必须进行检修,更换某些部件,使其恢复正常功能。

③维护费:指施工机械在规定的使用期限(耐用总台班)内,按规定的维护间隔进行各级维护和临时故障排除所需的费用,包括为保障机械正常运转所需替换设备与随机配备的工具及附具的摊销费用、机械运转与日常维护所需润滑与擦拭的材料费用及机械停置期间的维护费用等。可以说是服侍机械的费用,对机械服侍的好,不出故障,才能发挥机械在施工作业中的威力。

④安装拆卸费:指施工机械在施工现场进行的安装、拆卸所需的人工费、材料费、试运转费用及辅助设施(如基础、底座、固定锚桩、走行轨道、枕木等)的搭设、拆除与折旧费用等;根据各施工机械的不同安装拆卸要求,安装拆卸费的计列有以下3种情况:

a. 不需计列。对不需安拆、能够自行移动用或位置固定的施工机械,不计列安装拆卸费。用"—"表示。

b. 本定额已计列。对易于安拆、移动需要起重或运输机械的施工机械,用数字表示。

c. 本定额中未计列,需另行计列。对安拆复杂、移动需要起重或运输机械的施工机械,需根据相关专业定额另行计列。用"按定额另计"表示。

⑤人工费:指施工机械上的司机(司炉)和其他操作人员的人工费。

⑥燃料动力费:指机械在作业中所耗用的液体燃料(汽油、柴油)、固体燃料(煤)、电和水的费用。

⑦其他费:指机械按国家和有关部门规定应交纳的车船使用税、保险费及检测费等。

(2)施工仪器仪表台班单价的组成

仪器仪表台班单价,指一台仪器仪表正常运转一个班中所发生的全部费用。按国家规定一般8h为一班。仪器仪表台班单价由折旧费、维护费、校验费、动力费4项组成。

①折旧费:指施工仪器仪表在规定的耐用总台班内,陆续收回其预算价格费用的。

②维护费:指施工仪器仪表各级维护、临时故障排除所需的费用及为保证仪器仪表正常使用所需备件(备品)的维护费用。

③校验费:指施工仪器仪表按规定进行标定与检验的费用。

④动力费:指施工仪器仪表在使用过程中所耗用的电费。

(3)施工机机具台班单价的确定

编制设计概(预)算以铁建〔2017〕32号文发布的《铁路工程施工机具台班费用定额》作为计算的依据。

以现行即〔2017〕32号文发布的《铁路工程材料基期价格》中的油燃料价格及〔2017〕31号文规定的基期综合工费单价、基期水电单价计算出的台班单价作为基期施工机械台班单价及基期施工仪器仪表台班单价〔人工（Ⅱ工）70元/工日，水0.35元/t，电0.47元/kWh，汽油6.08元/kg，柴油5.23元/kg，煤377.28元/t〕，编制概预算时，人工费标准按相应工程类别的综合工费标准调整。以编制期的折旧费、综合工费单价、油燃料价格、水电单价等计算出的台班单价作为编制期施工机械台班单价及编制期施工仪器仪表台班单价。编制期的折旧费以基期折旧费为基数乘以表4-5的系数计算。

施工机具折旧费调差系数 表4-5

施工组织设计的建设项目开工日期	施工机具折旧费调差系数
2017年5月1日~2018年4月30日	1.111
2018年5月1日~2019年4月30日	1.094
2019年5月1日~2020年4月30日	1.077
2020年5月1日~2021年4月30日	1.060
2021年5月1日~2022年4月30日	1.043
2022年5月1日~2023年4月30日	1.026
2023年5月1日~2024年4月30日	1.013
2024年5月1日~2025年4月30日	1.004
2025年5月1日以后	1.000

基期至编制期的施工机械台班单价的差额按价差计列。

(4) 施工机械使用费价差

施工机械使用费价差 = Σ[施工机械台班数量(编制期的施工机械台班单价 − 基期施工机械台班单价)]

其他向路外单位租用机械的使用费，可按出租单位规定办理。

(5) 工程用水综合单价

水是工程建设中不可缺少的重要材料，它又不同于一般材料，具有特殊性。有的工程在施工过程中水几乎是免费的，有的工程则水的价值贵如油，正确确定水的单价，对工程造价有着重要意义。概预算编制办法规定：编制概预算时，水的基期单价按每吨0.35元计列，该单价仅适用于扬程20m及以下的抽水费用。一般地区编制期工程用水单价应在基期单价基础上另加按国家或工程所在地区的省(自治区、直辖市)政府有关规定计取的水资源费。

特殊缺水地区(指区域地表水及地下水资源匮乏的地区)，或取水困难的工程(指区域浅层地下水缺乏且地表水远离线路的工程)，可按施工组织设计确定的供水方案，分析不含可抵扣进项税额编制期工程用水单价，并计列相关大型临时工程(如给水干管路、深水井等)等费用。必须使用自来水的，应按当地规定的自来水价格分析不含可抵扣进项税额的编制期工程用水单价。编制期的用水单价与基期用水价之差，按价差计列。属于材料消耗用水的计入材料费价差中；属于施工机具消耗用水的计列施工机具使用费价差中。有的工程在施工时，水的来源不一，供水方式不同(如汽车运输、管道运输等)应根据供水方式和供水数量分析综合水价。

水的综合单价 = Σ各种运输方式的运水单价 × 运水重量百分比

① 汽车运水的单价。

汽车运水的单价 = (运水费 + 抽水机使用费) ÷ 汽车运水重量

$$运水费 = 运水单价 \times 运水重量$$

$$运水单价 = 公路综合运价率 \times 公路运距 + 便道综合运价率 \times 便道运距$$

公路运距:以公里(km)为单位,尾数不足 1km 的,四舍五入。

综合运价率按工程所在地规定执行。

$$抽水机使用费 = 抽水机台班 \times 台班单价$$

②人力运水的单价另行分析计算。

综合水价分析见算例 4-1。

【例 4-1】 某工程施工用水情况见表 4-6,工程有关资料假定为:所在地区综合工费标准为 80 元/工日,电价 0.55 元/(kW·h),汽车运价率为 0.60 元/(t·km),为公路运输;双轮车运水的单价为 1.852 元/(t·km),装卸单价为 4.2 元/t;施工组织安排,双轮车运水,自提自运;汽车运水,需设抽水站,由抽水机抽水装车,共设抽水站 5 个,每站设单级离心清水泵 $60m^3/h - 50m$ 一台。施工期为 2019 年 6 月至 2022 年 5 月共 3 年,每年按 300d 施工,每天抽水机工作 1.5 台班;根据已知条件分析该工程用水综合水价。

用 水 情 况　　　　　　　　　　　表 4-6

施工单位	用水总量(m³)	供水方式				
		双轮车运		汽车运		
		水量(m³)	运距(km)	水量(m³)	运距(km)	抽水站(个)
一工段	15802	2108	0.30	2856	7.00	1
				10838	5.00	
二工段	22152			22152	5.00	1
三工段	295958			98653	8.00	2
				147979	5.00	
				49326	18.00	
四工段	30507	30507	0.67			
五工段	32410	1200	1.1	31210	5.00	1
合计	396829	33815	0.66	363014	7.6	5
供水方式比重	100%	8.52%		91.48%		

解:(1)双轮车供水费用计算

由表可知:双轮车运水总量:33815m³。

加权平均运距:0.66km

双轮车运量 = 33815 × 0.66 = 22317.9(t·km)

双轮车运水费 = 1.852 × 22317.9 = 41332.75(元)

双轮车装卸费 = 4.2 × 33815 = 142023(元)

双轮车供水费用 = 41332.75 + 142023 = 183355.75(元)

则双轮车供水单价 = 183355.75/33815 = 5.42(元/t)

(2)汽车运水费用

①汽车运水费用

由表可知:汽车运水总量:363014m³

加权平均运距:7.6km

汽车运价 = 1.05 × 0.60 × 8 = 5.04(元/t)

汽车运水费用 = 5.04 × 363014 = 1829590.56(元)
②抽水费用
抽水机台班 = (3 × 300 × 1.5) × 5 = 6750(台班)
抽水机台班单价:单级离心清水泵 60m³/h - 50m
查铁建[2017]32 号文中施工机械台班费用定额(9105308)得
(1.54 × 1.077 + 0.39 + 0.63 + 1.67) + (1 × 80 + 66.36 × 0.55) = 120.85(元/台班)
抽水机使用费 = 6750 × 120.85 = 815737.50(元)
汽车供水费 = 运水费用 + 抽水机使用费
= 1829590.56 + 815737.50 = 2645328.06(元)
汽车供水单价 = 2645328.06/363014 = 7.29(元/t)
该工程综合水价 = 5.42 × 8.52% + 7.29 × 91.48% = 7.13(元/t)

(6) 工程用电综合单价

$$\text{工程用电综合单价} = \sum[\text{各种运输供电方式的电价} \times \text{电量百分比}]$$

电是工程建设中不可缺少的动力源泉。合理确定电价,对正确合理的确定工程造价有着重要意义。电价的确定,应根据施工组织设计所确定的供电方案,按选用的不同电源及发电机机型,以现行的施工机械台班费用定额及编制期工费、料价标准,按下述工程用电单价分析办法,计算出各种供电方式的单价,作为编制概预算确定编制期综合电价的依据。

工程用电基期电价为 0.47 元/(kW·h)。分析电价与基期电价的差额,按价差计列。

① 采用地方电源的电价

工程施工时,最好使用地方电,如在工程附近有发电厂、火力发电、水力发电或核电,而且电厂有能力供应工程施工用电,这时就用地方电厂的电源为作为工程施工用电。采用地方电源作为施工用电的电价,按下式计算:

$$Y_\text{地} = Y_\text{基}(1 + c) + f_1 \tag{4-1}$$

式中:$Y_\text{地}$——采用地方电源的电价[元/(kW·h)];

$Y_\text{基}$——不含可抵扣进项税额的地方县级及以上供电部门基本电价,相当出厂价[元/(kW·h)];

c——变配电设备和线路的损耗率,按7%计;

f_1——变配电设备的修理、安装、拆除,设备和线路的运行维修的摊销费等,按 0.03 元/(kW·h)计。

采用地方电源,可以减少部分临时设施,有条件时,可考虑永临结合,以便节约工程投资。当无地方电可用时,就要安排自己临时发电,自己发电分集中发电和分散发电两种形式。

② 采用内燃发电机临时集中发电的电价

集中发电的电价计算公式为:

$$Y_\text{集} = \frac{Y_1 + Y_2 + Y_3 + \cdots + Y_n}{W(1 - R - c)} + S + f_1 \tag{4-2}$$

式中: $Y_\text{集}$——临时内燃集中发电站的电价[元/(kW·h)];

Y_1、Y_2、Y_3、…、Y_n——各型发电机的台班费用(元),根据台班费用定额计算;

W——各型发电机的总发电量(kW·h);

R——发电站的用电率5%;

S——发电机的冷却水费0.02元/kW·h,(按水价0.35元/t分析);

c、f_1——同式(4-1),采用地方电源电价中的意义。

W计算方法如下：

$$W = (N + N_1 + N_2 + \cdots + N_N) \times 8 \times B \times M$$

式中:$N + N_1 + N_2 + \cdots + N_N$——各型发电机的额定能力(发电机容量)(kW);

B——台班小时的利用系数0.8;

M——发电机的出力系数0.8。

③采用分散发电的电价

分散发电的电价计算公式为:

$$Y_{分} = \frac{Y_1 + Y_2 + Y_3 + \cdots + Y_n}{W(1-c)} + S + f_1 \tag{4-3}$$

$$W = 8 \times B_i \times M \times (N + N_1 + N_2 + \cdots + N_N)$$

式中: $Y_{分}$——分散发电的计算电价[元/(kW·h)];

Y_1、Y_2、Y_3、$\cdots$、Y_n——各型发电机的台班费用(元);

B_i——某种型号发电机台班小时的利用系数,由设计确定;

M——同式(4-2);

c——分散发电的线路和变配电设备的损耗率7%;

S——分散发电机的冷却水费,0.02元/(kW·h);

f_1——同式(4-1),其值为0.03元/(kW·h)。

当一项工程同时有几种供电电源时,应分析计算综合电价。

分析电价与基期电价的差额,按价差计列。

工程用电综合电价分析算例:

【例4-2】 某工程,施工组织安排,工期为2018年4月至2021年6月,根据施工进度要求,第一年日高峰用电量16000kW,其中可利用地方电占50%,另50%自发电解决自发电中80%为集中发电,20%为分散发电。集中发电拟由以下发电机组构成临时电站:

700kW　柴油发电机组　6台

400kW　柴油发电机组　6台

200kW　柴油发电机组　12台

100kW　柴油发电机组　10台

分散发电,根据工点分布,共有100kW柴油发电机组20台,50kW柴油发电机组10台。

已知资料:地方电厂收费单价动力用电0.30元/(kW·h),照明用电0.35元/(kW·h),照明用电量占总用电量的30%。该工程预算工资单价80元/日,柴油6.32元/kg,水3.0元/t。

根据以上资料分析该工程的综合电价。

解:(1)地方电电价

$Y_{基} = 0.3 \times 70\% + 0.35 \times 30\% = 0.32[元/(kW·h)]$(动力用电与照明用电加权平均值)

$c = 7\%$,$f_1 = 0.03[元/(kW·h)]$

$Y_{地} = Y_{基}(1+c) + f_1 = 0.32 \times (1+7\%) + 0.03 = 0.3724[元/(kW·h)]$

（2）集中自发电电价

①确定发电站发电机组总额定电量

确定原则应满足高峰用电需要，该工程高峰用电16000kW，50%用地方电，另50%为自发电。自发电中80%为集中发电，因此集中发电站发电量应≥(0.5×16000)×80%，即应≥6400kW。

由拟定的集中发电站发电机组计算：

$[700×6+400×6+200×12+100×10]×B×M = 10000×0.8×0.8 = 6400$ kW

满足日高峰要求。

②计算各因素值

查铁建〔2017〕32号文发布的《施工机械台班费用定额》计算。

700kW柴油发电机组：

$Y = (216.96×1.111+86.15+179.19+77.77)+(1×80+893.76×6.32) = 6312.71(元)$

400kW柴油发电机组：

$Y = (99.63×1.111+39.56+85.45+44.45)+(1×80+510.72×6.32) = 3587.90(元)$

200kW柴油发电机组：

$Y = (50.42×1.111+20.02+49.25+27.78)+(1×80+255.36×6.32) = 1846.94(元)$

100kW柴油发电机组：

$Y = (19.77×1.111+7.85+27.79+22.22)+(1×80+127.68×6.32) = 966.76(元)$

$W = (6×700+6×400+12×200+10×100)×8×0.8×0.8 = 51200(kW·h)$

$R = 5\%$

$c = 7\%$

$f_1 = 0.03$ 元$/$(kW·h)

$S = (0.02×3÷0.35) = 0.17$

$Y = (6×6312.71+6×3587.90+12×1846.94+10×966.76)÷[51200(1-0.07-0.05)]+0.17+0.03 = 2.22[元/(kW·h)]$

（3）分散发电电价

①确定分散发电总发电量

分散发电总量应≥(0.5×16000)×20% = 1600(kW)

由分散发电机总台数计算：

$(20×100+10×50)×0.8×0.8 = 1600$(满足要求)

②计算各因素值

查铁建〔2017〕32号文发布的《施工机械台班费用定额》计算。

100kW柴油发电机组：

$Y = (19.77×1.111+7.85+27.79+22.22)+(1×80+127.68×6.32) = 966.76(元)$

50kW柴油发电机组：

$Y = (11.80×1.111+4.69+18.76+11.11)+(1×80+63.84×6.32) = 531.14(元)$

$W = (20×100+10×50)×8×0.8×0.8 = 12800(kW·h)$

$C = 7\%$

$S = 0.17$

$f_1 = 0.03$

将各值代入公式中有：

$$Y_分 = (20 \times 966.76 + 10 \times 531.14) \div [12800 \times (1 - 0.07)] + 0.17 + 0.03 = 2.27[元/(kW \cdot h)]$$

综合电价为:

$$Y = 50\% Y_地 + 50\% (80\% Y_集 + 20\% Y_分) = 0.5 \times 0.3724 + 0.5(0.8 \times 2.22 + 0.2 \times 2.27) = 1.30[元/(kW \cdot h)]$$

4. 价外运杂费

价外运杂费指根据需要,在编制单项概预算时,需要在材料费之外单独计列的材料运杂费,包括材料自指定交货地点运至施工工地料库或堆料地点所发生的有关费用,包括运输费、装卸费、其他有关运输的费用,以及为简化概预算,以运输费、装卸费、其他有关运输费之和为基数计取的采购及保管费。

$$价外运杂费 = (运输费 + 装卸费 + 其他有关运输费)(1 + 采购及保管费率)$$

运杂费,实质上应为材料价格的一部分,但是因为铁路建设工程线长点多,交通不便,运输情况复杂困难,材料供应部门不可能将材料全部供应到工地,有些只能运到指定地点,再由施工单位自行负责运至工地料库或堆料点,这部分运杂费用不包括在料价中,只有在编制概预算时,单独列项计算。

(1)运杂费的组成

运杂费包括:运输费、装卸费、其他有关运输的费用、采购及保管费等。

(2)运杂费的计算依据

①施工组织设计。

②材料(包括供应料和当地自备料)、成品、半成品、构件、机电设备等的来源地及工程地点等情况。

③沿线交通运输线路的平面示意图。

④各种运输方法的有关规定,费用标准。

⑤概预算的编制范围及编制单元。

⑥工资、料价标准。

(3)运杂费的计算原则

①单项材料价外运杂费单价的编制范围,原则上应与总概预算编制单元相对应。单独编制单项概预算的桥隧工程等应按工点材料供应方案计算计算价外运杂费;其他桥隧工程可先按工点材料供应计算运距,然后按单项概预算的编制单元(同类型)加权计算价外运杂费;路基、涵洞、轨道等工程(含站后工程),可按正线每公里用料量等供应方案来计算各类材料的平均运距,计算价外运杂费。

②运输方式和运输距离要经过调查、比选、综合分析确定。以最经济合理的,并且符合工程要求的材料来源地作为价外运杂费的起运点。

③分析单项材料价外运杂费单价,应按施工组织设计所拟定的材料供应计划,对不同的材料品类及不同的运输方法分别计算平均运距。

④长钢轨供应有关费用,是特指在合理的施工组织和正常的施工条件下,单根长度200m及以上长钢轨从焊轨基地供应到铺轨基地所发生的部分费用,包括:长钢轨供应过程中的座架使用、维修维护费,座架倒装费,长钢轨装车费,取送车费,焊轨基地场内机车使用费,管理费等。

⑤旧轨件的运杂费,其重量应该按设计轨型计算。如设计轨型未确定,可按代表性轨型的

重量,其运距由调拨地点的车站算起。如未明确调拨地点者,可按下列原则编列:

a. 已明确调拨的铁路局,但未明确调拨地点者,由该铁路局所在地的车站算起。

b. 未明确调拨的铁路局者,则按工程所在地区的铁路局所在地的车站算起。

⑥如有条件可根据积累的资料,经分析归纳,制订综合运杂费指标,据以编制概预算。

⑦在分析平均运杂费单价时,对就地利用及直接送到工地,不发生运杂费的材料,亦应计算其重量,以求算该工程全部材料的平均运杂费单价。

⑧各项费用中,凡以工日表示者,应按设计概预算编制期综合人工费标准计算。

(4) 运输费的计算

运输费,指材料自供应地运至施工工地发生的运输费用。运输方式可以是各种方式,如火车、汽车、船舶、轻轨斗车、双轮车等,各种运输方式的运输费计算方法如下:

①火车运输单价

火车分营业线火车、临管线火车、工程列车、其他铁路(地方铁路)4种。

a. 营业线火车运价:

营业线火车运价,按现行《铁路货物运价规则》的有关规定计算,其计算公式为:

营业线火车运价(元/t) = $K_1 \times ($ 基价$_1 +$ 基价$_2 \times$ 运价里程$) +$
$K_2 \times$ 电气化附加费费率 $\times$ 电气化里程 $+$
$K_2 \times$ 铁路建设基金费费率 $\times$ 运价里程 $+$
$K_2 \times$ 新路新价均摊运价率 $\times$ 运价里程

b. 单片梁重≥120t 的 32m T 梁营业线火车运价(元/t)

$= K_1 \times ($ 基价$_1 +$ 基价$_2 \times$ 运价里程$) + K_2 \times$ 电气化附加费费率 $\times$ 电气化里程 $+$ $K_2 \times$ 铁路建设基金费费率 $\times$ 运价里程 $+ K_2 \times$ 新路新价均摊运价率 $\times$ 运价里程 $+ K_2 \times$ D 型长大货物车使用费单价 $\times$ 运价里程 $+$ D 型长大货物车空车回送费

其中,各种价格、费率等,均为不含可抵扣进项税额的价格与费率;

D 型长大货物车使用费单价为 0.25 元/(t·km);

D 型长大货物车空车回送费为 16.8 元/t;

K_1、K_2 货物运价综合系数,其值见表 4-7。附加费运价的综合系数采用 K_2。

铁路运价号及综合系数 K_1、K_2　　　表 4-7

序　号	分 类 名 称	项　目		
		运价号	综合系数 K_1	综合系数 K_2
1	砖、瓦、石灰、砂石料	2	1.00	1.00
2	道砟	2	1.20	1.20
3	钢轨(≤25m)、道岔、轨枕、钢梁、电杆、机柱、钢筋混凝土管桩、接触网圆形支柱	5	1.08	1.08
4	100m 长定尺钢轨	5	1.80	1.80
5	500m 长钢轨、25m 轨排	5	1.43	1.43
6	单片梁重≥120t 的 32mT 梁	5	3.01	1.47
7	其他钢筋混凝土 T 梁	5	3.48	1.64

续上表

序 号	分类名称	项目		
		运价号	综合系数 K_1	综合系数 K_2
8	接触网方形支柱、铁塔、硬横梁	5	2.35	2.35
9	接触网及电力线材、光电缆线	5	2.00	2.00
10	其他材料	5	1.05	1.05

注：1. 综合系数 K_1 包含了游车、超限、限速和不满载等因素；综合系数 K_2 只包含了不满载及游车因素。
2. 车运土的运价号和综合系数 K_1、K_2 比照"砖、瓦、石灰、砂石料"确定。各类材料的运价号按《铁路货物运价规则》的有关规定确定。

基价$_1$：与运距无关，凡在铁路运输的货物，不论运程远近，每吨货物收缴的运费，其值见表4-8。

铁路货物运价率（〔2013〕126号文） 表4-8

办理类别	运价号	基价$_1$		基价$_2$	
		单位	水平	单位	水平
整车	1	元/t	7.4	元/(t·km)	0.0565
	2	元/t	7.9	元/(t·km)	0.0651
	3	元/t	10.5	元/(t·km)	0.0700
	4	元/t	13.8	元/(t·km)	0.0753
	5	元/t	15.4	元/(t·km)	0.0849
	6	元/t	22.0	元/(t·km)	0.01146
	7	元/t		元/(轴·km)	0.4025
	机械冷藏车	元/t	16.7	元/(t·km)	0.1134
零担	21	元/10kg	0.168	元/10(kg·km)	0.00086
	22	元/10kg	0.235	元/10(kg·km)	0.00012
	20英尺箱	元/箱	387.50	元/(箱·km)	1.7325
	40英尺箱	元/箱	527.00	元/(箱·km)	2.3562

注：计算方法　整车货物每吨运价 = 基价$_1$ + 基价$_2$ × 运价里程
　　　　　　　整车货物每车运价 = 每吨运价 × 标重
　　　　　　　零担货物每10kg运价 = 基价$_1$ + 基价$_2$ × 运价里程
　　　　　　　集装箱货物每箱运价 = 基价$_1$ + 基价$_2$ × 运价里程

基价$_2$：每 t 货物运输 1km 的运费，其值见表4-8。

运价里程：货物的运输距离，由发料地点起算，至卸料地点止，按《铁路货物运价规则》中的规定计算。其中，区间（包括区间岔线）装卸材料的运价里程，应由发料地点的后方站起算，至卸料地点的前方站（均指办理货运业务的营业站）止。起码运价里程为10km，0、5取整，1、2去除，3、4、6、7取5，8、9进上。

电气化附加费费率：经电气化铁路运输货物加收的一种附加费的费率，其表见表4-9。电气化附加费按该批货物经由国营正式营业线和实行统一运价的运营临管线电气化区段的运价里程合并计算。由发站一次核收。

铁路建设基金费率：为铁路基本建设筹集资金加收的一种附加费的费率，其值见表4-10。

电气化附加费费率　　　　　　　　　　　　　　　　　　　　　　　表4-9

种类		项目	
		计费单位	费率
整车货物		元/(t·km)	0.01200
零担货物		元/10(kg·km)	0.00012
自轮运转货物		元/(轴·km)	0.03600
集装箱	1t箱	元/(箱·km)	0.00720
	5、6t箱	元/(箱·km)	0.06
	10t箱	元/(箱·km)	0.10080
	20ft箱	元/(箱·km)	0.19200
	40ft箱	元/(箱·km)	0.40800

铁路建设基金费费率　　　　　　　　　　　　　　　　　　　　　　　表4-10

种类		项目			
		计费单位	农药	磷矿石	其他货物
整车货物		元/(t·km)	0.019	0.028	0.033
零担货物		元/(10kg·km)	0.00019		0.00033
自轮运转货物		元/(轴·km)	0.099		
集装箱	1t箱	元/(箱·km)	0.0198		
	5、6t箱	元/(箱·km)	0.165		
	10t箱	元/(箱·km)	0.2772		
	20ft箱	元/(箱·km)	0.5280		
	40ft箱	元/(箱·km)	1.122		

新路新价均摊运费费率：新建成投入运营的铁路，其运价较高，为了补偿这部分亏损，在全路营业铁路运价中均摊的一种附加费的费率，其值见表4-11。

新路新价均摊运费费率　　　　　　　　　　　　　　　　　　　　　　表4-11

种类		项目	
		计费单位	费率
整车货物		元/(t·km)	0.011
零担货物		元/(10kg·km)	0.000011
自轮运转货物		元/(轴·km)	0.0033
集装箱	1t箱	元/(箱·km)	0.000065
	5、6t箱	元/(箱·km)	0.0055
	10t箱	元/(箱·km)	0.00924
	20ft箱	元/(箱·km)	0.0176
	40ft箱	元/(箱·km)	0.0374

c. 临管线火车运价。

临管线火车运价，应执行批准的运价，扣除可抵扣进项税额后确定。运价中应包括：路基、轨道及有关建筑物和设备（包括临管用的临时工程）等的养护费、折旧费、维修费等。运价里程应按发料地点起算，至卸料地点止，区间卸车算至区间工地。

d. 工程列车运价。

工程列车运价，应按实际成本分析，包括机车、车辆的使用费（指租用费和燃料、油脂等的耗用费)、乘务员及有关行车管理人员的工资、津贴和差旅费,线路及有关建筑物和设备的养护、维修费、折旧费,以及有关运输的一切管理费用。运价里程应按发料地点起算,至卸料地点止,区间卸车算至区间工地。为了概(预)算的简化和统一,工程列车按不含可抵扣进项税的运价按营业线火车运价(不含铁路建设基金、电气化附加费、限速加成等)的1.4倍计算。其公式为:

$$工程列车货物运价(元/t) = 1.4 \times K_2 \times (基价_1 + 基价_2 \times 运价里程)$$

$$单片梁重 \geq 120t\ 32mT梁 = 营业线火车运价(元/t) = 1.4K_2 \times (基价_1 + 基价_2 \times 运价里程 + D型长大货物车使用费单价 \times 运价里程)$$

上述运价均应不含可抵扣进项税。

e. 其他铁路运价。

其他铁路(如地方铁路、合资铁路等)运价。按有关主管部门的相关价格执行,在编制概预算时扣除其中包含的可抵扣进项税。

② 汽车运输单价

汽车是铁路建设中的主要运输工具,尤其新建线路,线长点多,地形复杂,工程量大,需要大量的物资装备,且运输条件困难,汽车以其灵活、方便、速度快、道路条件要求不高等优点,成为铁路施工中主要的运输工具,承担着绝大部分工程材料和机器设备的运输任务。但是汽车运输费用较高,合理的确定汽车运价,是控制工程费用的重要环节。

原则上参照现行的《汽车运价规则》确定。为了简化概预算的编制工作,按下列公式计算汽车运价:

汽车运价 = 公路综合运价率 × 公路运距 + 汽车运输便道综合运价率 × 汽车运输便道运距

吨次费:按工程项目所在地的调查价格计列。

公路综合运价率(元/t·km):材料运输为公路时,考虑过桥过路费等因素,以建设项目所在地的不含可抵扣进项税汽车运输单价乘以1.05的系数计算。

公路运距:应按发料地点起算,至卸料地点止所途经的公路长度计算。运距以公里为单位,尾数不足1km的四舍五入。

汽车运输便道综合运价率(元/t·km):材料运输为汽车运输便道时,结合地形、道路状况等因素,按当地的不含可抵扣进项税汽车运输单价乘以1.2的系数计算。

汽车运输便道运距:应按发料地点起算,至卸料地点止所途经的汽车运输便道长度计算。运距以km为单位,尾数不足1km的四舍五入。

【例4-3】 某工地材料,用汽车运输,公路运距为9.4km,便道运输3km,综合运价率为1.184元/(t·km),计算每吨材料运至工地的费用是多少?

解:汽车运价 = $1.184 \times 1.05 \times 9 + 1.184 \times 1.2 \times 3 = 15.45(元/t)$

③ 船舶运输单价

在有水运条件的地方,如靠河、湖、海的工程,有些材料可以用船舶运输,水运载重量大,运费便宜,有条件时应尽量采用。

船舶运输及渡口等收费标准,应以建设项目所在地区,有关市场价格执行,在编制概预算时应扣除其中包含的可抵扣进项税额。运距也以实际运程为准没有特殊规定。

④ 人力运输单价

材料运输过程中,因确需短途接运而采用的双(单)轮车、单轨车、大平车、轻轨斗车、轨道平车、小型运输车、人力挑抬等运输方法的运价,可另行分析确定,编制概预算时应扣除其中包含的可抵扣进项税额。运距也以实际运程为准没有特殊规定。

(5)装卸费的计算

装卸费,是指各种材料设备等,自供应地点运往施工工地时,装车、装船、卸车、卸船等发生的费用。

①装卸单价

装卸单价,是每吨货物装卸一次规定的费用。由于运输方式的不同,装卸单价也不同。

火车、汽车的装卸单价,不分营业线火车或新线工程列车,不分人力装车或机械装车无论采用何种装卸方法,均按表4-12 火车汽车综合装卸单价执行。

火车汽车综合装卸单价(单位:元/t)　　　　表4-12

一般材料	钢轨、道岔、接触网支柱及硬横梁	其他1t以上构件
3.4	12.5	8.4

注:其中装占60%,卸占40%。

②水运等的装卸单价

水运等的装卸单价,按建设项目所在地区有关市场价格执行,在编制概预算时应扣除其中包含的可抵扣进项税额。

③人力运输的装卸单价

双(单)轮车、单轨车、大平车、轻轨斗车、轨道平车、小型运输车、人力挑抬等的装卸单价,可另行分析分析确定,编制概预算时应扣除其中包含的可抵扣进项税额。

(6)其他有关运输的费用

其他有关运输的费用,指铁路运输的取送车皮费(调车费)、汽车运输的渡船费等费用。

①取送车费(调车费)

指用铁路机车往专用线、货物支线(包括站外出岔线)或专用铁路的站外交接地点,调送车辆时,核收的费用,称取送车费,也称调车费。计算取送车费的里程.应自车站中心算起,到交接地点或专用线最长线路的终端止。里程往返合计(以 km 计)。取送车费的计费标准,按货物运价规则计列。取送车费按每 t·km 0.10 元[0.10 元/(t·km)]计列,编制概预算时应扣除其中包含的可抵扣进项税额。

②汽车运输的渡船费

汽车运输的渡船费,指运送工程材料、设备的汽车过河时,用渡船将汽车摆渡过河所需的费用,该费用应按建设项目所在地区有关市场价格执行,在编制概预算时应扣除其中包含的可抵扣进项税额。

③长钢轨供应按有关费用定额分析计列,但不包含可抵扣进项税。

(7)采购及保管费

指由施工单位负责采购、运输、保管和供应的材料、成品、半成品、构配件和机电设备等,在采购、运输、保管和供应过程中发生的一切有关费用(不包括材料供应部门发生的费用)。包括采买、运输托运所发生的费用(如按规定由托运单位负担的包装、捆扎、支垫等的料具损耗费、转向架租用费和托运签条费),押运、运输途中的损耗,料库盘点,天然毁损和材料的验收、检查、保管等有关各项管理费用以及看料工的工资等。按运输费、装卸费及其他有关运输的费用之和为基数计取的,应列入运杂费中采购及保管费。采购及保管费率见表4-3。

采购及保管费 = (运输费 + 装卸费 + 其他费) × 采购及保管费率

按以上的原则和规定,可以把工程材料的运杂费计算出来。但是计算工作量很大很繁琐,为了减少计算工作量,有必要进行一些简化。

习惯的运费计算模式是:

$$运费 = 运价 \times 重量 \times 运距$$

关于式中运价,确定了运输方式,就有了确定的一种运价;重量是根据定额材料消耗量与工程数量计算出来,也是一个确定的量;运距,是某种材料从料源地运至工地的距离,在施工现场往往一种材料,有几个料源地,这时会有几个运距,比如砂,一个工点往往有几个砂场供应,像这类情况下唯一能简化的是将几个运距按供应砂子多少,加权计算一个综合平均运距。

(8)平均运距的计算

平均运距的计算有很多方法,现将最常用的按工程量比重计算平均运距的方法介绍如下。

平均运距,是一种材料有几个料源地时或只有一个料源地,但供应几个工点用料时,为简化计算工作而求算的综合平均运距。平均运距的计算范围要与运杂费的计算范围相一致。

①以工点为单元计算各种材料的平均运距

【例4-4】 某桥工地,中粗砂用料量共180m³,其中由A砂场供应80m³,运距7.5km;由B砂场供应60m³运距5.3km;由C砂场供应40m³,运距9.6km。片石用量共230m³,由甲石场供应100m³运距12.5km;由乙石场供应50m³,运距10.1km,由丙石场供应80m³,运距15.2km。求每种材料的平均运距是多少?

解:(1)砂的平均运距计算

$$S = (80 \times 7.5 + 60 \times 5.3 + 40 \times 9.6) \div (80 + 60 + 40) = 7.23(km)$$

砂的平均运距为7.23km,计算砂的运费时,不管哪个砂场拉砂,运距统一用7.23km,取7km。

(2)片石的平均运距计算

$$S = (100 \times 12.5 + 50 \times 10.1 + 80 \times 15.2) \div (100 + 50 + 80) = 12.92(km)$$

片石的平均运距为12.92km,计算片石的运费时,不论从哪个石场运片石,运距统一按12.92km,取13km。

这样两种材料,只有三个运距了,计算运杂费时,就简单多了。

②以管区范围内相同工程量汇总为单元时计算各种材料的平均运距。

【例4-5】 某施工管区内,有3座涵洞用料均为汽车运输,用料情况为:中粗砂:两个砂场供应,1号涵洞用50m³,由A砂场供应,运距40km,2号涵洞用130m³,由A砂场供应,运距50km,3号涵洞用80m³,由B砂场供应,运距20km。求砂的平均运距。

解:砂的平均运距

$$S = (50 \times 40 + 130 \times 50 + 80 \times 20) \div (50 + 130 + 80) = 38.85(km)$$

有了综合平均运距,运费计算就简化多了,但是运费的计算还须每种材料,每种运输方式分别计算,还是很麻烦,需要再简化。

再进一步简化,就是要将影响运杂费的诸多因素都考虑进去,分析综合的平均运杂费单价,有了综合平均运杂费单价,只要知道材料总用量的重量就可计算出全部运杂费来。

其公式为:

$$运杂费 = 综合平均运杂费单价 \times 材料总重$$

综合平均运杂费单价 = $\sum$[各种运输方式运输各种材料的运杂费单价 $\times$ 运输材料重量百分比]

式中的材料总重根据工程数量和材料消耗定额可以计算出来。综合平均运杂费单价按下面规定计算。

在以上规定的基础上,计算方法一般为:分别计算各类材料,各种运输方式,每个运程 1t 材料的费用。然后再根据各种运输力式的比例,各类材料重量的比例,计算综合 1t 材料(综合 t)的综合运杂费。计算时按概预算编制办法规定的"主要材料(设备)平均运杂费单价分析表"填表计算。

【例 4-6】 某工程处管区内有中桥工程,部分材料用量归纳如下:

材料总重量 13766.4t,其中砂 1437m^3,碎石 404m^3,片石 5437m^3,黏土 67m^3,钢轨 853.89t,水泥 223.40t,假设其余材料重 121t。

运输情况及有关资料如下:

钢轨:由厂家运至车站用营业线火车,运距 203km,再从车站运至工地,用汽车便道运输,运距 80km。

水泥:汽车公路运输 40km,便道运输 10km 到工地。

砂:由两个砂场供应,甲砂场供应 60%,用汽车便道运输,运距 12km;乙砂场供应 40%,用汽车便道运输,运距 15km。

碎石:由多个石场供应,用汽车便道运输,综合平均运距为 12km。

片石:由多个石场供应,用汽车便道运输,综合平均运距为 10km。

砂单位重量:1.43t/m^3,碎石单位重:1.5t/m^3,片石单位重:1.8t/m^3,黏土单位重 1.1t/m^3。

根据条件按规定要求计算平均运杂费单价,并计算运杂费是多少?

解:(1)根据所用材料数量,计算各种材料重量,并计算各种材料重量所占总重的百分比。

砂重 = 1437 × 1.43 = 2054.91(t)　　　　　14.93%

碎石重 = 404 × 1.5 = 606.00(t)　　　　　4.40%

片石重 = 5437 × 1.8 = 9786.60(t)　　　　　71.09%

黏土重 = 67 × 1.1 = 120.60(t)　　　　　0.88%

钢轨重　　　　853.89t　　　　　6.20%

水泥重　　　　223.40　　　　　1.62%

其余材料重　　121t　　　　　0.88%

(2)根据材料运输计划计算运杂费

①营业线火车运价:

查表 4-7 得:K_1 = 1.08,K_2 = 1.08,查表 4-8 得:基价$_1$ = 15.4 元/t,基价$_2$ = 0.0849 元/(t·km),查表 4-10 得铁路建设基金费费率:0.033 元/t;查表 4-11 得新路新价均摊费费率:0.011 元/t。

②汽车运价:

汽车综合运价率:0.5864 元/(t·km)。

③火车、汽车装卸单价:一般材料 3.4 元/t,钢轨 12.5 元/t。

④采购及保管费率:详见表 4-3。

⑤砂的平均运距为:

$$12 × 60\% + 15 × 40\% = 7.2 + 6 = 13.2(km)$$

(3)填表计算平均运杂费单价,见表 4-13。

材料平均运杂费单价分析表

表 4-13

适用范围	中桥			平均运杂费单价	18.629 元/t				编号					
材料名称	运输方式	各种运输方式的全程运价（每吨）									全程综合运价			
		起止点		运距(km)	运费				杂费		共计（元）	运输方式占比(%)	材料重量占比(%)	综合运价（元）
		起点	终点		基价₂（元）	运费（元）	基价₁（元）	系数	小计（元）	装卸费（元）	采购及保管费（元）	小计（元）				

材料名称	运输方式	起点	终点	运距(km)	基价₂（元）	运费（元）	基价₁（元）	系数	小计（元）	装卸费（元）	采购及保管费（元）	小计（元）	共计（元）	运输方式占比(%)	材料重量占比(%)	综合运价（元）
钢轨	营业线火车	工厂	车站	205	0.0849	17.405	15.4	1.08	45.171	12.5	0.634	13.131	58.302	100	6.20	3.615
钢轨	汽车	车站	工地	80	0.044	9.020										
钢轨	汽车	车站	工地	80	0.7037	56.296			56.296	12.5	0.757	13.258	69.553	100	6.20	4.312
砂	汽车	砂场	工地	13	0.7037	9.148			9.148	3.4	0.561	3.961	13.109	100	14.93	1.957
碎石	汽车	石场	工地	12	0.7037	8.444			8.444	3.4	0.409	3.809	12.253	100	4.40	0.539
片石	汽车	石场	工地	10	0.7037	7.037			7.037	3.4	0.277	3.677	10.714	100	71.09	7.616
水泥	汽车公路	工厂	工地	40	0.6157	24.629			31.666	3.4	1.325	4.725	36.391	100	1.62	0.590
	汽车便道		工地	10	0.7037	7.037										
合计																18.629

④计算运杂费

运杂费 = 综合平均运杂费单价 × 材料总重量 = 18.629 × 13766.4 = 256454.267(元)

5. 填料费

指购买不作为材料对待的土方、石方、渗水料、矿物料等填筑用料所支出的费用。若设计为临时占地取材料,其发生的租用土地、青苗补偿、拆迁补偿、复垦及其他与土地有关的费用等纳入第一章临时用地费项下。

$$填料费 = \sum 填料消耗量 \times 填料价格$$

填料价格采用不含可抵扣进项税额的价格,由设计单位调查分析确定。

(二)施工措施费

指为完成铁路建设工程施工,除以上的直接工程费以外,发生于该工程施工前和施工过程中需综合计算的费用。施工措施费包括以下费用:

1. 冬雨季施工增加费

指建设项目的某些工程需在冬季、雨季施工,为保证质量,按相关规范、规程中的冬雨季施工需求,需要采取的防寒、保温、防雨、防潮和防护措施,不需改变技术作业过程的人工与机械的功效降低等,所需增加的有关费用。

(1)冬季施工增加费的内容

①因冬季施工必须增加的一切人工、机械和材料的支出。

②施工机具所需修建暖棚(包括拆移),增加油脂及其他保温措施。

③因施工组织设计确定,须增加的一切保温、加温及照明等有关支出。

④与冬季施工有关的其他各项费用,如清除工作地点的冰雪等费用。

(2)雨季施工增加费的内容

①因雨季施工所增加的工、料、机的支出费用,包括工作效率的降低,易被水冲毁的工程所增加的工作内容等(如路基塌方和排水沟、天沟等的堵塞清理疏通,路基边坡冲沟的填补等工作)。

②路基土方工程的开挖和运输,因雨季施工(非土壤中水影响)而引起的黏附工具,降低工效所增加的费用。

③为防止雨水而必须做的防护措施的费用,如挖临时排水沟,防止基坑坍塌所用的支撑、挡板等。

④材料因受潮、受湿的损耗费用。

⑤增加防雨,防潮设备的费用。

⑥其他有关雨季施工所增加的费用如因河水高涨致使工作困难而增加的费用等。

2. 夜间施工增加费

是指必须在夜间连续施工(如有水桥梁、大量混凝土等工程)或在隧道内铺砟、铺轨、敷设电线、电缆、架设接触网等工程,所发生的工作效率降低、夜班津贴以及有关照明设施(包括所需照明设施的装拆、摊销、维修及油料、燃料、电)等增加的有关费用。

3. 小型临时设施费

指施工企业为进行建筑安装工程施工,所必须修建的生产和生活用的一般临时建筑物、构筑物和其他小型临时设施所发生的费用。小型临时设施内容包括:

(1)为施工及施工运输(包括临管)所需修建的临时生活及居住房屋(包括职工家属房屋及返探亲房屋)、文化教育及公共房屋(如职工食堂、宿舍、开水间、洗衣房、卫生间、洗浴室、多功能室、广播室、会议室、资料室、看护房屋、文体活动场所等)和生产、办公室房屋(如办公室、实验室、货运室、发电站、变电站、空压机站、料库、火工品库、车库等房屋,铺架工程临时调度房,材料棚,停机棚,加工棚等,不包括轨枕预制场、轨道板预制场、管片预制场主体厂房)及上述各类房屋的配套设施。

(2)为施工或施工运输而修建的小型临时设施,如通往涵洞等工程和施工队伍驻地以及料库、车库的运输便道的引入线(含便桥、涵),列入大临的工地内沿线纵向运输便道以外的工地内运输便道(含便桥、涵)、轻便轨道、吨位<10t或<100m的龙门吊车走行线,由干线到工地或施工队伍驻地的地区通信线、电力线和达不到大临给水管路要求标准的给水管路等。

(3)为施工及施工运输(包括临管)而修建的临时建筑物、构筑物。如临时给水设施(如井深<50m的水井、水塔、水池等)、临时排水沉淀池、隔油池、钻孔用泥浆池、沉淀池、临时整备设施(检修、上油、上沙等设施)、临时信号、临时通信(指地区线路及引入部分)、临时供电、临时站场建筑、接触网预配场、杆塔存放场地、分散的预制构件存放场、钢结构等加工场、架桥机等大型机械设备安拆拼装场地及配套设施等。

(4)其他。大型临时设施和过渡工程项目内容以外的临时设施。小型临时设施费用包括:

①小型临时设施的场地土石方、地基处理、硬化面、圬工等的工程费用,以及小型临时设施的搭设、移拆、维修、摊销及拆除恢复等费用。

②因修建小型临时设施,而发生的租用土地(含耕地占用税)、青苗损失补偿、拆迁补偿、复垦及其他所有与土地有关的费用,不含大型临时设施中临时场站生产区的土地有关费用。

4. 工具、用具及仪器、仪表使用费

该项费用是指施工生产所需的不属于固定资产的生产工具、检验用具及仪器、仪表等的购置、摊销和维修费用,以及支付给生产工人自备工具的补贴费用。

5. 工程定位复测、工程点交、场地清理等费用

该费用是指施工单位为建筑物或构筑物的定位、放样等进行的测量工作发生的费用;向建设单位点交工程位置,尺寸标准等发生的费用,以及施工场地清除垃圾,整理环境等发生的费用。

6. 文明施工及施工环境保护费

指现场文明施工费用及防噪声、防粉尘、防振动干扰、生活垃圾清运排放等费用。

7. 已完工程及设备保护费

指竣工验收前,对已完工程及设备进行保护所需费用。

施工措施费,以各类工程基期人工费与基期施工机械费之和为基数,根据施工措施费地区划分,见表4-14,按表4-15所列费率计列。

施工措施费地区划分　　　　　　　表4-14

地区编号	地 域 名 称
1	上海,江苏,河南,山东,陕西(不含榆林市、延安市),浙江,安徽,湖北,重庆,云南(不含昭通市、迪庆藏族自治州、贡山独龙族怒族自治县、宁蒗彝族自治县),贵州(不含毕节地区),四川(不含凉山彝族自治州西昌市以西地区、阿坝藏族羌族自治州、甘孜藏族自治州、雅安市宝兴县、绵阳市平武县和北川羌族自治县)
2	广东,广西,海南,福建,江西,湖南

续上表

地区编号	地域名称
3	北京,天津,河北(不含张家口市、承德市),山西(不含大同市、朔州市、忻州市原平以西各县),陕西延安市,甘肃(不含酒泉市、嘉峪关市、张掖市、金昌市、武威市、甘南藏族自治州、临夏回族自治州积石山保安族东乡族撒拉族自治县、临夏县、和政县、定西市岷县及漳县、陇南市文县),宁夏,贵州毕节市,云南昭通市、迪庆藏族自治州(不含德钦县)贡山独龙族怒族自治县、宁蒗彝族自治县,四川凉山彝族自治州西昌市以西地区、阿坝藏族羌族自治州(不含壤塘县、阿坝县、若尔盖县)、甘孜自治州(不含石渠县、德格县、甘孜县、白玉县、色达县、理塘县)、雅安市宝兴县、绵阳市的平武县和北川羌族自治县,新疆和田地区、喀什地区(含图木舒克市)、吐鲁番地区、巴音郭楞蒙自治州(不含若羌县、且末县)
4	河北张家口市(不含康保县)、承德市(不含围场满族蒙古族自治县),山西大同市、朔州市、忻州地区原平以西各县,陕西榆林地区,辽宁,内蒙古呼和浩特市、包头市、乌海市、巴彦淖尔市、鄂尔多斯市、阿拉善盟
5	新疆阿克苏地区(含阿拉尔市)、克孜勒苏柯尔克孜自治州、伊犁哈萨克自治州、哈密地区,甘肃酒泉市(不含阿克塞哈萨克自治县、肃北蒙古族自治县马鬃山镇以外地区)、嘉峪关市、张掖市(不含肃南裕固族自治县皇城镇、山丹县及民乐县南部山区)、金昌市、武威市(不含天祝藏族自治县)
6	河北张家口市含康保县、承德市围场满族蒙古族自治县、内蒙古赤峰市、乌兰察布市、通辽市、兴安盟、锡林郭勒盟锡林浩特以南各旗(县)、甘肃甘南藏族自治州、酒泉市阿克塞哈萨克自治县及肃北蒙古族自治县马鬃山镇以外地区、张掖市肃南裕固族自治县皇城镇和山丹县及民乐县南部山区、武威市天祝藏族自治县、临夏回族自治州积石山保安族东乡族撒拉族自治县、临夏县、和政县、定西市岷县及漳县、陇南市文县,吉林,青海西宁市、海东地区、黄南藏族自治州、海南藏族自治州、海北藏族自治州(不含祁连县、门源回族自治县)、海西蒙古族藏族自治州格尔木－都兰及以北地区(不含大柴旦－德令哈－天峻以北地区),新疆乌鲁木齐市(含石河子市)、昌吉回族自治州(含五家渠市)、博尔塔拉蒙古自治州(不含温泉县)、塔城地区、克拉玛依市、巴音郭楞蒙自治州若羌县、且末县,西藏林芝地区雅鲁藏布江以南地区、山南地区错那县、云南迪庆藏族自治州德钦县,四川甘孜藏族自治州石渠县、德格县、甘孜县、白玉县、色达县、理塘县、阿坝藏族羌族自治州壤塘县、阿坝县、若尔盖县
7	黑龙江(不含大兴安岭地区),内蒙古呼伦贝尔市阿尔山—图里河一线以东各(旗)县、锡林郭勒盟锡林浩特及以北各旗(县),新疆阿勒泰地区(含北屯市)、博尔塔拉蒙古自治州温泉县,青海海西蒙古族自治州格尔木—都兰以南地区(不含唐古拉山镇)及大柴旦—德令哈—天峻以北地区、玉树藏族自治州(不含曲莱县及其以西地区)、果洛藏族自治州(不含玛多县)、西藏拉萨市(不含当雄县)、昌都地区、林芝地区雅鲁布江及以北地区、山南地区(不含错那县)、日喀则地区(不含萨嘎县、仲巴县、昂仁县、谢通门县)
8	内蒙古呼伦贝尔市阿尔山—图里河以西各旗(县),黑龙江大兴安岭地区,青海玉树藏族自治州曲麻莱县及以西地区、海北藏族自治州祁连县、门源回族自治县、果洛藏族自治州玛多县、海西蒙古族藏族自治州格尔木市辖的唐古拉山镇,西藏拉萨市当雄县、阿里地区、那曲地区、日喀则地区萨嘎县、仲巴县、昂仁县、谢通门县

施工措施费费率 表4-15

类别代号	工程类别	地区编号								附 注
		1	2	3	4	5	6	7	8	
		费率(%)								
1	人力施工土石方	8.0	8.3	10.2	11.2	11.3	12.6	12.9	13.5	包括人力拆除工程,绿色防护、绿化,各类工程中单独挖填的土石方,石方爆破工程
2	机械施工土石方	5.7	6.1	9.2	10.1	10.3	12.5	13.0	13.8	包括机械拆除工程,填级配碎石、砂砾石、渗水土,公路路基路面,各类工程中单独挖填的土石方,综合维修通道、大临土石方工程

续上表

类别代号	工程类别	地区编号								附注
		1	2	3	4	5	6	7	8	
		费率(%)								
3	汽车运输土石方采用定额"增运"部分	3.6	3.5	3.8	4.4	4.5	4.8	4.9	5.4	仅指区间路基土石方及站场土石方,包括隧道出渣洞外运输
4	特大桥、大桥下部建筑	6.7	5.9	8.3	9.2	9.7	9.7	9.8	10.0	含附属工程
5	预制混凝土梁	13.6	10.7	19.1	21.0	22.8	22.9	23.2	23.7	含各种桥梁桥面系、支座、梁的横向连接和湿接缝
6	现浇混凝土梁	10.3	8.0	14.5	16.0	17.4	17.5	17.7	18.1	包括分段预制后拼接的混凝土梁
7	运架混凝土简支箱梁	4.1	4.1	4.2	4.5	4.6	4.8	4.9	5.1	
8	隧道、明洞及棚洞,自采砂石	6.8	6.6	7.1	7.7	7.8	7.8	7.9	7.9	不含隧道的照明、通风与空调等工程,不含掘进机、盾构施工的隧道
9	路基加固防护工程	7.4	6.9	8.2	8.8	8.9	9.0	8.9	8.9	含区间线路防护栅栏、与路基同步施工的接触网支柱基础等
10	框架桥、公路桥、中小桥下部(含附属工程)、涵洞、轮渡、码头,一般生产房屋和附属、给排水、工务、站场、其他建筑物等建筑工程	7.2	6.7	8.2	8.9	9.2	9.2	9.3	9.3	除大临土石方、大临轨道、临时电力、临时通信以外的大临工程,环保降噪声工程
11	铺轨、铺岔,架设其他混凝土梁、钢梁、钢管拱、钢结构站房(含站房综合楼)、钢结构雨棚、钢结构车库	12.7	12.6	13.1	14.1	14.4	15.7	16.7	20.6	简支箱梁除外,包括轨道附属工程,线路备料及大临轨道;钢管拱包括钢管、钢管内混凝土、系杆、吊杆、梁及桥面板
12	铺砟	6.1	5.3	7.6	8.4	8.6	9.1	9.4	10.2	包括线路沉落整修、道床清筛,有砟轨道调整
13	无砟道床	16.3	13.4	21.4	23.8	25.5	25.6	25.9	26.3	包括道床过渡段
14	通信、信号、信息、灾害监测、电力、牵引变电、供电、机务、车辆、动车的建筑工程,所有安装工程	10.9	11.0	11.2	12.0	12.1	12.3	12.5	13.0	含桥梁、隧道的照明工程,隧道通风与空调工程、临时电力、临时通信、管线路防护、管线迁改
15	接触网建筑工程	14.5	13.6	16.0	17.1	17.2	17.4	17.7	17.9	含不与路基同步施工的接触网支柱基础

注:1. 过渡工程按表列同类正式工程的费率计列,大型临时设施按表列同类正式工程的费率乘以 0.45 的系数计列;
2. 掘进机、盾构施工的隧道施工措施费费率另行分析计列。

(三)特殊施工增加费

特殊施工增加费是指在特殊地区及特殊环境下进行建筑安装工程施工时,所需增加的费用。

1. 风沙地区施工增加费

风沙地区施工增加费指在非固定沙漠或戈壁地区,月(或连续30d)平均风力达到四级以上(平均风速>5.5m/s)风季,在相应的风沙段进行室外建筑安装施工时,由于受风沙的影响而增加的费用。内容包括防风、防沙的措施费,材料费,人工、机械降效的费用,风力预警观测设施费用,以及积沙、风蚀的清理等费用。

该项费用的计算,以风沙区段范围内室外建筑安装的编制期人工费与施工机具使用费之和为基数,乘以风沙地区施工增加费费率2.6%计算。

$$风沙地区施工增加费 = 人工增加费 + 各种机具增加费$$
$$人工增加费 = 受影响的定额工日 \times 编制期综合工费单价 \times 2.6\%$$
$$机械(仪器仪表)增加费 = \sum[受影响的定额机械(仪器仪表)台班 \times 编制期机械台班单价 \times 2.6\%]$$

大风高发月(或连续30d)平均风力达到四级以上(平均风速>5.5m/s)且小时极大风速大于13.9m/s的风力累计85h以上的风沙、大风地区,可根据调查资料另行分析计算。

【例4-7】 某工程在西北地区,有路基工程全长120km,有40km在风沙区内,每年4、5两月为大风季节,全线120km共需人工840000工日(由工料机计算表中得),预算工资单价68元/工日,计算该路基工程的风沙地区施工增加费是多少?

解:风沙地区施工增加费 = $840000 \times 40 \div 120 \times 2.6\% \times 68 = 495040$(元)

2. 高原地区施工增加费

高原地区施工增加费,是指在设计线路高程海拔2000m以上的高原地区施工时,由于人工和机械受气候、气压的影响而降低工作效率所增加的费用(表4-16)。该项费用由人工增加费和机械增加费两部分组成。

高原施工定额增加幅度　　　　　　　　　　表4-16

海拔高度(m)	定额增加幅度(%)	
	工日定额	施工机具台班定额
2000~3000	12	20
3001~4000	22	34
4001~4500	33	54
4500~5000	40	60
5000以上	60	90

该费用的计算根据工程所在地的不同海拔高度,不分工程类别按下算法计列:

$$人工增加费 = 定额工日 \times 高原地区工日定额增加幅度 \times 编制期综合工费单价$$
$$机械(仪器仪表)增加费 = 定额机械(仪器仪表)台班 \times 高原地区机具增加幅度 \times 编制期机械台班单价$$

高原地区施工增加费 = 人工增加费 + 各种机具增加费

【例 4-8】 某机械施工队,在海拔 3200m 高原进行路基土方作业,工程数量 30000m³,按定额计算的工日数量为 620 工日,铲运机机台班为 220 台班。预算工资单价 65/日,铲运机台班单价为 826.29 元/台班,计算该工程的高原地区施工增加费。

解: 人工增加费 = 620 × 22% × 65 = 8866(元)

机械增加费 = 220 × 34% × 826.29 = 61806.49(元)

高原地区施工增加费 = 8866 + 61806.49 = 70672.49(元)

3. 原始森林地区施工增加费

原始森林地区施工增加费是指在原始森林地区进行新建或增建二线铁路施工,由于受气候影响,其路基土方工程,应增加的费用。该项费用只有路基土方增列增加费,其他工程一律不增列。

原始森林地区施工增加费,由人工增加费和机械增加费两项费用组成。

原始森林地区施工增加费的计算,按该工程根据定额计算的总工日和机械台班为基数分别增列 30% 的原始森林增加系数计算,计算公式为:

原始森林地区施工增加费 = 人工增加费 + 各种机械增加费

人工增加费 = 路基土方工程定额工日 × 30% × 编制期综合工费单价

机械增加费 = 路基土方工程定额机具台班 × 30% × 编制期机具台班单价

【例 4-9】 某工程队,在东北原始森林区施工路基土方工程,按定额计算的工日为 1639 工日,自行式铲运机 380 台班,履带式推土机 50 台班,该地区的工资单价假定为 68 元/工日,自行式铲运机台班单价为 572.49 元/台班,履带式推土机台班单价为 390.89 元/台班,计算该工程的原始森林地区施工增加费是多少?

解: 原始森林地区施工人工增加费 = 1630 × 30% × 68 = 33252(元)

原始森林地区施工机械增加费 = 自行式铲运机增加费 + 履带式推土机增加费

= (380 × 30% × 572.49) + (50 × 30% × 390.89)

= 71127.2(元)

原始森林地区施工增加费 = 33252 + 71127.2 = 104379.2(元)

4. 行车干扰施工增加费

行车干扰施工增加费指在不封锁线路的营业线上,在维持正常的通车的情况下,或本线封锁施工,临线维持通车的情况下,进行建筑安装工程施工时,由于受行车的影响,造成局部停工或妨碍施工而降低工作效率等所需增加的费用。

(1) 行车干扰施工增加费的计费范围

在未移交正式运营的线路上施工和在避难线、安全线、存车线及其他段管线上施工均不计列行车干扰施工增加费。

(2) 行车干扰施工增加费的计算

行车干扰施工增加费包含施工期间人工、机械受影响降效增加的费用,因行车而应做的整理和养护工作费用,以及在施工时为防护所需的信号工、电话工、看守工等的人工费及防护用品的维修、摊销费用在内。

该项费用,根据每昼夜的行车次数(以编制期铁路局运输部门的计划运行图为准,所有计划外的小运转,轨道车、补机、加点车的运行等均不计算),以及受行车干扰范围内的工程项目的工程数量,按表4-17方法计算。

受行车干扰施工增加费的计费范围　　　　　　　表4-17

工程名称	受行车干扰		附注	
	范围	项目	包括	不包括
路基	在行车线上或在行车线中心平距12.5m以内	挖填土方,填石方,地基处理工程	路基抬高落坡全部工程	路基加固防护及附属土石方工程
	在行车线的路堑内	土石方工程及路堑内挡土墙、护墙、护坡、侧沟、吊沟的全部砌筑工程数量		控制爆破开挖石方
	平面跨越行车线运土石方	跨越运输的全部土石方	隧道弃渣	
桥涵	在行车线上或在行车线中心平距12.5m及以内	涵洞的主体圬工,桥梁工程的下部建筑主体圬工,桥梁架设、现浇	桥涵的锥体护坡及桥头填土	桥涵其他附属工程及桥梁架立和桥面系等,框架桥、涵管的挖土、顶进,框架桥内、涵洞内的路面、排水等工程
隧道及明洞	在行车线的隧道、明洞内施工	改扩建隧道或增设通风、照明设备的全部工程	明洞、棚洞的挖基及衬砌工程	明洞、棚洞拱上的回填及防水层、排水沟等
轨道	在行车线上或在行车线中心平距12.5m及以内或在行车线的线间距≤12.5m的邻线上施工	全部工程	包括拆铺、改拨线路,更换钢轨、轨枕及线路整修作业	线路备料
电力牵引供电	在行车线上或行车线两侧中心平距12.5m及以内或在行车线的线间距≤12.5m的邻线上施工	在既有线上非封锁线路作业的全部工程和邻线未封锁而本线封锁线路作业的全部工程		封锁线路作业的项目(邻线未封锁的初外)、牵引变电及供电段的全部工程
室外建筑安装及拆除工程	在站内行车线两侧中心平距12.5m以内	全部工程	靠行车线较近的基本站台、货物站台、天桥、跨线站房、灯桥、雨棚、地道的上下楼梯	站台土方不跨线取土者

行车干扰施工增加费由人工增加费和机械增加费两部分费用组成,其计算公式为:

行车干扰施工增加费 = 人工增加费 + 机械增加费

①其他一般工程。

人工增加费 = 受干扰工程数量 × 定额工日 × 每昼夜行车次数 × 编制期综合工费单价 × 0.40%

机械增加费 = ∑受干扰工程的各种机械台班 × 每昼夜行车次数 × 编制期机械台班单价 × 0.40%

②土石方施工及跨股道运输的行车干扰施工增加费,不论施工方法如何,均按下列算法计列:

土石方施工及跨股道运输的行车干扰的工日 × 编制期综合工费单价 × 受干扰土石方数量 × 每昼夜行车次数 × 0.40%,土石方施工及跨股道运输计行车干扰的工日如表4-18所示。

土石方施工及跨股道运输计行车干扰的工日(单位:工日/100m³,天然密石体积) 表4-18

序号	工作内容	土方	石方
1	仅挖、装(爆破石仅为装)在行车干扰范围内	15.7	7.7
2	仅卸在行车干扰范围内	3.1	4.6
3	挖、装、卸(爆破石仅为装、卸)在行车干扰范围内	18.8	12.3
4	平面跨越行车线运输土石方,仅跨越一股道或跨越双线、多线股道的第一股道	15.7	23.1
5	平面跨越行车线运输土石方,每增跨一股道	3.1	4.6

③接触网工程的行车干扰施工增加费按下列算法计列:

人工增加费 = 受干扰工程数量 × 定额工日 × 每昼夜行车次数 × 编制期综合工费单价 × 0.48%

机械增加费 = ∑(受干扰工程的各种机械台班 × 每昼夜行车次数 × 编制期机械台班单价 × 0.48%)

【例4-10】 某土方工程施工,在行车干扰范围内其工程量12000m³,计算的总工日为3600工日,4t载货汽车630台班,已知行车次数为每昼夜40次,人工预算工资单价为68元/工日,4t载货汽车台班单价为218.23元/台班,计算该工程的行车干扰施工增加费是多少?

解:行车干扰施工增加费 = (3600 × 68 + 630 × 218.23) × 40 × 0.40% = 61165.58(元)

④邻近或在列车运行速度 >200km/h 的营业线上施工时,原则上不考虑按行车间隔施工的方案。

⑤营业线封锁(天窗)施工增加费。

指为确保营业线行车和施工安全,需封锁线路施工而造成的施工效率降低等所发生的费用。

根据相关规定及施工组织设计确定的需封锁施工或利用天窗时间施工的工程数量,以其编制期人工费和施工机具使用费之和为计算基数,乘以表4-19所列的工日与施工机具台班定额增加幅度计算。

营业线封锁(天窗)施工定额增加幅度 表4-19

序号	工程类别	工日与施工机具台班定额增加幅度(%)
1	人力拆铺轨	340
2	机械拆铺轨	180
3	拆铺道岔	170

续上表

序号	工程类别	工日与施工机具台班定额增加幅度(%)
4	粒料道床	180
5	线路有关工程	120
6	接触网恒张力架线	130
7	接触网非恒张力架线	250
8	接触网其他工程	250
9	预应力混凝土T梁	150
10	架设混凝土箱梁及其他上跨结构	100
11	其他工程	260

(四)大型临时设施和过渡工程费

指施工企业为进行建筑安装工程施工及维持既有线的正常运营,根据施工组织设计确定所需的大型临时建筑物和过渡工程修建及拆除恢复所发生的费用。

1.大型临时设施(简称大临)项目及计费内容

(1)大型临时设施项目

大型临时设施,简称大临,是指为了正式工程的顺利进行.满足正式工程的施工需要,而修建的一些临时性建筑和临时设施,如为了运输正式工程所需要的材料、设备而修建的临时铁路便线,临时汽车便道,以及为储存材料而修建的仓库等。

①铁路便线(含便桥、隧、涵)。指通往临时场站、砂石(道砟)场的临时铁路线、架梁岔线及场内铁路便线、机车转向用的三角线等,独立特大桥的吊机走行线,以及重点桥隧等工程专设的铁路运料便线等。

②汽车运输便道(含便桥、隧、涵)。指汽车运输干线、沿线纵向运输便道及其通往重点土石方工点、隧道、桥梁、站房、取弃土石场、砂石(道砟)场、区间牵引变电所及临时场站等的引入线。

③运梁便道。指专为运架大型混凝土成品梁而修建的运输便道。

④临时给水设施。指为解决工程用水而铺设的干管路(管路直径100mm及以上或2km及以上)及隧道工程的水源点至山上蓄水池的给水管路,缺水地区临时储水站,井深50m及以上的深水井。

⑤临时电力干线(指供电电压6kV及以上)。指临时电力干线及通往隧道、特大桥、大桥和临时场站、砂石(道砟)场等的电力引入线。

⑥集中发电站、集中变电站(包括升压站和降压站)。

⑦临时通信基站。指没有通信条件的边远山区、无人区等区域,设置的无线通信基站。

⑧临时场站。指根据施工组织设计需要确定的大型临时场站,包括材料场、填料集中加工站、混凝土集中拌和站、填料集中拌和站、独立设置的混凝土构配件预制厂、制(存)梁场、钢梁拼装场(含提梁站)、掘进机拼装场、盾构泥水处理场、管片预制场、轨节拼装场、长钢轨焊接(存放)基地、换装站、道砟存储场、轨枕预制场、轨道板预制场等。

⑨隧道污水处理站。根据特殊环保要求(如有水源保护区、高类别功能水域等保护要求)

必须设置的隧道污水处理站。

⑩渡口、码头、浮桥、吊桥、天桥、地道。指通汽车为施工服务者。

（2）大型临时费用内容

①铁路便线、汽车运输便道临时给水设施，临时电力线，临时通信基站，渡口、码头、浮桥、吊桥、天桥、地道工程费用及养护维修费用。

②管片预制场、轨枕预制场、轨道板预制场的主体厂房工程费用。

③临时场站、集中发电站、集中变电站、隧道污水处理站等的场地土石方、地基处理、生产区硬化面、圬工、吨位≥10t且长度≥100m的龙门吊走行线等的工程费用。

④修建"大临"而发生的租用土地、青苗补偿费、拆迁补偿、复垦及其他所有与土地有关的费等用。其中临时场站中应计列的所有与土地有关的费用列入第一章临时用地费项下。

2. 过渡工程

过渡工程是指由于改建既有线、增建第二线等工程施工，为了确保既有线或车站运营工作运行，尽可能地减少运输与施工之间的相互干扰和影响，从而对部分既有工程设施必须采取的临时过渡措施。如：为了避开施工地点，采取便线绕行等。

内容包括临时性便线、便桥、过渡性站场临时设施等及其相关的配套工程，以及由此引起的临时养护，租用土地、青苗补偿、拆迁补偿、复垦及其他所有与土地有关的费等用。

临时设施的修建，应本着节约原则，节约人力、物力、节约土地、尽量利用当地可利用的有利条件及部分正式工程材料，力求简易实用。正式工程完工后，临时设施就失去了作用，一般都要拆除，能回收的材料尽量回收，能恢复的耕地尽量恢复。在有条件和可能的情况下，可以考虑永临结合，将永久建筑提前施工，代替临时设施，如高压输电线路、通信线路等，以节约临时设施投资，降低正式工程造价。临时设施的大型临时设施和过渡工程，均应有适当的相应设计，符合实用、安全、节约的精神，不可因为是临时工程而粗心大意，草率从事。

3. 费用计算的规定

（1）大型临时设施和过渡工程，应根据施工组织设计的确定的项目、规模及工程量，按《铁路基本建设工程设计概算编制办法》有关规定，采用现行概预算定额，或类似指标按单项概预算程序计算。

（2）大型临时设施和过渡工程，均是临时性的，为正式工程服务的，待正式工程竣工后，它就失去存在的意义，一般都需拆除，所以应结合具体情况，充分考虑借用本建设项目正式工程的材料，以尽可能节约投资，其有关费用的计算规定如下：

①借用正式工程的材料

a. 钢轨、道岔，计列一次铺设的施工损耗，钢轨扣配件、轨枕、电杆、计列铺设和拆除各一次的施工损耗（拆除损耗与铺设损耗相同），便桥枕木垛所用的枕木，计列一次搭设的施工损耗。

b. 该类材料一般应计列由材料堆存地点至使用地点和使用完毕由材料使用地点运至指定归还地点的运杂费。

c. 该类材料在概预算中一般不计使用费，材料工地搬运及操作损耗率均按《铁路工程基本定额》执行。

②使用施工企业的工程器材

使用施工企业的工程器材，按表4-20所列施工器材年使用费率计算使用费。

施工器材年使用率 表4-20

序号	材料(器材)名称	年使用费率(%)
1	钢轨、道岔	10
2	钢筋混凝土电杆	10
3	铁横担	10
4	铸铁管、钢管、万能杆件、钢铁构件、	16
5	木制构件、油浸电杆	16
6	素材电杆、木横担	20
7	通信、信号及电力线材(不包括电杆及横担)	30
8	过渡工程费用设备	25

注:1. 不论按摊销或折旧计算,均一律按表列费率作为概预算编制的依据。其中通信、信号及电力线材的使用年限超过三年时,超过部分的年使用费率按10%计。困难山区使用的钢筋混凝土电杆不论其施用年限多少,均按比100%摊销。
2. 光缆、接触网混凝土支柱不论其施用年限多少,均按比100%摊销。
3. 计算单位为季度,不足一季度,按一个季度计。
4. 不能倒用的材料,如圬工用料,道砟(不能倒用时)列全部价值。
5. 利用旧道砟,除计算运杂费外,还应计列必要的清筛费用。

(3) 铁路便线的养护费计算标准。

为了使铁路运输便线、岔线、便桥经常保持完好状态,其养护费按表4-21规定的标准计列。

铁路便线、便桥养护费定额 表4-21

项 目	人 工	零星材料费	道砟[m³/(月·km)]		
			3个月以内	3~6个月	6个月以上
便线	32 工日/(月·km)		20	10	5
便线中的便桥	11 工日/(月·100换算米)	1.25 元/(月·延长米)			

注:1. 人工费按编制期概(预)算Ⅰ类综合工费标准计算
2. 便桥换算长度的计算:
   钢梁桥 1m = 1 换算米
   木便桥 1m = 1.5 换算米
   圬工及钢筋混凝土梁桥 1m = 0.3 换算米
3. 便线长度不满100m者,按100m计;便桥长度不满1m者,按1m计。计算便线长度,不扣除道岔及便桥长度。
4. 养护的期限,根据施工组织设计确定,按月计算,不足一个月者,按一个月计。
5. 道砟数量采用累计法计算[例:1km便线当其使用期为一年时,所需道砟数量 = 3×20 + 3×10 + 6×5 = 120 (m³)]。
6. 定额内包括冬季积雪清除和雨季养护等一切有关养护费用。
7. 通行工程列车,或临管列车的便线,并按有关规定计列运价者,因运价中已它括了养护费用,不应另列养护费;运土、运料等临时便线,只计取送车费或机车、车辆租用费者,可计列养护费。
8. 营业线上施工,为了保证不间断行车而修建通行正式运营列车的便线,在未办理交接前,其养护费按照表列规定加倍计算。

(4)汽车便道养护费计算标准。

为使通行汽车的运输便道经常保持完好的状态,其养护费按表 4-22 规定的标准计算。

汽车便道养护费准 表 4-22

项目		人工 工日/(月·km)	碎石或粒料 m³/(月·km)
土路		15	
粒料路（包括泥结碎石路面）	干线	25	2.5
	引入线	15	1.5

注:1. 人工费按编制期概(预)算Ⅰ类综合工费标准计算。
　　2. 计算便道长度,不扣除便桥长度,不足 1km 者,按 1km 计。
　　3. 养护的期限,根据施工组织设计确定. 按月计算,不足一个月者,按一个月计。
　　4. 费用内包括冬季积雪清除和雨季养护等一切有关养护费用。
　　5. 便道中的便桥不另计养护费。

二、间接费

间接费是施工企业为完成承包工程而组织生产和经营管理所发生的费用。间接费包括企业管理费,规费和利润。

(一)费用内容

1. 企业管理费

指建筑安装企业为组织施工生产和经营管理所需的费用。

(1)企业管理人员工资。指管理人员的基本工资、津贴和补贴、辅助工资、职工福利费、劳动保护费等。

(2)办公费。指管理办公用的文具、纸张、账表、印刷、邮电、书报、宣传、会议、水、电、煤(燃气)等费用。

(3)差旅交通费。指企业职工因公出差、调动工作的差旅费,助勤补助费,市内交通费,误餐补助费,职工探亲路费. 劳动力招募费,职工退休费,退职一次性路费,工伤人员就医路费以及管理部门使用的交通工具的油料、燃料及牌照费等。

(4)固定资产使用费。指管理和试验部门及附属生产单位使用的属于固定资产的房屋、车辆、设备仪器等的折旧、大修、维修或租赁费。

(5)工具用具使用费。指管理使用的不属于固定资产的生产工具、器具、家具、交通工具和检验、试验、测绘,消防用具等的购置、维修和摊销费。

(6)检验试验费。指施工企业按照规范和施工质量标准的要求,对建筑安装的设备、材料、构件和物进行一般鉴定、检查所发生的费用,包括自设试验室所耗用的材料和化学药品费用等,以及根据需要由施工单位委外检验试验的费用。不包括建设单位要求对具有出厂合格证明的材料进行试验,对构件破坏性试验及其他特殊要求检验的费用;不包括由建设单位委外检验试验的费用;不包括施工质量验收标准以外设计要求的检验试验费。

(7)财产保险费。指施工管理用的财产、车辆保险费用。

(8)税金。指企业按规定交纳的车船税、印花税、房产税和土地使用税、城市维护税、教育费附加、地方教育附加等各项税费。

(9)施工单位进退场及工地转移费。指施工单位根据建设任务需要,派遣人员和机具设备从基地迁往工程所在地或从一个项目迁至另一个项目所发生的往返搬迁费用及施工队伍在同一个建设项目内,因工程进展需要,在本建设项目内往返转移,以及劳动工人上、下路所发生的费用。包括:承担任务职工的调遣差旅费,调遣期间的工资,施工机械、工具、用具、周转性材料及其他施工装备的搬运费用;施工队伍在转移期间所需支付的职工工资、差旅费、交通费、转移津贴等;劳动工人上、下路所需车船费、途中食宿补贴及行李运费等。

(10)劳动保险费。指由企业支付离退休职工的易地安家补助费、职工退职金、6个月以上病假人员的工资以及按规定支付给离休干部的各项经费等。

(11)工会经费。指企业按照职工工资总额计提的工会经费。

(12)职工教育经费。指企业为了职工学习先进技术和提高文化水平,按职工工资总额计提的费用。

(13)财务费用。指企业为筹集资金而发生的各种费用,包括企业经营期间发生的短期贷款利息净支出,金融机构手续费,担保费,以及其他财务费用。

(14)工程排污费。指施工现场按规定缴纳的工程排污费。

(15)其他费用。指上述项目以外的其他必要的管理费用支出,包括:技术转让费,技术开发费,业务招待费、绿化费、广告费、公证费、法律顾问费、审计费、咨询费、无形资产摊销费、企业定额测定费、投标费、其业务信息化管理系统建设及使用费、工程验收配合费、城市维护建设税、教育费附加和地方教育费附加等。

2. 规费

指政府和有关部门规定必须缴纳的费用(简称规费)。内容包括:

(1)社会保障费。指企业按规定缴纳的基本养老保险费、失业保险费、基本医疗保险费、工伤保险费、生育保险费。

(2)住房公积金。指企业按规定缴纳的住房公积金。

3. 利润

指施工企业完成所承包的工程应获得的盈利。

(二)间接费用计算

本项费用以基期人工费与基期施工机械费之和为基数,按不同工程类别,采用表4-23所列费率计列。

间接费费率表 表4-23

序号	工程类别	费率(%)	说明
1	人力施工土石方	47.4	包括人力拆除工程,绿色防护、各类工程中单独挖填的土石方,石方爆破工程
2	机械施工土石方	21.9	包括机械拆除工程,填级配碎石、砂砾石、渗水土,公路路面,各类工程中单独挖填的土石方、综合维修通道、大临土石方工程
3	汽车运输土石方采用定额"增运"部分	10.9	仅指区间路基土石方及站场土石方,包括隧道出渣洞外运输
4	特大桥、大桥下部建筑	26.4	含附属工程

续上表

序号	工程类别	费率(%)	说明
5	预制混凝土梁	56.7	含各种桥面系、支座、梁的横向联结和湿接缝
6	现浇混凝土梁	43.6	包括分段预制后拼接的混凝土梁
7	运架混凝土简支箱梁	29.9	
8	隧道、明洞及棚洞,自采砂石	33.9	不含隧道的照明、通风与空调等工程,不含大型机械化施工及掘进机、盾构施工的隧道
9	路基附属工程(不含附属土石方)	33.5	含区间线路防护栅栏、与路基同步施工的接触网支柱
10	框架桥、中小桥下部(含附属工程)、涵洞、轮渡、码头、一般生产房屋和附属、给排水、工务、站室、其他建筑物等建筑工程	44.2	含除大临土石方、大临轨道、临时电力、临时通信以外的大临工程,环保降噪工程
11	铺轨、铺岔,架设其他混凝土梁、钢梁、钢管拱,钢结构站房、钢结构雨棚、钢结构车库	89.5	简支箱梁除外、包括轨道附属工程,线路备料及大临轨道;钢管拱包括钢管、钢管内混凝土、系杆、吊杆、梁及桥面板
12	铺砟	40.4	包括线路沉落整修、道床清筛、有砟轨道调整
13	无砟道床	67.1	包括道床过渡段
14	通信、信号、电力、电力牵引变电、供电、机务、车辆、动车,所有安装工程	59.8	含桥梁、隧道的照明工程,隧道通风与空调工程,临时电力、通信、管线路防护、管线迁改
15	接触网建筑工程	59.4	含不与路基同步施工的接触网支柱基础

注:1. 采用大型机械化施工开挖定额的隧道工程,间接费费率按25.9%计,掘进机、盾构施工的隧道间接费费率另行分析计列。
　　2. 过渡工程按表列同类正式工程的费率计列,大型临时设施按表列同类正式工程的费率乘以0.8的系数计列。

税金

税金,是指按照设计概预算构成及国家税法等有关规定计算的增值税额。

税金 = 建安工程费总额(不含税金) × 10% = (直接费 + 间接费) × 10%

第二节　设备购置费

设备购置费,是铁路工程概预算的重要组成部分。指购置达到固定资产标准的设备、工器具、生产家具和虽低于固定资产标准(即不同时具备使用年限在2年以上和单位价值在2000元以上两条件者),但属于设计明确列入设备清单的设备等所需的费用。购买计算机硬件设备时所附带的软件若不单独计价,其费用应随设备硬件一起列入设备购置费中。由设备费、设备运杂费和税金组成。

1. 设备费

设备费指按设计确定的规格、型号、数量,按设备原价计算的费用。
其计算公式为:

$$设备费 = \sum 设备数量 \times 设备原价$$

编制期设备费与基期设备费差额按设备差价计列。

设备原价指标准设备的出厂价及国家机电产品市场价格目录和设备信息价等资料综合确定的设备原价。(包括按专业标准要求的保证在运输过程中不受损失的一般包装费,及按产品设计规定配带的工具、附件和易损件的费用)或非标准设备的加工订货价(包括材料费、加工费及加工厂的管理费等)。

编制设计概算时,基期设备原价按现行的《铁路工程建设设备预算价格》(2017年度)执行,若《铁路工程建设设备预算价格》为含可抵扣进项税额的价格,则应以扣除可抵扣进项税的价格作为基期设备原价。

编制期设备原价采用不含可抵扣进项税额的价格。标准设备可根据生产厂家的出厂价及国家机电市场价格目录和设备信息价等资料综合分析确定;非标准设备原价可按加工订货等价格资料,并结合设备信息价格,经分析论证后确定。缺项设备由设计单位进行补充,进行补充价格应为不含可抵扣进项税的价格。

2. 设备运杂费

指设备自生产厂家(来源地)运至施工安装地点所发生的运输费、装卸费、供销部门手续费、采购及保管费等费用总称。

设备运杂费:为简化概算编制工作,一般地区按6.5%计列,新疆、西藏、青海按8.4%计列。

$$设备运杂费 = 基期设备费 \times 设备运杂费费率$$

3. 设备购置费税金

$$税金 = (基期设备费 + 设备运杂费 + 设备价差) \times 10\%$$

第三节 其 他 费

指根据有关规定,应由基本建设投资支付并列入建设项目投资内,除建筑安装工程费、设备购置费、基本预备费以外的有关静态投资费用。不包括政府有关部门对建设项目实施审批、核准或备案管理,委托专业服务机构提供评估评审等服务所发生的费用。内容包括:

(一)土地征(租)用及拆迁补偿费

指按照《中华人民共和国土地管理法》等规定,为进行铁路建设所需的土地征(租)用及拆迁补偿费。内容包括:

(1)土地补偿费:指征用土地补偿费,安置补助费,必须缴纳或发生的失地农民保险,被征用土地地上附着物及青苗补偿费,征用城市郊区菜地缴纳的菜地开发建设基金,征用耕地交纳的耕地开垦,耕地占用税等。

(2)征地拆迁补偿:征用土地上房屋及附属构筑物、城市公共设施等拆建补偿费等;既有管线路迁改、改沟(渠、河)、导流设施、消能设施、挑水坝修建及河道加固防护等所发生的补偿性费用;项目建设造成封井,农田水利设施、水系损坏及房屋损坏修复费或补偿等。

(3)临时用地费:指取弃土(石)场(含隧道弃渣场)以及大型临时设施中的临时场站等工程的临时占地费用,包括租用土地、青苗补偿、拆迁补偿、复垦及其他与土地有关的费用等。

土地征用补偿费、拆迁补偿费、临时用地费等应根据设计提出的建设用地面积和补偿动迁工程数量,按工程所在地区的省(自治区、直辖市)人民政府颁发的有关规定和标准计列。应向当地政府联系取得有关资料。

(4)征地拆迁工作经费:指在征地拆迁过程中,工程所在地有关部门配合征地拆迁工作所发生的相关人员的工作经费、资产评估费及土地登记管理费等。按工程所在地区的省(自治区、直辖市)人民政府颁发的有关规定和标准计列。

(5)用地勘界费:委托有资质的土地勘界机构对铁路建设用地界勘定所发生的费用。按国家和工程所在地区的省(自治区、直辖市)人民政府的有关规定计列。

(6)土地预审费:指铁路工程建设项目用地预审工作的组织协调、技术方案制定、组卷汇总、各级的材料核查、初审及上报国土资源部等工作所需的费用。内容包括图件费、咨询费、听证费及差旅费等。按工程所在地区的省(自治区、直辖市)人民政府颁发的有关规定和标准计列。

(7)森林植被恢复费:指为保护森林资源,促进我国林业可持续发展,按照《中华人民共和国森林法》和《中华人民共和国森林法实施条例》等规定缴纳的征用林业地的植被恢复费。按工程所在地区的省(自治区、直辖市)人民政府颁发的有关规定和标准计列。

(8)临时用地复垦方案报告编制费:指铁路工程建设申请用地之前,依据土地开发整理相关规范和要求,对铁路工程临时用地复垦开展设计、提出具体工程措施、编制详细地土地复垦方案,计算土地复垦费用,编制临时用地复垦方案所需的费用。按工程所在地区的省(自治区、直辖市)人民政府颁发的有关规定和标准计列。

(9)压覆矿藏评估费:指按有关规定为了解铁路建设工程所在地区的矿产资源分布和开采情况,由建设单位组织对压覆矿藏进行评估与补偿所需的费用。按工程所在地区的省(自治区、直辖市)人民政府颁发的有关规定和标准计列。

(二)项目建设管理费

指建设单位从筹建之日起至办理竣工财务决算之日止发生的管理性质开支。

内容包括:不在原单位发工资的工作人员的工资及相关费用(基本养老保险费、基本医疗保险费、失业保险费、工伤保险费、生育保险费、住房公积金)、办公费、办公场地租用费、差旅交通费、劳动保护费、工具用具使用费、固定资产使用费、招募生产工人费、技术图书资料费(含软件)、业务招待费、施工现场津贴、竣工验收费和其他管理性质的开支。

本项费用计列标准:以建设项目静态投资(不含项目建设管理费)、价差预备费和建设期投资贷款利息总额扣除土地征(租)用及拆迁补偿费为基数,按表4-24规定的费率采用累进法计算。项目建设管理费按上述方法计算确定后,再对因项目管理费计入概算而引起的相关章节费用变化做一次调整。

由多个建设单位承担的建设项目(代建除外),按各建设单位管理范围计算。

建设单位管理费费率表 表4-24

总概算(万元)	费率(%)	基 数	算 例
1000 以下	2.0	1000	1000×2.0%=20
1001~5000	1.5	5000	20+4000×1.5%=80
5001~10000	1.2	10000	80+5000×1.2%=140
10001~50000	1.0	50000	140+40000×1.0%=540
50001~100000	0.8	100000	540+50000×0.8%=940
100000 以上	0.4	200000	913.9+100000×0.40%=1340

(三)建设单位印花税及其税费

建设单位印花税及其他税费指建设单位发生的各类与建设相关的合同印花税、资本印花税、房产税、车船税、契税及按规定缴纳的其他税费等。

按第一章~第十一章费用总额扣除土地征(租)用及拆迁补偿费为基数,乘以0.07%费率计列。

(四)建设项目前期费

指建设项目在预可行性研究及可行性研究阶段,由建设单位组织进行项目论证评估、立项批复、申报核准等工作所发生的有关费用。内容如下

(1)可行性研究费

指编制和评估项目建议书(或预可行性研究报告)、可行性研究报告(含初测)所需费用。

(2)建设项目选址报告编制费

指按照国家有关规定,就项目规划选址报批编制建设项目选址意见书等所需的费用。

(3)社会稳定风险评估报告编制费

指按照国家有关规定,就项目建设方案、建设用地及征地拆迁补偿,生态环境、文物保护以及对沿线生产生活的其他影响等编制社会稳定风险评估报告等所需的费用。

(4)环境影响报告编制与评估费

指按有关规定编制与评估建设项目环境影响报告,以及由建设单位组织的评估报告等所需的费用。

(5)水土保持方案报告编制与评估费

指按有关规定编制建设项目水土保持方案报告,以及建设单位组织评估所发生的费用。

(6)节能评估报告书编制与评审费

指按照国家有关规定,由国家发展和改革委核报国务院审批和核准以及由国家发展和改革委审批和核准的新建、改建铁路建设项目(含独立枢纽、大型客站等)的节能评估报告书的编制,以及由建设单位组织评审等发生的费用。

(7)洪水影响评价报告编制费

指按有关规定就洪水对建设项目可能产生的影响和建设项目对防洪可能产生的影响做出评价,并编制洪水影响报告所需的费用。按国家有关规定计列。

(8)职业病危害预评价费

指建设项目因可能产生职业病危害,而编制职业病危害预评价报告及由建设单位组织的

报告评审所需的费用。

(9) 地质灾害危险性评估费

指为避免和减轻地质灾害对铁路工程建设运营造成的损失,对建设项目所在地区的地质灾害危险性评估所需的费用。

(10) 地震安全性评估费

指按有关规定对建设项目进行地震安全性评估所需的费用。

(11) 通航论证费

指按国家有关规定对修建的与通航有关的铁路工程设施进行论证和尺度论证等工作所需的费用。

(12) 文物保护费

指按有关规定,建设单位在进行大型基本建设工程前,请从事考古发掘的单位,在工程范围内有可能埋藏文物的地方进行考古调查、勘探,以及对受建设项目影响的文物进行原址保护、迁移、拆除所需的费用。

建设项目前期费按预可行性研究及可行性研究阶段的实际发生金额计列。

(五) 施工监理费

指由建设单位委托具有相应资质的单位,在铁路建设项目的施工阶段实施监理的费用。本项费用按照工程概预算投资额分档定额计费方法计算后,纳入设计概预算,工程实际发生的费用应按国家有关规定实行市场调节价。

1. 计算公式

施工监理费 = 计算基数 × 施工监理费费率 × 施工监理费复杂程度调整系数 × 高程调整系数 × 工期调整系数

2. 公式中有关因素

(1) 计算基数

总概算编制范围的第一章~第十章建筑安装工程费用总额

(2) 施工监理费费率

施工监理费费率根据总概算编制范围的第一章~第十章建筑安装工程费用总额,按照表 4-25 所列费率采用内插法确定。

施工监理费费率　　　　　　　　　　　　　　　表 4-25

序号	第一章~第十章建筑安装工程费费用总额(万元)	施工监理费费率(%)
1	5000	2.42
2	10000	2.19
3	50000	1.70
4	100000	1.51
5	500000	1.17
6	1000000	1.04

注:第一章~第十章建筑安装工程费费用总额大于 1000000 万元的,施工监理费费率按 1.04% 计列。

例:第一章~第十章建筑安装工程费费用总额 8000 万元的监理费率为 2.28%。

(3) 施工监理费复杂程度调整系数

施工监理费复杂程度调整系数根据工程特征,按表 4-26 所列系数选用

铁路工程施工监理费复杂程度调整系数表　　　　　表 4-26

复杂程度等级	工 程 特 征	施工监理费复杂程度调整系数
Ⅰ	新建Ⅱ、Ⅲ、Ⅳ铁路	0.85
Ⅱ	1. 新建时速 200km 客货共线 2. 新建Ⅰ级铁路 3. 货运专线 4. 独立特大桥 5. 独立隧道 6. 改扩建和技术改造铁路	新建双线 0.85; 其他 1.0
Ⅲ	1. 客运专线 2. 技术特别复杂的工程	0.95

(4)高程调整系数

施工监理费高程调整系数根据设计线路海拔高度,按表 4-27 所列系数选用。

铁路工程施工监理费高程调整系数表　　　　　表 4-27

序 号	海 拔 高 度	施工监理费高程调整系数
1	2000(含)以下	1.0
2	2000(不含)~3000(含)	1.1
3	3000(不含)~3500(含)	1.2
4	3500(不含)~4000(含)	1.3
5	4000 以上	由发包人和监理人协商确定

(5)工期调整系数

施工监理费高程调整系数根据设计施工工期,按表 4-28 所列系数选用。

铁路工程施工监理费工期调整系数表　　　　　表 4-28

序 号	设计施工工期(月)	施工监理费工期调整系数
1	≤60	0.8
2	67~72	0.9
3	73~84	1.0
4	85~96	1.1
5	≥97	1.2

(六)勘察设计费

勘察费指勘察人根据发包人的委托,收集已有资料、现场踏勘、制定勘察刚要,进行测绘、勘探、取样、试验、测试、检测、监测等勘察作业,以及编制工程勘察文件和岩土工程设计文件等收取的费用。

本项费用按照下列方法计算后,纳入设计概预算,工程实际发生的费用应按国家有关规定实行市场调节价。

1. 勘察费

铁路工程勘察费采用实物工作量法计算。

(1) 计算公式

勘察费 = (勘察费定额 + 七项费用定额) × 实物工作量 × 勘察费附加调整系数 × (1 + 主体勘察协调费系数)

(2) 公式中有关因素

① 勘察费定额

勘察费定额根据铁路工程勘察复杂程度，按表 4-29 所列定额采用直线内插法确定。

铁路工程勘察定额　　表 4-29

建设项目类型	工作阶段	计费单位	勘察费定额 勘察费复杂程度				
			Ⅰ	Ⅱ	Ⅲ	Ⅳ	Ⅴ
新建单线非电气化铁路	初测	正线公里	2.46	3.16	4.64	6.30	8.50
	定测		3.00	3.86	5.66	8.67	11.67
	合计		5.46	7.02	10.30	14.97	20.17

注：1. 铁路工程勘察复杂程度按表 4-30 的复杂程度划分，根据表 4-31 所列勘察因素的赋分值计算确定。
2. 铁路工程全线复杂程度按里程加权平均确定。
3. 若可行性研究费中已经包含初测费用，则不应重复计算。
4. 施工图设计阶段的补充定测勘察费定额按定测勘察费定额的 0.6 倍计算。
5. 在铁路工程勘察正线公里范围内引起的其他铁路工程勘察不再计算费用。
6. 正线长度在 30km 以下的独立项目的勘察费定额按本表相应的 1.5 倍计算。
7. 枢纽内正线，1km 以上的联络线（包括与干线、干线与支线、专用线之间的联络线）、环到线、环发线、疏解线，1km 以上专用线的工程勘察费定额，按本表相应定额计列。
8. 本勘察费定额对应的基本钻探含量见表 4-32，相邻复杂程度之间的基本钻探含量采用直线内插法计算。超出表 4-32 钻探量的，或者需要做工程地质加深勘察，或者需要进行专项工程勘察的，由发包人与勘察人根据市场价格另行计算需增加的费用。

铁路工程勘察复杂程度表　　表 4-30

复杂类别	Ⅰ	Ⅱ	Ⅲ	Ⅳ	Ⅴ
类别分值	4	10	15	20	≥25

注：复杂程度分值处于两档之间，采用直线内插法确定复杂程度。

铁路工程勘察复杂程度赋分表　　表 4-31

复杂程度因素分类	Ⅰ		Ⅱ		Ⅲ		Ⅳ		Ⅴ	
	因素	分值	因素	分值	因素	分值	因素	分值	因素	分值
地形	地形平坦或稍有坡度	1	地形起伏小，高差≤20m 的缓丘地区	3	地形起伏大，高差≤80m 的重丘地区	5	地形起伏变化大，高差≤150m 的山区	7	地形起伏变化大，高差>150m 的山区	9
通视通行	地区开阔，通视良好；通行方便的平原或草原	1	高原、高农作物、树林、竹林隐蔽地区面积≤20%；有部分杂草和低农作物或高差较小的梯田地区	2	高原、高农作物、树林、竹林隐蔽地区面积≤40%；容易通过的沼泽水网、高差较大的梯田地区	4	高原、高农作物、树林、竹林隐蔽地区面积≤50%；沙漠、较难通行的水网、沼泽、较复杂的冲沟、石峰石林及难于通行的岩石露头地段	6	高原、高农作物、树林、竹林隐蔽地区面积>50%；岭谷险峻、地形切割剧烈、攀登艰难的山区、很难通行的沼泽、密集的荆棘灌木丛林区	8

续上表

复杂程度 因素分类	I 因素	分值	II 因素	分值	III 因素	分值	IV 因素	分值	V 因素	分值
地物	房屋、矿洞、地质勘探点（线）沟坎、道路、水系、灌网及各种管线等面积≤5%	1	房屋、矿洞、地质勘探点（线）沟坎、道路、水系、灌网及各种管线等面积≤10%	2	房屋、矿洞、地质勘探点（线）沟坎、道路、水系、灌网及各种管线等面积≤25%	3	房屋、矿洞、地质勘探点（线）沟坎、道路、水系、灌网及各种管线等面积≤40%	4	房屋、矿洞、地质勘探点（线）沟坎、道路、水系、灌网及各种管线等面积>40%	5
工程地质	地质构造简单、地层岩性单一	1	地质构造、地层岩性较简单，不良地质现象及特殊地质现象较少	3	地质构造地层岩性较复杂，不良地质现象较发育，特殊地质现象较多	5	地质构造复杂、地层岩性变化大，不良地质现象发育，特殊地质现象多	7	地质构造复杂、地层岩性种类繁多变化复杂，不良地质、特殊地质现象规模大且复杂	9

铁路工程勘察基本钻探含量表　　　　表 4-32

复杂程度	I	II	III	IV	V
初测（m/正线公里）	27.0	36.0	45.0	54.0	63.0
定测（m/正线公里）	37.8	50.4	63.0	79.4	93.4

② 七项费用定额

七项费用是指办理铁路工程勘察相关许可，以及购买有关资料费；拆除障碍物，开挖以及修复地下管线费；修通至作业现场道路，接通电源、水源以及平整场地费；考察材料以及加工费；水上作业用船、排、平台以及水监费；勘察作业大型机具搬运费；青苗、树木以及水域养殖赔偿费等。

本项费用根据铁路工程复杂程度，按表 4-33 所列定额采用内插法计算。

铁路工程勘察七项费用定额表　　　　表 4-33

费用名称	工作阶段	计费单位	七项费用定额（万元） 复杂程度				
			I	II	III	IV	V
七项费用	初测	正线公里	0.56	0.88	1.22	1.66	2.20
	定测		1.16	1.42	1.76	2.38	2.68
	合计		1.72	2.30	2.98	4.04	4.88

③ 实物工作量

计算铁路工程勘察费的实物工作量为铁路线路长度，以正线公里计，但下列情况需特殊考虑。

a. 枢纽内的大站（包括编组站、工业站、含科技站的客站）的勘察费计算时，除其贯通正线按线路长度作为实物量外，另应增列大站长度 2 倍的实物量。

b. 枢纽内进出大站上、下行分开的疏解线，其实物量按照上下行线路长度之和计算。其他方向引入正线，还到线、环发线、疏解线，1km 以上联络线和专用线等在大站长度范围以内的部分，其实物量按照上下行线路长度的 0.5 倍计算。

c. 枢纽内的勘察费为独立复杂的技术设施,如机务段、车辆段、独立货场等,或者上述设施不在大站长度范围内的工程勘察,其实物量按照基线长度的 1~2 倍计算。

d. 单独委托勘察的铁路特大桥、长隧道的工程勘察费由发包人与勘察人根据市场价格另行计算。

④勘察费调整系数

勘察费调整系数是对工程勘察的自然条件、作业内容和复杂程度差异进行调整的系数。附加调整系数为两个或者两个以上的,附加调整系数不能连乘。将附加调整系数相加,减去附加调整系数的个数,加上 1,作为附加调整系数值。铁路工程勘察费附加调整系数包括气温附加调整系数、高程附加调整系数、铁路专业附加调整系数。

a. 气温附加调整系数。在气温(以当地气象台、站的气象报告为准)≥35℃或者≤-10℃条件下进行勘察作业时,气温附加调整系数为 1.12。

b. 高程附加调整系数。在海拔超过 2000m 地区进行工程勘察作业时,高程附加调整系数见表 4-34。

铁路工程勘察费高程附加调整系数 表 4-34

序号	海拔高度(m)	高程调整系数
1	2000(含)以下	1.0
2	2000(不含)~3000(含)	1.1
3	3000(不含)~3500(含)	1.2
4	3500(不含)~4000(含)	1.3
5	4000 以上	由发包人和勘察人协商确定

c. 铁路专业附加调整系数,见表 4-35。

铁路专业附加调整系数 表 4-35

序号	项目	铁路专业附加调整系数	备注
1	一次勘察	0.8	按初、定测勘察费定额之和计算费用
2	$v<160$km/h 新建电气化单线铁路	1.05	
3	$v<160$km/h 新建双线非电气化铁路	1.10	
4	$v<160$km/h 新建双线电气化铁路	1.15	
5	160km/h≤v≤200km/h 铁路	1.30	不再考虑双线系数
6	200km/h<v≤250km/h 铁路	初测 1.40 定测 1.54	不再考虑其他铁路专业附加系数
7	300km/h<v≤350km/h 铁路	初测 1.60 定测 1.74	不再考虑其他铁路专业附加系数
8	非电气化铁路增建第二线	1.0	
9	既有线(含电气化铁路)技术改造	0.6~0.9	根据项目的实际情况,由发包人和开采人协商确定取值
10	电气化铁路增建二线	1.05	
11	既有线技术改造并电化	0.8~1.05	根据项目的实际情况,由发包人和开采人协商确定取值
12	既有线现状电化	0.70	
13	永久砟场专用线	1.00	

⑤主体勘察协调系数

铁路建设项目工程勘察由两个或两个以上勘察人承担的,可根据需要计算主体勘察协调费。主体勘察协调系数按不超过5%计列。

2. 设计费

指设计人根据发包人的委托、提供编制建设项目初步设计文件、施工图设计文件等服务所收取的费用。

勘察设计费的计算按《费用定额》执行,工程实际发生的费用应按国家有关规定实行市场调节价。

铁路工程设计费采用按照工程概预算投资额分档定额计费方法计算

(1)计算公式=计算基数×设计费费率×设计复杂程度调整系数×设计费附加调整系数×(1+其他设计费系数)

(2)公式中有关因素

①计算基数

本项费用以建设项目初步设计概算二~十章费用总额为计算基数

②设计费费率

设计费费率根据建设项目初步设计概算二~十章费用总额,按表4-36所列费率采用内插法确定。

设计费费率表　　　　　　　　　　　　　　　　　　　　　　　　　表4-36

序号	第二章~第十章建筑安装工程费费用总额(万元)	设计费费率(%)
1	5000	1.18
2	10000	1.10
3	50000	0.92
4	100000	0.86
5	500000	0.73
6	1000000	0.68
7	2000000	0.58

注:1. 建设项目初步设计概算第二~第十章费用总额大于2000000万元的,设计费费率按0.58%计列。
　　2. 设计费费率中初步设计费占45%,施工图设计费占55%。

③设计复杂程度调整系数

设计复杂程度调整系数根据工程特征,按表4-37所列系数选用。

设计复杂程度调整系数表　　　　　　　　　　　　　　　　　　　表4-37

复杂程度等级	工 程 特 征	设计复杂程度调整系数
Ⅰ	新建单线线路	0.85
Ⅱ	1. 新建时速200km及以下双线铁路 2. 改扩建和技术改造铁路	1.00
Ⅲ	1. 新建时速200km及以上双线铁路 2. 时速特别复杂的工程	1.15

④设计费附加调整系数

根据铁路建设工程的设计速度目标值,设计费附加调整系数如下:

$v \leqslant 200 \text{km/h}$ 铁路：1.00；
$200 \text{km/h} < v \leqslant 250 \text{km/h}$ 铁路：1.11；
$300 \text{km/h} < v \leqslant 350 \text{km/h}$ 铁路：1.22。

⑤其他设计费系数

根据工程实际需要或发包人要求所发生的总体设计费、主体设计协调费等其他设计费，按不超过5%的系数计算。

(七) 设计审查费

设计审查费指为保证铁路工程勘察工作质量，由建设单位在这有关专家或委托有资质的单位，对设计单位提交的建设项目预可行性研究（项目建议书）、可行性研究、初步设计、Ⅰ类变更设计及调整概预算文件进行审查（核）所需的相关费用。

设计审查费以建筑安装工程费为基数按表4-38所列费率计算后纳入设计概预算，工程实际发生的费用应按国家有关规定实行市场调节价。

设计审查费费率   表4-38

建设项目投资总额(亿元)	10 及以下	50	200	500	1000 及以上
费率(%)	0.22	0.16	0.09	0.06	0.03

注：1. 建设项目设计审查费应根据建设项目投资总额，采用直线内插法确定费率，并以建设项目投资总额对应的建筑安装工程费为基数计算。
2. 根据设计复杂程度，计算本项费用时乘以设计复杂程度调整系数，见表4-35。

(八) 其他咨询服务费

其他咨询服务费指由建设单位委托具有相应资质的单位，在铁路项目建设过程中实施咨询服务的有关费用。内容如下：

(1) 招投标咨询费

指具有相应资质的单位接受建设单位委托，提供代理工程、货物、服务招标，编制招标文件、最高投标限价、审查投标人资格，组织投标人踏勘现场并答疑，组织开标、评标、定标，以及提供招标前期咨询、协调合同的签订等服务收取的费用。

(2) 勘察监理与咨询费

指具有相应资质的单位接受建设单位委托，在铁路建设项目勘察阶段，对勘察工作中的相关规程、规范和勘察合同的符合性进行检查，对工程地质、水文地质、物探、钻探、原位测试、室内试验的全过程进行监理等工作所收取的费用。

(3) 设备(材料)采购监造费

指具有相应资质的单位接受建设单位委托，按照有关法规和价格，对铁路建设工程中出现的新材料、新设备（或非标准材料、非标准设备）制造过程的质量实施监督服务发生的费用。

(4) 施工图审(核)查费

指具有相应资质的单位接受建设单位委托，按照有关法律、法规，规范、标准对施工图涉及公共利益、公共安全和工程建设强制性标准的内容进行审查，对施工图的图纸及施工图预算等进行审核所发生的费用。

(5) 第三方审价费

指具有相应资质的单位接受建设单位委托，对铁路建设项目的征地拆迁、岩溶处理、材料价差等进行专项审价所发生的费用。

(6) 环境保护专项监理费

指为控制铁路施工阶段的环境污染及生态破坏,由建设单位委托具有工程环境监理资质的单位对铁路工程施工进行环境检查、监测、监理所发生的费用。

(7) 水土保持监测费

指有水土流失防治任务的铁路建设项目,按照有关规定,设立专项监测点对水土流失状况进行监测,并定期向项目所在地县级监测管理机构报告检测成果所需的费用。

(8) 无砟轨道铺设条件评估费

指根据铁路建设需要,在无砟轨道铺设前,受建设单位委托的评估单位对观测数据抽检、检查,建立沉降变形观测数据库,对观测数据及无砟轨道铺设条件进行评估等所需的费用。(包括评估人员人工费、规费、差旅费、住宿费、汽车使用费、设备费、会议费、办公费、管理费、利润、税金等)。

(9) 环境保护和水土保持设施验收报告费

指在铁路建设工程初步验收之前,对工程中的环境保护设施、水土保持设施进行验收及编制报告所需的费用。

(10) 职业病危害控制效果评价费

指对建设项目的职业病危害控制效果进行评价,编制评价报告及由建设单位组织的报告评审所需的费用。

(11) 第三方监测费

指为保证工程质量,具有相应资质的单位接受建设单位委托,根据要求必须进行第三方检测的工程项目进行检测所需的费用。

(12) 计算机软件开发和购置费

指购买计算机硬件所附带的单独计价的软件,或需另行开发与购置的软件所需费用。不包括项目建设、设计、施工、监理、咨询工作所需软件。

本项咨询服务费按第一章~第十章费用总额扣除土地征(租)用及拆迁补偿费为基数,乘以0.5%的费率后,纳入设计概预算,工程实际发生的费用应按国家有关规定实行市场调节价。

(九) 营业线施工配合费

指施工单位在营业线上或邻近营业线进行建筑安装工程施工时,需要运营单位在施工期间参加配合工作所发生的费用(含运营单位安全监督检查费)。按不同工程类别的计算范围,以编制期人工费和施工机具使用费之和为基数,乘以表4-39所列费率计列。

营业线施工配合费费率　　　　表4-39

工程类别	费率(%)	计 算 范 围
一、路基		
1. 石方爆破开挖	4.1	在铁路线路路堤坡脚、路堑坡顶、铁路桥梁外侧起向外各1000m范围内
2. 邻近营业线路基工程	1.3	距离铁路路堤坡脚、路堑坡顶、设备或设施外缘,向外延伸20m范围,含涵洞配合费
3. 营业线路基工程	1.7	路基改建工程(不含土方运输)

续上表

工程类别	费率(%)	计 算 范 围
二、桥涵		
1.邻近营业线桥梁（含上跨作业）	3.9	距离铁路路堤坡脚、路堑坡顶、设备或设施外缘,向外延伸20m范围
2.营业线桥涵改建	4.8	桥涵洞改建工程
3.顶进框架桥、顶进桥涵	2.5	包括主体预制、工作坑、引道及框架桥、涵洞内的路面、排水等工程
三、隧道及明洞		需要封锁线路的既有线隧道及明、棚洞的改建、加固、整修
1.邻近营业线隧道	4.4	距离铁路路堤坡脚、路堑坡顶、设备或设施外缘,向外延伸20m范围,及距离洞口1000m范围内的爆破工程
2.营业线隧道改建	5.0	隧道改建工程
四、轨道		
1.邻近营业线轨道（包括有砟、无砟轨道）	3.1	距离铁路路堤坡脚、路堑坡顶、设备或设施外缘,向外延伸20m范围
2.邻近营业线铺岔	5.3	
3.营业线铺轨	7.9	轨道改建工程
4.营业线铺岔	5.5	
5.营业线铺道床	3.6	
五、通信(含信、灾害监测)		
1.邻近营业线	4.8	距离铁路路堤坡脚、路堑坡顶、设备或设施外缘,向外延伸20m范围内安工程
2.营业线	5.4	改建建安工程
六、信号		
1.邻近营业线	22.0	距离铁路路堤坡脚、路堑坡顶、设备或设施外缘,向外延伸20m范围建安工程
2.营业线	25.0	
七、电力		
1.邻近营业线	4.6	距离铁路路堤坡脚、路堑坡顶、设备或设施外缘,向外延伸20m范围内建安工程
2.营业线	5.2	改建建安工程
八、接触网		既有线增建电气化接触网建安工程和既有电气化改造接触网建安工程
1.邻近营业线	5.5	距离铁路路堤坡脚、路堑坡顶、设备或设施外缘,向外延伸20m范围内建安工程
2.营业线	6.2	改建建安工程
九、牵引变电所		
1.邻近营业线	4.1	距离铁路路堤坡脚、路堑坡顶、设备或设施外缘,向外延伸20m范围内建安工程
2.营业线	4.6	改建建安工程
十、给排水		
1.邻近营业线	2.1	距离铁路路堤坡脚、路堑坡顶、设备或设施外缘,向外延伸20m范围内建安工程
2.营业线	2.3	改建建安工程

注：本表费率为参考费率，供设计概预算编制时参考使用，设计概预算编制示，设计单位应调差并综合考虑相关铁路运营企业的规定以及市场在资源配置中的作用。

(十)安全生产费

安全生产费指施工企业按照规定标准提取在成本中列支,专门用于完善和改进施工企业安全生产条件的资金。铁路工程安全生产费使用范围见表4-40,表中的安全生产项目在设计概预其他部分不应再重复计列。

安全生产费使用范围表　　　　　　　　　　　　　　　表4-40

一、完善、改造和维护安全防护设施设备支出(不含"三同时"要求初期投入的安全设施)
1."洞口"(楼梯口、电梯井口、预留洞口、通道口等)、"临边"(未安装栏杆的平台临边、无外架防护的层面临边、升降口临边、基坑沟槽临边、上下斜道临边等)、挖井、挖孔、沉井、泥浆池等防护、防滑设施
2. 施工场地安全围挡设施
3. 施工供配电及用电安全防护设施(漏电保护、接地保护、触电保护等装置、变压器、配电盘周边防护设施,电器防爆设施,防水电缆及备用电源等)
4. 各类机电设备安全装置
5. 隧道及孔洞开挖过程中有害气体监测、通风设备设施,隧道内粉尘监测设备设施
6. 地质灾害监控防护设备设施
7. 防火、防爆、防尘、防雷、防毒、防台风等设备设施及备品
8. 机械设备(起重机械、提升设备、锅炉、压力器、压缩机等)上的各种保护、保险装置及安全防护设施
9. 爆破及交叉作业(穿越村镇、公路、河流、地下管线进行施工、运输等作业)所增设的防护、隔离、拦挡等防护设施
10. 防治边帮滑坡设备
11. 高处作业中防止物体、人员坠落设置的安全带、棚、护栏等防护设施
12. 各种安全警示、警告标志
13. 航道临时防护及航标设置等
14. 安全防护通信设备
15. 其他临时安全防护设备、设施
二、配备、维护、保养应急救援器材、设备支出和应急演练支出
1. 应急电源、照明、通风、抽水、提升设备及锹镐铲、千斤顶等
2. 防洪、防坍塌、防山体落石、防自然灾害等物资设备
3. 急救药箱及器材
4. 应急救援设备、器械(包括救援车等)
5. 救生衣、圈、船等,船只靠帮设备
6. 各种消防器材和设备
7. 安全应急救援及预案演练
8. 其他救援器材、设备
三、开展重大危险源和事故隐患评估、监控和整改支出[含临近既有线或建(构)筑物施工所发生的影响等]
1. 超前地质预报(不含Ⅰ级风险隧道中极高风险段落的加强超前地质预报、超前钻孔、加深炮孔、地震波反射法物理探测)、重大危险源评估、监控费用
2. 水上及高空作业评估、整改
3. 危险源辨识预评估(高路堑开挖、深基坑开挖、瓦斯隧道、既有线隧道评估等)
4. 邻近既有线或建(构)筑物施工源和事故隐患评估、监控和整改支出

续上表

5. 重大事故隐患评估、整改支出
6. 应急预案措施投入
7. 自然灾害预警费用
8. 爆炸物运输、储存、使用时安全监控、防护费用及安全检查和评估费用
9. 施工便桥安全检测、评估费用
10. 其他重大危险源、重大事故隐患的评估、整改、监控支出
四、安全生产检查、评价(不包括新建、改建、扩建项目安全评价)、咨询和标准化建设支出
1. 聘请专家参与安全检查、评价和咨询费用
2. 各级安全生产检查、督导与评价费
3. 安全生产标准化建设
五、配备和更新现场作业人员安全防护用品支出
1. 配备现场作业人员安全防护用品
2. 更新现场作业人员安全防护用品
六、安全生产宣传、教育、培训支出
1. 购置编印安全生产书籍、刊物、影像资料等
2. 举办安全生产展览和知识竞赛活动,设立陈列室、教研室
3. 召开安全生产专题会议
4. 专职安检人员、生产管理人员安全生产专业培训
5. 全员安全及特种(专项)作业安全技能培训等
6. 各种安全生产宣传支出
7. 其他安全教育培训费用
七、安全生产适用的新技术、新标准、新工艺、新装备的推广应用支出
八、安全设施及特种设备检测检验支出
1. 各种安全设备设施检测、检查费
2. 特种机械设备、压力容器、避雷设施等检查检测费
九、其他与安全生产直接相关的支出
1. 特种作业人员(从事高空、井下、尘毒、作业的人员及炊管人员等)体检费用
2. 办理安全施工许可证
3. 办公、生活区的防腐、防毒、防四害、防触电、防煤气、防火患等支出
4. 与安全有关的费用支出
5. 其他

注:1. Ⅰ级风险隧道中极高风险段落的超前钻孔、加深炮孔、地震波反射法物理探测的加强超前地质预报费用按相关定额另计,列入第十一章安全生产费项下。

2. 本表所列使用范围均指保障施工企业安全生产的支出,保障施工企业之外的其他安全性支出,需按照设计的保障措施另计费用,列入相关正式工程。

安全生产费的计算:
(1)按费率计算部分,以建筑安装工程费的 2.0% 计列。
(2)加强超前地质预报费用,以设计数量按相关定额计算。

(十一)研究试验费

指为建设项目提供或验证设计数据、资料等所进行的必要的研究试验,以及按照设计规定在施工中必须进行的试验、验证所需的费用。不包括:
(1)应由科技三项费用(即新产品试制费、中间试验费和重要科学研究补助费)开支的项目。
(2)应由检验试验费开支的施工企业对建筑材料、设备、构件和建筑物等进行一般鉴定、检查所发生的费用及技术革新的研究试验费。
(3)应由勘察设计费开支的项目。
本项费用应根据设计提出的研究试验内容和要求,经建设主管单位批准后按有关规定计列。

(十二)联调联试等有关费用

指铁路建设项目在施工全面完成后至运营部门全面接收前,对整个系统进行负荷或无负荷联合试运转或进行工程动态检测所发生的费用。包括静态检测费、联调联试费、安全评估费、运行试验费及综合检测列车高级维修费用等。

(十三)利用外资有关费用

利用外资有关费用指铁路基本建设项目利用国外贷款(用于土建工程或采购材料和设备)时,发生的有关附加费用。工程实际发生的费用应按国家有关规定实行市场调节价。
(1)附加支出费:指外资项目通过招标方式采购材料、设备及引进技术服务所需支出的有关费用
①手续费。
由于贷款方不同,所发生的手续费也不同。目前主要有国内代理银行手续费、建设期国外贷款转贷手续费、采购代理人手续费以及商检费。
a.国内代理银行手续费,根据商务部有关文件规定,国内代理银行为办理进口业务而收取的手续费,以贷款总额按现行汇率折合人民币后的 0.1% 计列。
b.建设期国外贷款转贷手续费,根据转贷协议规定,国内转贷银行收取的转贷手续费,以评估报告的建设期内已提取未偿还部分贷款额,按有关费用定额计算。
c.采购代理人手续费,根据商务部有关文件规定,作为采购代理人的进出口公司,为进行国家招标、合同签约、执行等业务所收取的费用,以材料、设备中标数额,按现行汇率折合人民币后为计算基数,乘以下列费率计算。
材料、设备中标数额 500 万美元以下部分:1.0%;
材料、设备中标数额 500 万美元以上部分:0.5%。
d.商检费,根据国家规定,进口材料,设备,抵达中国口岸、工地后,商检部门进行商检所发生的费用,原则上以进口材料、设备费用,按现行汇率折合人民币后的 0.2% 计列。
为简化概预算编制,设计阶段手续费以贷款总额按现行汇率折合人民币后的 1.5% 计列,

实施阶段应按有关合同的规定计算。

②港杂费。

指进口材料、设备海(空)运到达我国指定的口岸起,至港口车站装车前止,所发生的既不属于海(空)运费,又不属于国内运杂费的有关费用。

原则上应按交通部有关规定以及采购合同的运货条件计算。为简化概预算编制,在设计阶段,无论利用外资采购材料、设备是国内或国外中标,均以采购费用按现行汇率折合人民币后为计算基数,设备按 0.4% 计列,材料按 1.4% 计列,实施阶段应按有关合同的规定计算。

③国内运杂费。

指港口存货地点运往工地发生的费用、过路费、装卸费、工地保管费等。按国内采购材料设备运杂费的计算方法计列。

④汇兑损益。

指因采用不同的汇率而产生的会计记账本位币金额的差异。项目利用外资完成后,本项费用按初验完成之日的汇率折算,与实际支付人民币的差值计列。

⑤利用外资管理其他费。

指对外资项目进行管理所发生的费用,内容包括:项目预评估与评估费、标书编译及评标费、竣工报告及后评价费等。以利用外资贷款总额按现行汇率折合人民币后的 0.13% 计列。利用国外贷款实施的土建工程,另应计入建设单位利用外资管理,以外资土建工程建筑工程费总额的 0.10% 计列。

(2)利用外资可行性研究报告编译费:指编制、翻译和评估项目利用外资可行性研究报告所需费用。以利用外资贷款总额按现行汇率折合人民币后的 0.05% 计列。

(3)外资设计概预算编制费:以利用外资贷款总额按现行汇率折合人民币后的 0.05% 计列。

(4)征地拆迁和移民安置实施计划编译费:指按照国外贷款机构的要求,对外资项目征地拆迁和移民安置进行社会调查,建立信息管理系统和实施计划编译等工作所发生的费用。

当国外贷款机构由此要求时,以本项目利用外资贷款总额按现行汇率折合人民币后的 0.05% ~ 0.10% 计列。

(5)征地拆迁和移民安置监控费:指按照国外贷款机构的要求,对外资项目征地拆迁和移民安置进行监控所发生的费用,包括外部和内部监控。

外部监控的内容包括:对移民安置总量 5% 的基底调查,每半年一次的现场调查,移民安置监控报告和后评价报告的编译、陪同国外贷款机构检查,参加谈判等。

内部监控的内容包括:每半年编制一份工程进度和移民安置进展情况的报告,配合外部监控单位开展工作,配合国外贷款机构检查等。

当国外贷款机构由此要求时,本项费用根据建设期年限,按 1210 元/(年·正线公里)计列。

(6)环境监控费:指按照国外贷款机构的要求,在外资项目实施过程中对周围环境进行监控所发生的费用。

本项费用根据建设期年限,按照铁路正线长度计算,400km 以内按 1210 元/(年·正线公里)计列,1000km 以上按 605 元/(年·正线公里)计列,400 ~ 1000km 内按内插法计列。

(7)环境影响评价报告编译费:指按照国外贷款机构的要求,对外资项目进行环境影响评价报告编译工作所发生的费用。以本项目环境影响报告编制与评估费的 40% 计列。

(8)引进技术和进口设备项目的其他费用。指由于利用国外贷款,在执行贷款协议或贷款合同时所发生的有关费用。应根据贷款协议或贷款合同要求,分人民币支付和外币支付两部分计列。

(9)进口关税及增值税:指利用国外贷款采购的材料、设备,应交纳的进口关税及增值税。按以下公式计算:

$$\text{进口关税及增值税} = \text{进口货物到岸价格} \times [A + (1 + A) \times B] \times C$$

式中:A——进口关税税率;
B——增值税税率;
C——现行汇率。

(10)国外贷款承诺费:指国外贷款协议生效后,其贷款余额部分(即未提取部分)必须按其要求支付贷款方一定数额的承诺费。

(11)国外贷款项目启动费:指国外贷款机构收取的项目启动费,一般从贷款本金中直接扣取。以本项目利用外资贷款总额按现行汇率折合人民币后为计算基数,按有关汇率计列。

(12)社会影响评估报告编译费:指根据国外贷款机构的规定,有关单位对外资项目进行社会影响评估报告编译工作所发生的费用。

(13)少数民族发展计划编译费:指根据国外贷款机构的规定,有关单位对外资项目进行少数民族发展计划编译工作所发生的费用。

(14)生物多样性研究报告编译费:指根据国外贷款机构的规定,有关单位对外资项目进行生物多样性研究报告编译工作所发生的费用。

(十四)生产准备费

1. 生产职工培训费

指新建和改扩建铁路工程,在交验投产以前对运营部门生产职工培训所必需的费用。内容包括:培训人员的工资、津贴和补贴、职工福利费、差旅交通费、劳动保护费、培训和教学实习费等。本项费用按表4-41所规定的标准计列。

生产职工培训费(单位:元/正线公里)   表4-41

线路类别		铁路类别	
		非电气化铁路	电气化铁路
设计速度>200km/h			17000
设计速度≤200km/h	新建单线	7500	11200
	新建双线	11300	16000
	增建第二线	5000	6400
	即有线增建电气化		3200

注:独立建设项目的站房、动车段、专用线、车站改造等项目的生产职工培训费按1400元/定员计列,其中新建项目按设计定员计算,改建项目按新增定员计算。

2. 办公和生活家具购置费

指为保证新建、改扩建项目初期正常生产、使用和管理,所必须购置的办公和生活家具、用具的费用。范围包括:行政、生产部门的办公室、会议室、资料档案室、文娱室、食堂、浴室、单身宿舍、行车公寓等的家具用具。不包括应由企业管理费、奖励基金或行政开支的改扩建项目所需的办公和生活家具购置费。本项费用按表 4-42 所规定的标准计列。

办公和生活家具购置费(单位:元/正线公里)　　　　　　　　　　表 4-42

线路类别		铁路类别	
		非电气化铁路	电气化铁路
设计速度>200km/h			11000
设计速度≤200km/h	新建单线	6000	7000
	新建双线	9000	10000
	增建第二线	3500	4000
	即有线增建电气化		2000

注:独立建设项目的站房、动车段、专用线、车站改造等项目的生产职工培训费按 800 元/定员计列,其中新建项目按设计定员计算,改建项目按新增定员计算。

3. 工器具及生产家具购置费

指新建、改建项目和扩建项目的新建车间,验交后为满足初期正常运营必须购置的第一套不构成固定资产的设备、仪器、仪表、工卡模具、器具、工作台(框、架、柜)等的费用。不包括:构成固定资产的设备、工器具和备品、备件;已列入设备购置费中的专用工具和备品、备件。本项费用按表 4-43 所规定的标准计列。

工器具及生产家具购置费标准(单位:元/正线公里)　　　　　　　表 4-43

线路类别		铁路类别	
		非电气化铁路	电气化铁路
设计速度>200km/h			22000
设计速度≤200km/h	新建单线	12000	14000
	新建双线	18000	20000
	增建第二线	7000	8000
	即有线增建电气化		4000

注:独立建设项目的站房、动车段、专用线、车站改造等项目的生产职工培训费按 1000 元/定员计列,其中新建项目按设计定员计算,改建项目按新增定员计算。

(十五) 其他

指以上费用之外的,按国家、相关部委及工程所在省(自治区、直辖市)规定应纳入设计概(预)算的费用。或在设计阶段无法准确核定的特殊工程处理措施估算费用,以及铁路专利专有技术等知识产权使用费等。

第四节　基本预备费

指在建设阶段各种不可预见因素的发生而预留的可能增加的费用。

(一) 基本预备费内容

(1)在进行设计和施工过程中,在批准的初步设计范围内,必须增加的工程和按规定需增加的费用,(含相应增加的价差及税金)。本项费用不含Ⅰ类变更设计所增加的费用。

(2)在建设过程中,未投保工程遭受到一般自然灾害所造成的损失和为预防自然灾害所采取的措施费用,及为了规避风险而投保全部和部分工程的建筑、安装工程一切险和第三者责任险的费用。

(3)验收委员会(或小组)为鉴定工程质量,必须开挖和修复隐蔽工程的费用。

(4)由于设计变更所引起的废弃工程,但不包括施工质量不符合设计要求而造成的返工费用和废弃工程;

(5)征地、拆迁的价差。

(二)基本预备费计算标准

基本预备费按一至十一章费用总额为基数,按5%的费率计列。

第二部分 动 态 投 资

随着我国市场经济的不断发育,构成工程造价的诸多因素随着市场观念和供求关系不断变化,再单纯按静态投资的管理模式管理铁路工程造价,已日益显出它的滞后性,对合理确定工程造价和有效控制建设投资造成一定困难。

为适应社会主义市场经济的需要,反映铁路基本建设工程费用性质及内容构成,合理确定和有效地控制铁路工程造价,加强投资管理,促进企业转换经营机制,创造公平竞争的市场环境,使铁路基本建设工程造价的费用构成与现行财务制度相适应,并逐步与国际惯例接轨,使其在施行中既有利于国家计划的宏观调控,又有利于充分发挥竞争机制的作用,国家铁路局在新的铁路基本建设工程设计概预算编制办法中,将铁路基本建设投资在静态投资的基础上增加了动态投资部分。

第五节 动 态 投 资

动态投资,指概预算编制期至竣工期间,由于价格因素的正常变动,需增加的预测预留工程投资。

动态投资由价差预备费和建设期投资贷款利息两部分组成。

(一)价差预备费

为正确反映铁路基本建设工程项目的概预算总额,在由设计概算编制年度至项目建设竣工的整个期限内,因形成工程造价的诸因素的正常变动(如材料、设备、征地拆迁价格等的上涨,人工费及其他有关费用定额的调整等),导致必须对该工程项目所需的总投资额进行合理的核定和调整,而需预留的费用为价差预算费。

价差预备费的计算,应根据该工程建设项目施工组织设计安排,以其分年度投资额及不同年限,按工程造价年上涨指数,采用下式计算:

$$E = \sum_{n=1}^{N} F_n \left[(1+p)^{c+n} - 1 \right]$$

式中:E——价差预备费;

N——施工总工期(年);
F_n——施工期第 n 年的分年度投资额;
c——编制年至开工年年限(年);
n——开工年至结(决)算年年限(年);
p——工程造价年增长率。

(二)建设期投资贷款利息

建设期投资贷款利息,指在项目建设中,分年度使用国内外贷款,在建设期内应归还的贷款利息。

建设期投资贷款利息的计算,应根据不同资金来源分别计算。

(1)利用国内贷款的建设期投资贷款利息,按下式计算:

建设期国内投资贷款利息 = ∑(年初付息贷款本金累计 + 本年度付息贷款额 × 0.5) × 年利率

(2)利用国外贷款的建设期投资贷款利息,以评估报告确定的建设期限为准,按评估报告采用的利率及折算系数,按下式计算:

建设期国外投资贷款利息 = ∑(上半年累计贷款本金 + 本年度贷款额 × 折算系数) × 贷款利率 × 现行汇率

第三部分 机车车辆购置费

第六节 机车车辆(动车组)购置费

根据铁路机车、客车投资有偿占用有关办法的规定,新建铁路、增建二线和电气化技术改造等基建大中型项目总概预算中,计列机车车辆(动车组)购置费。

机车车辆购置费按设计确定的初期运量所需的新增机车车辆(动车组)的型号、数量及编制期机车车辆(动车)购置价格计算。

第四部分 铺底流动资金

第七节 铺底流动资金

铺底流动资金,指为了保证新建铁路项目在投产初期能正常运营(如用于购买原材料、燃料、动力、支付职工工资和有关其他费用)所需流动资金有可靠来源计列的费用。

(1)国有铁路

铺底流动资金按下列指标计算:

设计速度 > 200km/h 的新建铁路,按 16.0 万元/正线公里计;

设计速度 ≤ 200km/h 的新建双线铁路,按 12.0 万元/正线公里计;

设计速度 ≤ 200km/h 的新建单线铁路 I 级铁路,按 8.0 万元/正线公里计;

设计速度 ≤ 200km/h 的新建单线铁路 II 级铁路,按 6.0 万元/正线公里计。

（2）地方铁路

新建Ⅰ级铁路，按6.0万元/正线公里计；

新建Ⅱ级铁路，按4.5万元/正线公里计。

如初期运量较小，上述指标可酌情核减。

既有线改扩建、增建二线以及电气化改造工程不计列铺底流动资金。

第五章

利用外资项目的概预算编制

利用外资项目的概预算,原则上应按初步设计、施工图设计、建设实施三个阶段编制。为简化概预算工作,初步设计和施工图设计阶段,依据外资贷款评估报告、贷款协议等,在工程设计内资概预算中计列利用外资增加的有关附加费用,可不必单独编制外资概预算;在实施阶段,一般在竣工结算阶段,以实际发生的合同、协议等为基础,编制最终的建设项目外资清理概预算,并报原初步设计审批部门审批,审批成立后作为利用外资建设项目投资的最终控制额度。

外资项目概预算原则上可以一个建设项目的范围进行编制,而无须与原批准的内资概预算相一致。单项概预算编制单元按照不同的专业工程类别进行划分。

外资项目概预算的编制层次原则上按编制办法列出的章节执行,区分设备、材料、其他费等内容。

外资项目概预算由外资部分和内资部分组成,因其款源不同,在编制外资项目概预算时,应严格区分内资部分和外资部分。

(1) 外资部分

指利用外资采购的材料、设备费用,引进的技术和服务费用,以及随之发生的一些需由外币支付的有关费用。

① 材料费

外资部分材料费(人民币) = ∑外资采购的材料数量 × 材料单价(外币) × 现行汇率

式中:外资采购的材料数量——应根据外资贷款评估报告、贷款协议或贷款合同所列出的按外资采购的材料品种,按对应设计阶段的设计数量,另加概预算定额计取的损耗计算;

材料单价——设计阶段为外资评估报告所列的到岸价格,实施阶段为材料招标合同价格;

现行汇率——设计阶段为贷款协议生效当日收盘的中间价,实施阶段为实际发生的汇率。

② 设备购置费

外资部分设备购置费(人民币) = ∑外资采购的设备数量 × 设备单价(外币) × 现行汇率

式中:外资采购的设备数量——根据已批准的设计文件所推荐采用的设备清单中的设备品种、数量(包括备品、备件)确定;

设备单价——设计阶段为外资评估报告所列的到岸价格,实施阶段为引进设备招标合同价格;

现行汇率——设计阶段为贷款协议生效当日收盘的中间价,实施阶段为实际发生的汇率。

③ 其他费用

其他费用按有关要求计算。

外资部分除按贷款方要求的币种编制外,还需将外币按现行汇率折合成人民币,再与内资部分汇编成整个建设项目的部分概预算。

(2) 内资部分

指利用外资引起的由人民币支付的配套或附加费用,按有关要求计算。

外资部分概预算编制完成后,尚需与对应的内资部分概预算进行对照分析,说明费用变化的情况。内资部分概预算指利用外资采购的材料、设备对应的内资概预算费用。

第六章

单项预算的编制

在掌握了概预算定额和概预算种类、编制范围、费用组成及计算方法的基础上,即可按编制要求编制各种概预算。

概算和预算除编制依据的定额及编制深度、编制作用等不同外,其编制方法、编制层次、编制步骤、费用组成等是大体一致的,因而此后将重点介绍施工图预算的编制方法。

施工图预算,是施工图设计阶段编制的预算。施工图预算的作用较为广泛。对于设计来说,它是检算施工图设计总投资是否控制在经审批成立的设计概算范围内,是考核施工图设计技术经济合理性的依据,一般不允许突破。对建设单位和施工单位来说,它是控制工程造价、进行验工计价、工程价款结算的依据。它也是建设银行监督资金使用,控制工程拨款贷款的依据。

施工图预算的编制程序,也是先编单项预算,再编综合预算、总预算和总预算汇总,由小到大逐步完成。本章重点介绍单项预算的编制。

单项预算是综合预算、总预算的基础。综合预算和总预算是在单项预算的基础上,按照编制要求综合汇总而成的。单项预算的编制范围和编制单元一般较小或工程单一。单项预算的费用包括直接费、间接费、各种价差、税金。

单项预算的费用及单项预算的计算程序见表 6-1。

建筑安装工程单项概预算计算程序表 表 6-1

序号	名 称		计 算 式
1	基期人工费		
2	基期材料费		按设计工程量和基期价格水平计列
3	基期施工机械使用费		
4	定额直接工程费		(1)+(2)+(3)
5	运杂费		指需要单独计列的价外运杂费,按施工组织设计的材料供应方案及有关规定分析计算
6	价差	人工费价差	
7		材料费价差	基期至编制期的价差按有关规定计列
8		施工机械使用费价差	
9		价差合计	(6)+(7)+(8)
10	填料费		按设计数量和购买价计算
11	直接工程费		(4)+(5)+(9)+(10)
12	施工措施费		[(1)+(3)]×费率
13	特殊施工增加费		以相应的编制期人工费、编制期施工机具使用费为基数计算
14	直接费		(11)+(12)+(13)
15	间接费		[(1)+(3)]×费率
16	税金		[(14)+(15)]×费率
17	单项概预算		(14)+(15)+(16)

一、预算的编制依据（见第四章第一节）

二、编制概预算基础资料

(1) 施工组织设计；
(2) 本建设项目概预算所采用的编制方法、定额种类及补充定额；
(3) 本建设项目所采用的综合工费标准；
(4) 本建设项目所采用各种材料的标准料价、调查价及分析价；
(5) 运输情况，了解工程所在省、自治区、直辖市规定的"汽车运价规则实施细则"，装卸费、其他运杂费及运输路线的路况等；
(6) 本建设项目内所使用的各种机械台班单价；
(7) 各种运输方法的运距、运价、装卸单价等；
(8) 占地补偿，此项费用应按《国家建设征用土地条例》及各省、自治区、直辖市为贯彻该条例所公布的各项具体规定；
(9) 工程用电、用水综合分析单价。

三、编制概预算小数点后位数取定

1. 工、料、机具台班单价

单价的单位为"元"，取2位小数，第3位4舍5入。

2. 定额（补充）单价分析

单价和合价的单为"元"，取2位小数，第3位4舍5入；单重和合重的单位为"t"，单重取6位小数，第7位4舍5入，合重取3位小数，第4位4舍5入。

3. 运杂费单价分析

汽车运价率的单位为"元/(t·km)"，取3位小数，第4位4舍5入；火车运价率的单位及运价率按现行《铁路货物运价规则》执行；装卸费单价单位为"元"，取2位小数，第3位4舍5入；综合运价单位为"元/t"，取2位小数，第3位4舍5入。

4. 单项概预算

单价和合价的单位为"元"，单价取2位小数，第3位4舍5入，合价取整数。

5. 材料重量

材料单重和合重的单位为"t"，均取3位小数，第4位4舍5入。

6. 人工、材料、机具台班数量统计

按定额中的单位，均取2位小数，第3位4舍5入。

7. 综合概预算

概预算价格和指标的单位为"元"，概预算价格取整，土石方指标取2位小数，第3位4舍5入。

8. 总概预算

概预算价格和指标的单位为"万元",均取2位小数,第3位4舍5入。费用比例的单位为"%",取2位小数,应检算是否闭合。

9. 工程数量

(1)计量单位为"m^3"、"m^2"、"m"的取2位小数,第3位4舍5入。

(2)计量单位为"km"的,轨道工程取5位小数,第6位4舍5入;其他工程取3位小数,第4位4舍5入。

(3)计量单位为"t"的,取3位小数,第4位4舍5入。

(4)计量单位为"个、处、组、座或其他可以明示的自然计量单位"的,取整。

四 编制步骤

(一)熟悉施工图纸及有关设计文件

在熟悉施工图纸的有关设计文件的基础上要掌握以下几点:

(1)根据设计图纸确定工程细目名称及其工程量,确定单项概预算编制范围及编制单元。"大单元"通常指综合概预算章节表中的节,如表中第二章第2节区间路基土石方可为一个编制单元。"小单元"指综合概预算章节表中最低一级的子项,小单元是计算建筑安装工程费的最小编制单元。

(2)根据施工组织设计确定施工方法及临时设施数量。

(3)调查现场资料,确定工资、料价、当地有关费用,掌握有关政策,确定各种运输方法、运距、运价及运输有关规定。

(4)掌握与编制单项概预算有关的其他资料。

(二)编制原始数据表

依据设计图纸、施工组织方案、定额项目的工程设置,按照编制单元,进行工程项目的分解,将工程项目逐级分解,分解到分部分项工程,甚至到工序,直到可以套用概预算定额为止;还要结合施工方案确定辅助工程和临时工程。在进行工程项目分解的同时计算相应的工程量,包括永久工程量、辅助工程量、临时工程量。

永久工程量:按图纸计算的工程实体工程量。如钻孔桩工程中的混凝土数量、钢筋数量等。

辅助工程量:计价范围内必要的措施工程量,如钻孔桩施工中的护筒数量,基坑开挖时的支挡数量等。

临时工程量:如汽车便道、混凝土搅拌站、制存梁场的数量等。

(三)进行工程细目单价分析

一般情况下,定额中的基价可以直接查用,但遇到对定额调整、定额抽换、补充定额或跨册使用定额时,必须重新分析调整,填写补充单价分析表。

(1)根据工程细目名称查定额,将工、料、机的消耗填入单价分析表。

(2)工、料、机的数量分别乘以当地的工资、料价、机械台班单价,计算出工费、料费、机械使用费,并将工费、料费、机械使用费三项费用加总,加总后的工料机费,即该工程细目的单价。

(3)将所有工程细目按以上方法分别分析单价。

(四)填写单项预算表

(1)根据工程细目的工程量(应换算成定额单位)及分析的单价,填表计算各工程细目的工料机费(合价)。

(2)将所有工程细目的合价加总即该单项预算的工料机费小计。

(3)计算各工程细目的材料重量,即定额子目规定的重量乘以工程细目的工程量(工程量的单位应与定额单位相同)。

(五)计算劳动力、材料、机械台班数量(填表计算)

(1)根据工程细目的工程量及定额规定的工日、材料、机械台班数量、计算该工程细目的工日数量、各种材料数量、各种机械台班数量。

(2)将所有工程细目的工日数量、各种材料数量、各种机械台班数量都分别计算出来。

(3)将所有工程细目的工日、同类型材料、同类型机械台班分别加总,即该预算总的工料机数量。

本工、料、机数量有以下几个作用:

①劳动力计划、材料供应计划和机械作业计划的依据。

②检算个别预算表中工料机费是否正确,方法是工料机数量表中计算的总工日、材料、机械台班数量分别乘以各自的工资单价、材料单价、台班单价分别算出工费、料费、机械使用费,并将其加总,加总后的工料机费应与个别预算表中工料机费相等,或在规定的允许范围内,如两者不等,或超出了允许范围,必定计算过程中有错,应进行校查。个别预算表中的工料机费是该个别预算总的工料机费用,是用工料机数量表中工料机数量计算的工料机费,也是该个别预算总的工料机费用,所以应相等。

③用同样的方法,可以计算出全部材料重量与个别预算表中的材料重量进行检核,同时计算各种材料的重量占总重量的百分比,为计算平均运杂费单价提供依据。

(六)分析综合平均运杂费单价,并计算运杂费

(七)价差

(1)人工费价差;
(2)材料费价差;
(3)机械使用费价差。

(八)填料费

(九)施工措施费

(十)特殊施工增加费

(十一)间接费

(十二)税金

(十三) 单项预算价格

【例6-1】 某客运专线设计为双线,行车速度为250km/h,电力牵引,该标段全长20正线公里,工程所在地为河北省石家庄地区。编制施工图单项预算。有关资料如下:

一、工程数量表(部分)

章节	工程细目名称	单位	数量
第二章2节	区间路基土石方	m^3	200000
	1. 挖土方(路基断面内的开挖,运至弃土场)	m^3	80000
	普通土,运距4km,机械自选	m^3	50000
	硬土,运距4km,机械自选	m^3	30000
	(四)借土填方	m^3	80000
	普通土,运距12km,机械施工	m^3	80000
	2. 挖石方(路基断面内的开挖,运至弃石场)	m^3	40000
	软石;浅孔爆破,运距5km,机械施工	m^3	30000
	次坚石;浅孔爆破,运距3km,机械施工	m^3	10000
第三章6节	一般梁式大桥	延长米	432
	⑤钻孔桩		
	桩身(软石100Φ 有圬工/无)	m	466/72
	钢护筒/凿除混凝土	个	24/24
	钻孔桩钢筋	kg	10504

二、施工组织方案

施工组织确定,工期为2018.9~2021.9共3年,冲击钻成孔,均衡施工。钢筋笼制作场距桩的平均距离为2km。

三、工程有关的当地资料

价差系数为1.426,编制期路基工程人工:75.00元/工日;桥梁工程人工:78.00元/工日,柴油5.39元/kg,汽油6.73元/kg,水3.2元/t,电:0.8元/(kW·h)。

据调查普通土单价0.15元/m^3。

四、编制依据

(1) 按国铁科法〔2017〕30号的编制办法执行。

(2) 采用铁科法〔2017〕33号铁路工程预算定额编制。

(3) 采用铁科法〔2017〕32号铁路工程施工机械台班费用定额。

(4) 采用铁科法〔2017〕32号铁路工程基期材料价格。

五、材料运输计划

钢筋：营业线火车由料源地运输至某货场，运距200km，再用汽车由货场运至工地，其中公路运输20km，便道运输10km。

锯材：汽车公路运输35km，便道运输13km。

黏土：由料源地运至工地，汽车便道运输，运距10km。

素枕：由枕木场运至工地，汽车便道运输，运距15km。

钢护筒：由钢厂运至工地，汽车便道运输，运距12km。

当地汽车运输单价0.89元/km。

六、材料单价表

电算代号	材料名称	单位	基期单价（元）	编制期单价（元）	电算代号	材料名称	单位	基期单价（元）	编制期单价（元）
2910010	汽油	kg	6.08	6.73	2910014	柴油	kg	5.23	5.39
8999006	水	t	0.35	3.20		电	kW·h	0.47	0.80
2811012	铁件	kg	4.91		7313013	绝缘线	kg	1.47	
1210004	黏土	kg	9.72	13.00	2741013	素枕Ⅱ型	根	106.94	126.80
1110003	锯材	m³	1332.42	1388.55	2810055	钢护筒（≤2m）	t	3892.79	3912.55
2130012	镀锌低碳钢丝（0.7≤Φ≤6）	kg	3.46		1110519	支撑垫木	m³	1019.51	
3710013	电焊条钢	kg	6.15		1210002	膨润土	kg	0.24	
1910107	圆钢筋（HRB300）（28≤Φ<18）	kg	2.66	3.10	3002011	纯碱（含量≥98%）	kg	1.46	
1910108	圆钢筋（HRB300）（18≤Φ≤25）	kg	2.64	3.09	3310217	输水胶管（d100）	m	47.09	
3003015	乙炔气	kg	12.65		3003011	氧气	m³	2.73	
3220013	硝铵炸药	kg	9.45		3220113	电雷管	个	1.89	
2031059	工具钢（实心）	kg	4.09		HT-0	混凝土	m³		320

七、机械台班单价

机械台班单价表

电算代号	机械名称及规格型号	一类费用 折旧费(元)	检修费(元)	维护费(元)	安装拆卸费(元)	人工(工日)	人工费 工费(元)	二类费用 燃料动力费 汽油(kg)	柴油(kg)	煤(t)	电(kW·h)	水(t)	小计(元)	其他费用(元)	台班基价(元)
9100006	履带式液压单斗挖掘机(≤2m³)	263.36	80.60	126.54		1	66		91.39				477.97		1014.47
9100003	履带式液压单斗挖掘机(≤1m³)	185.12	54.34	83.68		1	70		62.9				328.97		722.11
9103102	自卸汽车(≤6t)	25.64	3.95	31.88		1	70		40.32				21.87	12.95	355.29
9103104	自卸汽车(≤10t)	49.86	7.68	55.53		1	66		53.22				278.34	15.29	472.70
9100611	气腿式凿岩机	2.60	0.71	4.98											8.29
9100401	平地机(≤120kW)	107.63	32.87	115.37		1	66		63.44				331.79		657.66
9101004	电动空气压缩机(≤3m³/min)	6.32	1.95	2.32		1	70				117.04		55.01		135.64
9101102	内燃空气压缩机(≤9m³/min)	30.01	12.59	43.81		1	66		50.55				264.38		416.79
9100319	自行式振动压路机(≤25t)	185.80	117.71	242.48		1	66		118.54				619.96		1231.95
9100104	履带式推土机(≤105kW)	90.4	43.26	105.99		1	66		65.18				340.89		646.54
9100102	履带式推土机(≤75kW)	59.65	28.54	77.06		1	70		49.73				260.09		495.34
9102102	汽车起重机(≤8t)	64.30	22.77	73.09		1	70		35.28				184.51	19.73	434.40
9102104	汽车起重机(≤16t)	121.60	66.32	183.04		1	70		57.15				298.89	21.71	761.56
9103007	载重汽车(≤15t)	77.71	11.81	89.05		1	70		65.32				341.62	26.02	616.21
9105151	冲击式成孔机(d≤1m)	71.25	25.00	25.00	14.67	2	140				153.60		72.19		348.11
9105310	单级离心清水泵(≤170m³/h-26m)	2.63	0.66	0.97	2.50	1	70				89.76		42.19		118.92
9105351	离心式泥浆泵(≤47m³/h-19m)	2.1	0.38	0.82	1.75	1	70				44.88		21.09		96.14

续上表

电算代号	机械名称及规格型号	一类费用			二类费用							台班基价(元)
		折旧费(元)	检修费(元)	维护费(元)	安装拆卸费(元)	人工费		燃料动力费				
						人工(工日)	工费(元)	汽油(kg)	柴油(kg)	煤(t)	电(kW·h)	水(t)	小计(元)	其他费用(元)	
9105355	离心式泥浆泵(≤150m³/h–39m)	9.24	1.67	2.89	5.25	1	70				224.40		105.47		194.52
9105401	泥浆搅拌机(≤150L)	1.92	1.07	2.55		1	70				10.20		4.79		80.33
9106003	交流弧焊机(≤42kV·A)	1.85	0.57	3.05		1	70				144.00		67.68		143.15
9103321	泥浆运输车(≤4000L)	32.26	5.31	39.35		1	70	34.56					210.12	14.81	371.85
9100615	气筒(≤10kg)	0.41	0.18	1.67											2.26
9108411	钢筋切断机(d≤40mm)	2.87	1.26	2.72							33.32		15.66		22.51
9708421	钢筋弯曲机(d≤40mm)	2.10	0.84	1.20							14.28		6.71		10.86
	折旧费的折算系数为1.094														台班单价
9100006	履带式液压单斗挖掘机(≤2m³)	263.36	80.60	126.54		1	75		91.39				492.59		1062.85
9100003	履带式液压单斗挖掘机(≤1m³)	185.12	54.34	83.68		1	78		62.9				339.03		757.57
9103102	自卸汽车(≤6t)	25.64	3.95	31.88		1	78		40.32				217.32	12.95	372.15
9103104	自卸汽车(≤10t)	49.86	7.68	55.53		1	75		53.22				286.86	15.29	494.90
9100611	气腿式凿岩机	2.60	0.71	4.98											8.53
9100401	平地机(≤120kW)	107.63	32.87	115.37		1	75		63.44				341.94		682.93
9101004	电动空气压缩机(≤3m³/min)	6.32	1.95	2.32		1	78				117.04		93.632		182.816
9101102	内燃空气压缩机(≤9m³/min)	30.01	12.59	43.81		1	75		50.55				272.46		436.70

续上表

电算代号	机械名称及规格型号	一类费用					二类费用							台班基价(元)
		折旧费(元)	检修费(元)	维护费(元)	安装拆卸费(元)	人工(工日)	人工费 工费(元)	燃料动力费					其他费用(元)	
								汽油(kg)	柴油(kg)	煤(t)	电(kW·h)	水(t)	小计(元)		
9100319	自行式振动压路机(≤25t)	185.80	117.71	242.48		1	75		118.54				638.93		1277.39
9100104	履带式推土机(≤105kW)	90.4	43.26	105.99		1	75		65.18				351.32		674.47
9100102	履带式推土机(≤75kW)	59.65	28.54	77.06		1	78		49.73				268.04		516.90
9102102	汽车起重机(≤8t)	64.30	22.77	73.09		1	78		35.28				190.16	19.73	454.09
9102104	汽车起重机(≤16t)	121.60	66.32	183.04		1	78		57.15				308.04	21.71	790.138
9103007	载重汽车(≤15t)	77.71	11.81	89.05		1	78		65.32				352.07	26.02	641.96
9105151	冲击成孔机(d≤1m)	71.25	25.00	25.00	14.67	2	156				153.60		122.88		421.50
9105310	单级离心清水泵(≤170m³/h·26m)	2.63	0.66	0.97	2.50	1	78				89.76		71.81		156.82
9105351	离心式泥浆泵(≤47m³/h·19m)	2.1	0.38	0.82	1.75	1	78				44.88		35.904		119.151
9105355	离心式泥浆泵(≤150m³/h·39m)	9.24	1.67	2.89	5.25	1	78				224.40		179.52		277.44
9105404	泥浆搅拌机(≤150L)	1.92	1.07	2.55		1	78				10.20		8.16		91.88
9106003	交流弧焊机(≤42kV·A)	1.85	0.57	3.05		1	78				144.00		115.20		198.84
9103321	泥浆运输车(≤4000L)	32.26	5.31	39.35		1	78	34.56					232.59	14.81	405.35
9100615	气镐(≤10kg)	0.41	0.18	1.67											2.30
9108412	钢筋切断机(d≤40mm)	2.87	1.26	2.72							33.32		26.66		33.78
9708421	钢筋弯曲机(d≤40mm)	2.10	0.84	1.20							14.28		11.424		15.761

原 始 数 据 表

章节	定额	工程项目或费用名称	单位	数量
第二章		路基	路基公里	20
0202		区间路基土石方	区间路基公里	20
		Ⅰ 建筑工程费	断面方	
		一、土方	m³	80000
		（一）挖土方（弃方）	m³	80000
		1.开挖土方（运距≤1km）	m³	80000
		（2）机械施工	m³	80000
	LY-13	≤2.0m³挖掘机装车　普通土	100m³	500
	LY-14	≤2.0m³挖掘机装车　硬土	100m³	300
	LY-28	≤10t自卸汽车运土　运距≤1km	100m³	800
		2.增运土方（运距>1km部分）	m³	80000
	LY-29×3	≤10t自卸汽车运土　增运1km	100m³	800
		（四）借土填方	m³	80000
		1.挖填土方	m³	80000
		（2）机械施工	m³	80000
	LY-13×1.156	≤2.0m³挖掘机装车　普通土	100m³	800
	LY-28×1.156	≤10t自卸汽车运土　运距≤1km	100m³	800
	LY-168	普通土填筑	压实100m³	800
		2.增运土方（运距>1km部分）	m³	80000
	LY-29×9×1.156	≤10t自卸汽车运土　增运1km	100m³	800
	LY-29×2×1.156×0.85	≤10t自卸汽车运土　增运1km	100m³	800
		三、石方	m³	40000
		（一）挖石方（弃方）	m³	40000
		1.爆破石方	m³	40000
	LY-66	浅孔爆破　软石	100m³	300
	LY-67	浅孔爆破　次坚石	100m³	100
		2.挖运石方（运距≤1km）	m³	40000
		（2）机械施工	m³	40000
	LY-96	≤2.0m³挖掘机装车　软石	100m³	300
	LY-97	≤2.0m³挖掘机装车　次坚石	100m³	100
	LY-110	≤10t自卸汽车运土　运距≤1km 软石	100m³	300
	LY-112	≤10t自卸汽车运土　运距≤1km 次坚石	100m³	100
		3.增运石方（运距>1km部分）	m³	40000
	LY-111×4	≤10t自卸汽车运土　增运1km 软石	100m³	300
	LY-113×2	≤10t自卸汽车运土　增运1km 次坚石	100m³	100
第三章		桥涵		
0306		一般梁式大桥	延长米	432

续上表

章节	定额	工程项目或费用名称	单位	数量
		Ⅰ建筑工程费	延长米	
		1.下部结构	延长米	
		（1）基础	圬工方	
		⑤钻孔桩	m	466
	QY-96	陆上钻孔软石（1.0m桩径）	10m	53.8
	QY-227	凿除桩头	根	24
	QY-201	陆上钻孔浇注水下混凝土C20	10m³	38.47
	QY-213	泥浆外运1km以内	10m³	42.33
	QY-214×3	泥浆增运1km	10m³	42.33
	QY-215	钻渣外运1km以内（石质）	10m³	42.33
	QY-216×3	钻渣增运1km（石质）	10m³	42.33
	QY-207	钢筋笼制作安装运输（陆上）	t	10.504
	QY-211	钢筋笼装卸	t	10.504
	QY-212×2	钢筋笼每运1km	t	10.504
	QY-220	钢护筒埋设及拆除（埋深≤1.5m）	t	4.712

总概算表

建设项目名称	某客运专线				编号		某客专GS-01
编制范围	某标段				概算总额		
工程总量	20正线公里				技术经济指标		

章别	费用类别	概算价格（万元）				合计	技术经济指标（万元）	费用比例（%）
		Ⅰ建筑工程费	Ⅱ安装工程费	Ⅲ设备购置费	Ⅳ其他费			
	第一部分 静态投资							
一	拆迁及征地费用							
二	路基	476.88				476.88	23.84	
三	桥涵	130.66				130.66	6.53	
四	隧道及明洞							
五	轨道							
六	通信、信号及信息							
七	电力及电力牵引供电							
八	房屋							
九	其他运营生产设备及建筑物							
十	大型临时设施和过渡工程							
十一	其他费							
	以上各章合计							
十二	基本预备费							
	以上合计							

续上表

章别	费用类别	概算价格(万元)					技术经济指标(万元)	费用比例(%)
		Ⅰ建筑工程费	Ⅱ安装工程费	Ⅲ设备购置费	Ⅳ其他费	合计		
	第二部分 动态投资							
十三	价差预备费							
十四	建设期投资贷款利息							
	第三部分 机车车辆(动车组)购置费							
十五	机车车辆(动车组)购置费							
	第四部分 铺底流动资金							
十六	铺底流动资金							
	概算总值							

综合概算表

建设项目名称	某客运专线	工程总量		20 正线公里	
编制范围		概算总额	编号	某客专 GS-01	
			技术经济指标		
章别	节号	工程费用及名称	单位	数量	概算价格	指标(元)
---	---	---	---	---	---	---
二		路基	路基公里	20		
	02	区间路基土石方	区间路基公里	20	4768798.20	238439.91
		Ⅰ建筑工程费	断面方	200000		
		一、土方	m³	160000	3576918.91	22.36
		(一)挖土方(弃方)	m³	80000	938511.67	11.72
		1.开挖土方(运距≤1km)	m³	80000	618167.17	7.72
		(2)机械施工	m³	80000	618167.17	7.72
		2.增运土方(运距>1km部分)	m³	80000	320344.50	4.00
		(四)借土填方	m³	80000	2638407.24	32.98
		1.挖填土方	m³	80000	1317602.19	16.47
		(2)机械施工	m³	80000	1317602.19	16.47
		2.增运土方(运距>1km部分)	m³	80000	1320805.05	16.51
		三、石方	m³	40000	1191879.29	29.79
		(一)挖石方(弃方)	m³	40000	932495.91	23.31
		1.爆破石方	m³	40000	500800.20	12.52
		2.挖运石方(运距≤1km)	m³	40000	431695.71	10.79
		(2)机械施工	m³	40000	431695.71	10.79
		3.增运石方(运距>1km部分)	m³	40000	259383.38	6.48

续上表

章别	节号	工程费用及名称	单位	数量	概算价格	指标(元)
三		桥涵				
	06	一般梁式大桥	延长米			
		Ⅰ建筑工程费	延长米			
		1.下部结构	延长米			
		(1)基础	圬工方			
		⑤钻孔桩	m	466	1306559.94	2803.78

单项预算表

建设项目名称	客运专用线	预算编号	YS-01
工程名称	路基	工程总量	
工程地点	河北石家庄	预算价格(元)	
所属章节	第二章2节	预算指标(每米)	

单价编号	工程项目或费用名称	单位	数量	费用(元) 单价	费用(元) 合价	材料重量(t) 单重	材料重量(t) 合重
	Ⅰ建筑工程费	断面方					
	一、土方	m^3	80000	7.72			
	(一)挖土方(弃方)	m^3	80000	7.72			
	1.开挖土方(运距≤1km)	m^3	80000	7.72			
	(2)机械施工	m^3	80000	7.72			
LY-13	≤2.0m^3挖掘机装车普通土	100m^3	500	125.43	62715		
LY-14	≤2.0m^3挖掘机装车硬土	100m^3	300	138.18	41454		
LY-28	≤10t自卸汽车运土 运距≤1km	100m^3	800	386.20	308960		
1	基期人工费				9925.00		
2	基期材料费						
3	基期机械使用费				403204.00		
4	定额直接工程费	元			413129.00		
5	运杂费				0		
6	人工费价差				1353.60		
7	材料费价差						
8	机械使用费价差				19004.43		
9	价差合计				20358.03		
11	直接工程费			(4)+(5)+(9)	433487.03		
12	施工措施费			[(1)+(3)]×9.2%	38007.87		
14	直接费			(11)+(12)	471494.90		
15	间接费			[(1)+(3)]×21.9%	90475.25		
16	税金			[(14)+(15)]×10%	56197.015		
17	单项预算合计			(14)+(15)+(16)	618167.17		

单项预算表

建设项目名称		客运专用线		预算编号		YS-02	
工程名称		路基		工程总量			
工程地点		河北石家庄		预算价格(元)			
所属章节		第二章2节		预算指标(每米)			
单价编号	工程项目或费用名称	单位	数量	费用(元)		材料重量(t)	
				单价	合价	单重	合重
	Ⅰ建筑工程费	断面方					
	一、土方	m³	80000	4.04			
	(一)挖土方(弃方)	m³	80000	4.04			
	2.增运土方(运距>1km部分)	m³	80000	4.04			
LY-29×3	≤10t自卸汽车运土 增运1km	100m³	800	101.63	243912.00		
1	基期人工费						
2	基期材料费						
3	基期机械使用费				243912.00		
4	定额直接工程费	元			243912.00		
5	运杂费						
6	人工费价差						
7	材料费价差						
8	机械使用费价差				11455.20		
9	价差合计				11455.20		
11	直接工程费			(4)+(5)+(9)	255367.20		
12	施工措施费			[(1)+(3)]×3.8%	9268.66		
14	直接费			(11)+(12)	264635.86		
15	间接费			[(1)+(3)]×10.9%	26586.41		
16	税金			[(14)+(15)]×10%	29122.227		
17	单项预算合计			(14)+(15)+(16)	320344.50		

单项预算表

建设项目名称		客运专用线		预算编号		YS-03	
工程名称		路基		工程总量			
工程地点		河北石家庄		预算价格(元)			
所属章节		第二章2节		预算指标(每米)			
单价编号	工程项目或费用名称	单位	数量	费用(元)		材料重量(t)	
				单价	合价	单重	合重
	Ⅰ建筑工程费	断面方					
	一、土方	m³	80000				
	(四)借土填方	m³	80000	16.47			

续上表

单价编号	工程项目或费用名称	单位	数量	费用(元) 单价	费用(元) 合价	材料重量(t) 单重	材料重量(t) 合重
	1.挖填土方	m³	80000	16.47			
	（2）机械施工	m³	80000	16.47			
LY-13×1.156	≤2.0m³挖掘机装车 普通土	100m³	800	125.43	115997.664		
LY-28×1.156	≤10t自卸汽车运土 运距≤1km	100m³	800	386.20	357157.760		
LY-168	普通土填筑 压实	100m³	800	448.94	359152.000		
1	基期人工费				44713.888		
2	基期材料费				14856.000		
3	基期机械使用费				772737.536		
4	定额直接工程费	元			832307.44		
5	运杂费						
6	人工费价差				6097.851		
7	材料费价差				6329.678		
8	机械使用费价差				84985.81		
9	价差合计				97413.339		
10	填料费			15×800×1.156	13872.00		
11	直接工程费			(4)+(5)+(9)+(10)	943592.779		
12	施工措施费			[(1)+(3)]×9.2%	75205.53		
14	直接费			(11)+(12)	1018798.309		
15	间接费			[(1)+(3)]×21.9%	179021.86		
16	税金			[(14)+(15)]×10%	119782.017		
17	单项预算合计			(14)+(15)+(16)	1317602.186		

单 项 预 算 表

建设名称	客运专用线	预算编号	YS-04
工程名称	路基	工程总量	
工程地点	河北石家庄	预算价格(元)	
所属章节	第二章2节	预算指标(每米)	

单价编号	工程项目或费用名称	单位	数量	费用(元) 单价	费用(元) 合价	材料重量(t) 单重	材料重量(t) 合重
	Ⅰ建筑工程费	断面方					
	一、土方	m³	80000				
	（四）借土填方	m³	80000	16.51			
	2.增运土方(运距>1km部分)	m³	80000	16.51			
LY-29×9×1.156	≤10t自卸汽车运土 增运1km	100m³	800	101.63	845886.816		

续上表

单价编号	工程项目或费用名称	单位	数量	费用(元) 单价	费用(元) 合价	材料重量(t) 单重	材料重量(t) 合重
LY-29×0.85× 2×1.156	≤10t自卸汽车运土 增运1km	100m³	800	101.63	159778.623		
1	基期人工费						
2	基期材料费						
3	基期机械使用费				1005665.44		
4	定额直接工程费	元			1005665.44		
5	运杂费						
6	人工费价差						
7	材料费价差						
8	机械使用费价差				47233.608		
9	价差合计				47233.608		
11	直接工程费			(4)+(5)+(9)	1052899.048		
12	施工措施费			[(1)+(3)]×3.8%	38215.287		
14	直接费			(11)+(12)	1091114.335		
15	间接费			[(1)+(3)]×10.9%	109617.533		
16	税金			[(14)+(15)]×10%	120073.187		
17	单项预算合计			(14)+(15)+(16)	1320805.05		

单项预算表

建设名称	客运专用线	预算编号	YS-05
工程名称	路基	工程总量	
工程地点	河北石家庄	预算价格(元)	
所属章节	第二章2节	预算指标(每米)	

单价编号	工程项目或费用名称	单位	数量	费用(元) 单价	费用(元) 合价	材料重量(t) 单重	材料重量(t) 合重
	Ⅰ建筑工程费	断面方					
	三、石方	m³	40000	12.52			
	(一)挖石方(弃方)	m³	40000	12.52			
	1.爆破石方	m³	40000	12.52			
LY-66	浅孔爆破 软石	100m³	300	734.50	220350.00	0.026	7.800
LY-67	浅孔爆破 次坚石	100m³	100	1020.40	102040.00	0.037	3.700
1	基期人工费				114938.00		
2	基期材料费				108611.00		
3	基期机械使用费				98841.00		
4	定额直接工程费	元			322390.00		
5	运杂费						
6	人工费价差				15673.500		

续上表

单价编号	工程项目或费用名称	单位	数量	费用(元) 单价	费用(元) 合价	材料重量(t) 单重	材料重量(t) 合重
7	材料费价差				46268.286		
8	机械使用费价差				4455.858		
9	价差合计				66397.644		
11	直接工程费			(4)+(5)+(9)	388787.644		
12	施工措施费			[(1)+(3)]×9.2%	19667.668		
14	直接费			(11)+(12)	408455.312		
15	间接费			[(1)+(3)]×21.9%	46817.601		
16	税金			[(14)+(15)]×10%	45527.291		
17	单项预算合计			(14)+(15)+(16)	500800.20		

单 项 预 算 表

建设名称	客运专用线	预算编号	YS-06
工程名称	路基	工程总量	
工程地点	河北石家庄	预算价格(元)	
所属章节	第二章2节	预算指标(每米)	

单价编号	工程项目或费用名称	单位	数量	费用(元) 单价	费用(元) 合价	材料重量(t) 单重	材料重量(t) 合重
	Ⅰ建筑工程费	断面方					
	三、石方	m³	40000				
	(一)挖石方(弃方)	m³	40000	10.79			
	2.挖运石方(运距≤1km)	m³	40000	10.79			
	(2)机械施工	m³	40000	10.79			
LY-96	≤2.0m³挖掘机装车 软石	100m³	300	154.77	46431.00		
LY-97	≤2.0m³挖掘机装车 次坚石	100m³	100	174.26	17426.00		
LY-110	≤10t自卸汽车运土 运距≤1km 软石	100m³	300	538.88	161664.00		
LY-112	≤10t自卸汽车运土 运距≤1km 次坚石	100m³	100	629.64	62964.00		
1	基期人工费				7352.00		
2	基期材料费						
3	基期机械使用费				281133.00		
4	定额直接工程费	元			288485.00		
5	运杂费						
6	人工费价差				1002.600		
7	材料费价差						
8	机械使用费价差				13244.206		

续上表

单价编号	工程项目或费用名称	单位	数量	费用(元)		材料重量(t)	
				单价	合价	单重	合重
9	价差合计				14246.806		
11	直接工程费			(4)+(5)+(9)	302731.806		
12	施工措施费			[(1)+(3)]×9.2%	26540.620		
14	直接费			(11)+(12)	329272.426		
15	间接费			[(1)+(3)]×21.9%	63178.215		
16	税金			[(14)+(15)]×10%	39245.064		
17	单项预算合计			(14)+(15)+(16)	431695.71		

单项预算表

建设名称	客运专用线	预算编号	YS-07
工程名称	路基	工程总量	
工程地点	河北石家庄	预算价格(元)	
所属章节	第二章2节	预算指标(每米)	

单价编号	工程项目或费用名称	单位	数量	费用(元)		材料重量(t)	
				单价	合价	单重	合重
	Ⅰ建筑工程费	断面方					
	三、石方	m³	40000				
	(一)挖石方(弃方)	m³	40000				
	3.增运石方(运距>1km部分)	m³	40000	6.48			
LY-111×4	≤10t自卸汽车运土 增运1km 软石	100m³	300	138.03	41409		
LY-113×2	≤10t自卸汽车运土增运1km 次坚石	100m³	100	159.30	15903		
1	基期人工费						
2	基期材料费						
3	基期机械使用费				197496		
4	定额直接工程费	元			197496		
5	运杂费						
6	人工费价差						
7	材料费价差						
8	机械使用费价差				9275.16		
9	价差合计				9275.16		
11	直接工程费			(4)+(5)+(9)	206771.16		
12	施工措施费			[(1)+(3)]×3.8%	7504.848		
14	直接费			(11)+(12)	214276.008		
15	间接费			[(1)+(3)]×10.9%	21527.064		
16	税金			[(14)+(15)]×10%	23580.307		
17	单项预算合计			(14)+(15)+(16)	259383.38		

单项预算表

建设名称		客运专用线		预算编号		YS-08
工程名称		大桥		工程总量		237.7km
工程地点		河北石家庄		预算价格(元)		
所属章节		第二章6节		预算指标(每米)		

单价编号	工程项目或费用名称	单位	数量	费用(元)		材料重量(t)	
				单价	合价	单重	合重
	Ⅰ建筑工程费	延长米					
	1.下部结构	延长米	466				
	(1)基础	圬工方					
	⑤钻孔桩	m	466	2803.78			
QY-96	陆上钻孔软石(1.0m桩径)	10m	53.8	11494.49	618403.562	0.565	30.397
QY-201	陆上钻孔浇注水下混凝土 C20	10m³	38.47	220.80	8494.176		
QY-213	泥浆外运 1km 以内	10m³	42.33	20.44	865.225		
QY-214×3	泥浆增运 1km	10m³	42.33	3.72	156.24		
QY-215	钻渣外运 1km 以内(石质)	10m³	42.33	112.25	4751.543		
QY-216×3	钻渣增运 1km(石质)	10m³	42.33	20.96	887.237		
QY-207	钢筋笼制作安装(陆上)	t	10.504	3314.63	34816.874	1.037	10.893
QY-211	钢筋笼装卸	t	10.504	52.19	548.204		
QY-212×2	钢筋笼运 1km	t	10.504	1.23	12.920		
QY-220	钢护筒埋设及拆除(埋深≤1.5m)	t	4.712	1100.00	5183.200	9.983	47.040
QY-227	凿除桩头	根	24	206.25	4950.00	0.001	0.240
1	基期人工费				199284.61		
2	基期材料费			155111.04	48268.681		
3	基期机械使用费				433619.457		
4	定额直接工程费	元			836283.788		88.570
5	运杂费		88.570	17.80	1576.546		
6	人工费价差				22775.384		
7	材料费价差				12342.037		
8	机械使用费价差				95186.283		
9	价差合计				130303.704		
11	直接工程费			(4)+(5)+(9)	968164.038		
12	施工措施费			[(1)+(3)]×8.3%	52531.048		
14	直接费			(11)+(12)	1020695.086		
15	间接费			[(1)+(3)]×26.4%	167086.674		
16	税金			[(14)+(15)]×10%	118778.176		
17	单项预算合计			(14)+(15)+(16)	1306559.94		

人工、材料、机械台班数量计算表

定额编号	工程名称	单位	数量	工料计算	人工 工日	履带式液压挖掘机 (≤2.0m³) 台班	≤10t 自卸汽车 台班	履带式推土机 (≤105kW) 台班	自行式压路机 (≤25t) 台班	平地机 (≤120kW) 台班	其他机具使用费 台班	其他材料费
LY-13	≤2.0m³挖掘机装车 普通土	100m³	500	定额	0.179	0.112						
				数量	89.5	56.00						
LY-14	≤2.0m³挖掘机装车 硬土	100m³	300	定额	0.203	0.123						
				数量	60.90	36.90						
LY-28	≤10t自卸汽车运土 运距≤1km	100m³	800	定额	0		0.817					
				数量			653.60					
合计					150.40	92.90	653.60					
LY-29×3	≤10t自卸汽车运土 增运1km	100m³	800	定额			0.645					
				数量			516.00					
合计							516.00					
LY-13× 1.156	≤2.0m³挖掘机装车 普通土	100m³	800	定额	0.207	0.129						
				数量	165.539	103.578						
LY-28× 1.156	≤10t自卸汽车运土 运距≤1km	100m³	800	定额			0.944					
				数量			755.20					
LY-168	普通土填筑	压实100m³	800	定额	0.640			0.170	0.190	0.040	18.00	18.573
				数量	512.00			136.00	152.00	320.00	14400	14858.4
LY-29×9× 1.156	≤10t自卸汽车运土 增运1km	100m³	800	定额			2.237					
				数量			1789.6					
LY-29×2× 1.156×0.85	≤10t自卸汽车运土 增运1km	100m³	800	定额			0.423					
				数量			338.40					
合计							2127.64					

人工、材料、机械台班数量计算表

定额编号	工程名称	单位	数量	工料计算	人工 (工日)	硝铵炸药 (kg)	电雷管 (个)	绝缘线 (m)	其他材料费 (元)	气腿式凿岩机 (台班)	内燃空气压缩机 (≤9m³/min) (台班)	履带式挖掘机 (≤2.0m³) (台班)	自卸汽车 (≤10t) (台班)
LY-66	爆破软石	100m³	300	定额	3.969	12.900	26.64	33.30	25.50	1.530	0.510		
				数量	1190.7	3870.00	7992.0	9990.0	7650.0	459.00	153.00		
LY-67	爆破次坚石	100m³	100	定额	5.508	17.900	36.327	45.409	32.300	2.123	0.708		
				数量	550.80	1790.00	3632.7	4540.9	3230.0	212.30	70.80		
合计					1741.50	5660.00	11624.7	14530.9	10880	671.30	223.80		
LY-96	≤2.0m³挖掘机装车 软石	100m³	300	定额	0.270							0.135	1.140
				数量	81.00							40.500	342.000
LY-97	≤2.0m³挖掘机装车 次坚石	100m³	100	定额	0.304							0.152	1.332
				数量	30.40							15.200	133.20
LY-110	≤10t自卸汽车运距≤1km 软石	100m³	300	定额									1.168
				数量									475.200
LY-112	≤10t自卸汽车运距≤1km 次坚石	100m³	100	定额									1.168
				数量									350.400
合计					111.400							55.700	
LY-111×4	≤10t自卸汽车运土 增运1km 软石	100m³	300	定额									0.674
				数量									67.400
LY-113×2	≤10t自卸汽车运土 增运1km 次坚石	100m³	100	定额									
				数量									
合计													417.800

人工、材料、机械台班数量计算

定额编号	工程名称	单位	数量	工料计算	人工 工日	HT-0 混凝土 m³	带肋钢筋(HRB400)(28≤φ<18) kg	带肋钢筋(HRB400)(18≤φ≤25) kg	铁件 kg	电焊条钢 kg	黏土 m³	枕木 根	镀锌低碳钢丝(0.7<φ<5) kg	钢护筒(≤2m) kg	工具钢(实心) kg	锯材 m³	支撑垫木(硬)	膨润土 kg
QY-96	陆上钻孔 软石(1.0m桩径)	10m	53.80	定额	50.289				1.710	1.40						0.027		496.099
				数量	2705.548				91.998	75.320						1.453		26690.126
QY-227	凿除桩头	根	24	定额	0.550													
				数量	13.200													
QY-201	陆上钻孔浇注水下混凝土 C20	10m³	38.47	定额	0.950	12.600												
				数量	36.547	484.722												
QY-213	泥浆外运 1km以内	10m³	42.33	定额	0.064													
				数量	2.709													
QY-214×3	泥浆增运 1km	10m³	42.33	定额														
				数量														
QY-215	钻渣外运 1km以内(石质)	10m³	42.33	定额	0.090													
				数量	3.810													
QY-216×3	钻渣增运 1km(石质)	10m³	42.33	定额			128.00	899.601		4.030			5.410		0.600			
QY-207	钢筋笼制安(陆上)	t	10.504	定额	5.143													
				数量	54.022		1344.512	9449.409		42.331			56.827		14.400			

第六章 单项预算的编制

续上表

定额编号	工程名称	单位	数量	工料计算	人工 (工日)	HT-0混凝土 (m³)	带肋钢筋(HRB400)(28≤φ<18) (kg)	带肋钢筋(HRB400)(18≤φ≤25) (kg)	铁件 (kg)	电焊条 (kg)	黏土 (m³)	素枋 (根)	镀锌低碳钢丝(0.7<φ<5) (kg)	钢护筒(≤2m) (kg)	工具钢(实心) (kg)	锯材 (m³)	支撑垫木(硬) (m³)	膨润土 (kg)
QY-211	钢筋装卸	t	10.504	定额	0.050													
				数量	0.525													
QY-220	钢护筒设反拆除(埋深≤1.5m)	t	4.712	定额	6.486						5.470	0.274		0.125			0.028	
				数量	30.562						25.775	1.291		0.589			0.294	
合计					2846.923	484.722	1344.512	9449.409	91.998	117.651	25.775	1.291	56.827	0.589	14.400	1.453	0.294	26690.126

人工、材料、机械台班数量计算表

定额编号	工程名称	单位	数量	工料计算	纯碱(含量≥98%) (kg)	氧气 (m³)	输水胶管(d100) (m)	乙炔气 (kg)	水 (t)	其他材料费 (元)	汽车起重机(≤16t) (台班)	载重汽车(≤15t) (台班)	冲击成孔机(d≤1m) (台班)	离心式清水泵(≤170)(m³/h-26m) (台班)	离心式泥浆泵(≤150)(m³/h-39m) (台班)	泥浆搅拌机(≤150L) (台班)
QY-96	陆上钻孔软石(1.0m桩径)	10m	53.80	定额	39.688	0.550	0.280	0.230	5.140	16.907	0.160		16.763	3.353	3.353	8.381
				数量	2135.214	29.590	15.064	12.374	276.532	909.600	8.608		901.849	180.391	180.391	450.898
QY-227	凿除桩头	根	24	定额						1.275		0.167				
				数量						30.600		4.008				
QY-201	陆上钻孔浇筑水下混凝土(C20)	10m³	38.47	定额					1.290	38.845	0.151					
				数量					49.626	1494.367	5.809					
QY-213	泥浆外运 1km以内	10m³	42.33	定额												

续上表

定额编号	工程名称	单位	数量	工料计算	纯碱(含量≥98%) kg	氧气 m³	输水胶管(d100) m	乙炔气 kg	水 t	其他材料费 元	汽车起重机(≤16t) 台班	载重汽车(≤15t)	冲击成孔机(d≤1m) 台班	离心式清水泵(≤170)(m³/h-26m) 台班	离心式泥浆泵(≤150)(m³/h-39m) 台班	泥浆搅拌机(≤150L) 台班
QY-213	泥浆外运 1km以内	10m³	42.33	定额												
				数量												
QY-214×3	泥浆增运 1km	10m³	42.33	定额												
				数量												
QY-215	钻渣外运 1km以内(石质)	10m³	42.33	定额												
				数量												
QY-216×3	钻渣增运 1km(石质)	10m³	42.33	定额												
				数量												
QY-207	钢筋笼制安(陆上)	t	10.504	定额						42.645	0.100					
				数量						447.943	1.050					
QY-211	钢筋笼装卸	t	10.504	定额						0.85	0.014	0.014				
				数量						8.928	0.147	0.147				
QY-212×2	钢筋笼运 1km	t	10.504	定额								0.004				
				数量								0.042				
QY-220	钢护筒埋设及拆除(埋深≤1.5m)	t	4.712	定额						7.412						
				数量						34.925						
合计					2135.214	29.590	15.064	12.374	326.158	2926.364	19.622	0.189	901.849	180.391	180.391	450.898

第六章 单项预算的编制

人工、材料、机械台班数量计算表

定额编号	工程名称	单位	数量	工料计算	离心式泥浆泵(≤47 m³/h-19m)	气锚(≤10kg)	交流弧焊机(≤42 kV·A)	汽车起重机(≤8t)	钢筋切断机(d≤40)	钢筋弯曲机(d≤40)	电动空气压缩机(≤3 m³/min)	自卸汽车(≤6t)	泥浆运输车(≤400L)	履带式液压挖掘机(≤1.0m³)	履带式推土机(≤75kW)	其他机具使用费
					台班	台班	台班	台班	台班	台班	台班	台班	台班	台班	台班	元
QY-96	陆上钻孔软石(1.0m桩径)	10m	53.80	定额			0.118									
				数量			6.348									10.970
QY-227	潜除桩头	根	24	定额		0.500					0.250					
				数量		12.000					6.000					590.186
QY-201	陆上钻孔浇注水下混凝土C20	10m³	38.47	定额												
				数量												1.800
QY-213	泥浆外运1km以内	10m³	42.33	定额	0.019								0.038			
				数量	0.804								1.609			
QY-214×3	泥浆增运1km	10m³	42.33	定额									0.030			
				数量									1.270			
QY-215	钻渣外运1km以内(石质)	10m³	42.33	定额								0.220		0.033	0.008	
				数量								9.313		1.400	0.339	
QY-216×3	钻渣增运1km(石质)	10m³	42.33	定额								0.177				
				数量								7.492				43.200
QY-207	钢筋笼制作安装运输(陆上)	t	10.504	定额			0.510		0.140	0.190						
				数量			5.357		1.471	1.996						2.520
QY-220	钢护筒埋设及拆除(埋深≤1.5m)	t	4.712	定额				0.160								
				数量				0.754								26.470
合计					0.804	12.000	11.705	0.754	1.471	1.996	6.000	16.805	2.879	1.400	0.339	659.856

路基工程工料机费用计算表

工料机名称	单位	数量	基期单价	编制期单价	基期合计	编制期合计
1. 开挖土方						
人工	工天	150.40	66	75	9926.40	11280.00
履带式液压挖掘机(≤2.0m³)	台班	92.90	1014.47	1062.85	94244.26	98738.77
自卸汽车(≤10t)	台班	653.60	472.70	494.90	308956.72	323466.64
其他材料费	元					
其他机械使用费	元					
人工费	元				9926.40	11280.00
材料费	元					
机械使用费	元				403200.98	422205.41
2. 增运土方						
自卸汽车(≤10t)	台班	516.00	472.70	494.90	243913.20	255368.40
人工费	元					
材料费	元					
机械使用费	元				243913.20	255368.40
3. 挖填土方	kg					
人工	工日	677.539	66	75	44717.574	50815.425
履带式液压挖掘机(≤2.0m³)	台班	103.578	1014.47	1062.85	105076.774	110087.877
自卸汽车(≤10t)	台班	755.20	472.70	494.90	356983.040	373748.48
履带式推土机(≤105kW)	台班	136.00	646.54	682.93	87929.440	92878.480
自行式压路机(≤25t)	台班	152.00	1231.95	1277.39	187256.400	194163.280
平地机(≤120kW)	台班	32.00	657.66	674.47	21045.120	21583.040
其他材料费	台班	14858.40				
其他机械使用费	台班				14400	14400
人工费	元				44717.574	50815.425
材料费	元				14858.40	14858.40
机械使用费	元				772690.77	857676.58
4. 借方填土增运						
自卸汽车(≤10t)	台班	2127.64	472.70	494.90	1005735.428	1052969.036
人工费	元					
材料费	元					
机械使用费	元				1005735.428	1052969.036
5. 爆破石方						
人工	工日	1741.50	66	75	114939.00	130612.50
硝铵炸药	kg	5660.00	9.45		53487.00	
电雷管	个	11624.70	1.89		21970.683	
绝缘线	m	14530.9	1.47		21360.423	
其他材料费	元	10880.00			10880.00	

续上表

工料机名称	单位	数量	基期单价	编制期单价	基期合计	编制期合计
气腿式凿岩机	台班	671.30	8.29	8.29	5565.077	5565.077
内燃空气压缩机	台班	223.80	416.79	436.70	93277.602	97733.46
人工费	元				114939.00	130612.50
材料费	元				107698.106	
机械使用费	元				98842.679	103298.537
6. 挖运石方						
人工	工日	111.400	66	75	752.40	855.00
履带式液压挖掘机(≤2.0m³)	台班	55.70	1014.47	1062.85	56505.979	59200.745
自卸汽车(≤10t)	台班	475.200	472.70	494.90	224627.04	235176.48
人工费	元				752.40	855.00
材料费	元					
机械使用费	元				28113.019	294377.225
7. 增运石方						
自卸汽车(≤10t)	台班	417.800	472.70	494.90	197494.06	206769.22
人工费	元					
材料费	元					
机械使用费	元				197494.06	206769.22

大桥工程工料机费用计算表

5. 钻孔桩	单位	数量	基期单价	编制期单价	基期费用	编制期费用
人工	工日	2846.923	70	78	199284.61	222059.994
HT-0 混凝土	m³	484.722		320		155111.040
带肋钢筋(HRB400Φ<8,≥28)	kg	1344.512	2.66	3.10	3576.402	
带肋钢筋(HRB400Φ18-28)	kg	9449.409	2.64	3.09	24946.440	
镀锌低碳钢丝(Φ0.7~φ5)	kg	56.827	3.46		194.753	
电焊条钢(Φ2.5)	kg	117.651	5.19		610.609	
支撑垫木	m³	0.294	1019.51		299.735	
膨润土	kg	26690.126	0.24		6405.630	
纯碱	kg	2135.214	1.46		3117.407	
氧气	m³	29.590	2.73		80.781	
乙炔气	kg	12.374	12.65		156.531	
输水胶管(d100)	m	15.064	47.09		709.364	
工具钢(实心)	kg	14.400	4.09		58.896	
铁件	kg	91.998	4.91		451.710	
锯材	m³	1.453	1332.42	1388.55	1936.006	
黏土	m³	25.775	9.72	13.00	250.533	
素枕Ⅱ型	根	1.291	106.94	126.80	138.060	

续上表

5.钻孔桩	单位	数量	基期单价	编制期单价	基期费用	编制期费用
钢护筒	t	0.589	3892.79	3912.55	2292.853	
水	m³	326.158	0.35	3.20	114.155	
其他材料费	元	2917.435			2926.364	
单级离心清水泵(≤170m³/h-26m)	台班	180.391	118.92	156.82	21452.098	28288.917
离心式泥浆泵(≤150m³/h-39m)	台班	180.391	194.52	277.440	35089.657	50047.679
离心式泥浆泵(≤47m³/h-19m)	台班	0.804	96.14	119.151	77.297	95.797
泥浆搅拌机(≤150L)	台班	450.890	80.33	91.880	36219.994	41427.773
冲击成孔钻机(d≤1m)	台班	901.849	348.11	421.50	313942.655	380129.354
气镐(≤10kg)	台班	12.000	2.26	2.26	27.12	27.12
交流弧焊机(≤42kV·A)	台班	11.705	143.15	198.84	1675.571	2327.422
汽车起重机(≤16t)	台班	19.622	761.56	790.138	14943.330	15504.087
自卸汽车(≤6t)	台班	16.805	355.29	372.15	5970.648	6253.981
载重汽车(≤15t)	台班	0.189	616.21	641.96	116.464	121.330
履带式液压挖掘机(≤1.0m³)	台班	1.400	722.11	757.570	1010.954	1060.598
推土机(≤75kW)	台班	0.339	495.34	516.90	167.920	175.229
泥浆运输车(≤4000L)	台班	2.879	371.850	405.350	1070.556	1167.003
汽车起重机(≤8t)	台班	0.754	434.40	454.09	327.538	342.384
电动空气压缩机(≤3m³/min)	台班	6.000	135.64	182.816	813.840	1096.896
钢筋切断机(≤40mm)	台班	1.471	22.51	33.78	33.112	49.690
钢筋弯曲机(≤40mm)	台班	1.996	10.86	15.761	21.677	31.459
其他机械使用费	元	659.896			659.856	659.856
人工费	元				199284.61	222059.994
材料费	元					48266.228
机械使用费	元				433620.384	528806.667

大桥材料重量及占总重比例表

材料名称	数量	单位重	重量(t)	比例(%)
5.钻孔桩				
钢筋	10793.921	0.001	10.794	12.187
锯材	1.453m³	0.60t/m³	0.872	0.985
黏土	25.775m³	1.8t/m³	46.395	52.382
素枕	1.291	0.0435t/根	0.0562	0.0634
钢护筒	0.589	1	0.589	0.665
其余材料			29.864	33.717
总重			88.57	

平均运杂费分析表

适用范围	大桥			平均单价 17.80 元/t							编号	01			
材料名称	运输方法	起止点		各种运输方法的全程运价（每吨）								全程综合运价			
		起点	终点	运距(km)	运费			基价₁运价	系数	小计(元)	装卸费(元)	杂费 采购及保管费(元)	小计(元)	共计(元)	运输方式占比(%)	材料重量占比(%)	综合运价(元)
					基价₂运价(元)	运费(元)										
钢筋	营业线	料源地	货场	200	0.0849	16.98	15.4	1.05	43.239	3.4	1.236	4.636	47.875	100	12.187	5.835
	汽车(公路)	货场	工地	20	0.044	8.800										
钢材	汽车(便道)	料源地	工地	10	0.934	18.69			29.37	3.4	0.864	4.264	33.634	100	12.187	4.099
	汽车(便道)	料源地	工地	13	1.068	13.884			13.884	3.4	0.458	3.858	17.742	100	0.985	0.175
黏土	汽车(便道)	料源地	工地	10	1.068	10.680			10.680	3.4	0.373	3.773	14.453	100	52.332	7.563
枕木	汽车(便道)	料源地	工地	15	1.068	16.02			16.02	3.4	0.515	3.915	19.934	100	0.0634	0.013
钢护筒	汽车(便道)	料源地	工地	12	1.068	12.816			12.816	3.4	0.430	3.830	16.646	100	0.665	0.111
合计																17.80

价差的计算:

(1) 人工费价差

人工费价差 = 总工日 × (编制期日工资单价 − 基期日工资单价)

(2) 料费价差

水泥木材等价差 = ∑各种材料数量 × (编制期单价 − 基期单价)

其他材料价差 = 剩余材料的基期材料费 × (价差系数 − 1)

(3) 机械使用费价差

机械使用费价差 = ∑各种机械台班数量 × (编制期机械台班单价 − 基期机械台班单价)

或

机械使用费价差 = 机械人工差 + 油料差 + 机械用水的差 + 机械用电的差 + 机械用煤的差

① 机械人工差 = ∑各种机械台班数量 × 台班费用定额中人工消耗 × (编制期日工资单价 − 基期日工资单价)

② 柴油差 = ∑各种机械台班数量 × 台班费用定额中柴油消耗 × (编制期柴油单价 − 基期柴油单价)

③ 汽油差 = ∑各种机械台班数量 × 台班费用定额中汽油消耗 × (编制期汽油单价 − 基期汽油单价)

④ 机械用水的差 = ∑各种机械台班数量 × 台班费用定额中水消耗 × (编制期水单价 − 基期水单价)

⑤ 机械用电的差 = ∑各种机械台班数量 × 台班费用定额中电消耗 × (编制期电单价 − 基期电单价)

⑥ 机械用煤的差 = ∑各种机械台班数量 × 台班费用定额中煤消耗 × (编制期煤单价 − 基期煤单价)

铁路工程建设2007年度辅助材料费价差系数表

铁建设函〔2008〕105号

序号	工 程 类 别	价差系数
1	路基石方	1.588
2	路基附属工程	1.244
3	桥梁基础、墩台、桥面系及附属工程	1.013
4	预制或现浇预应力混凝土梁(含架设)	1.198
5	钢筋混凝土梁价购及架设	1.104
6	涵洞	1.042
7	钢梁架设	1.315
8	隧道及明洞	1.144
9	铺设标准轨(木枕道钉)	1.254
10	铺设标准轨(木枕分开式扣件)	1.233
11	铺设标准轨(混凝土枕)	1.170
12	铺设无缝线路	1.171
13	线路有关工程	1.099
14	长途通信光缆	1.032

续上表

序号	工程类别	价差系数
15	长途通信电缆	1.016
16	无线列调漏泄同轴电缆	1.027
17	地区及站场通信线路	1.136
18	通信设备	1.182
19	闭塞设备	1.209
20	联锁设备	1.140
21	驼峰信号	1.254
22	信息	1.034
23	电力线路	1.052
24	电力电源(含其他电力)	1.059
25	牵引变电(含供电段)	1.204
26	接触网	1.162
27	房屋(含装修和室内水、暖、电、照明等)	1.118
28	给水排水	1.269
29	机务、车辆、机械	1.286
30	站场、工务、其他建筑及设备(不含无站台柱雨棚)	1.163

注:本系数不适用于无站台柱雨棚工程和以系统集成方式设计的站后相关工程,无站台柱雨棚工程和以系统集成方式设计的站后相关工程的辅助材料价差系数由设计单位另行分析确定。

第七章

工程量清单计价简介

第一节　工程量清单概述

一、工程量清单的概念

工程量清单即工程量表,是招标人或招标代理人依据招标文件要求、施工设计图纸、工程量计算规则和技术标准,计算拟建招标工程的分部分项工程数量的工程明细清单。

工程量清单是招标文件的组成部分,是由招标人发出的一套注有拟建工程实物工程名称、性质、特征、单位、数量及开办项目、税费等相关表格组成的文件。铁路工程量清单是按照《铁路工程工程量清单计价指南》(铁建设〔2007〕108号)的规定,按照统一编码、项目名称、项目特征、计量单位和工程量计算规则进行编制,是业主编制标底或参考价的依据,也是投标人编制投标报价的依据。工程量清单是签订合同、支付工程款、调整工程量和办理结算的基础。

二、工程量清单的内容

工程量清单主要包括工程量清单说明和工程量清单表两部分。工程量清单说明主要是招标人解释拟招标工程的工程量清单的编制依据以及重要作用,工程量清单表作为清单项目和工程数量的载体,是工程量清单的重要组成部分。

1. 说明

对工程项目的工作范围和内容、计量方式和方法、费用计算依据进行的描述。

2. 工程量清单

工程量清单一般有具有编制招标文件能力的招标人或受其委托具有相应资质的中介机构按统一格式编制。对最低一级或新出现的清单项目,在编制工程量清单时,可根据该建设项目的特点按子目划分特征编列或自行补充。子目划分特征为"综合"的,即为最低一级的清单子目,表示其下不得再设置细目。

(1) 清单编码

铁路工程清单编码中有关费用类别和新建、改建工程以英文字母编码:建筑工程费—J,安装工程费—A,其他费—Q,改新建—X,改建—G。其余编码采用每2位阿拉伯数字为1组,前4位分别表示章号、节号,如第一章第一节为0101,第三章第五节为0305,依次类推。后面各组按主从属关系顺序编排。

(2) 清单项目名称

清单项目名称包括各章节名称和费用名称,子目划分特征为"综合"的子目名称一般指形成工程实体的名称。

(3) 计量单位

清单项目计量单位一般采用以下基本单位:

①以体积计算的项目—m^3。

②以面积计算的项目—m^2。

③以长度计算的项目—m、km。

④以重量计算的项目—t。

⑤以自然重量计算的项目——个、处、组、座或其他可以明示的自然计量单位。
⑥没有具体数量的项目——元。

(4) 子目划分特征

子目划分特征是指对清单项目的不同类型、结构、材质、规格等影响综合单价的特征的描述,是设置最低一级清单项目的依据。

编制工程量清单时必须对清单的子目划分特征进行准确和完整的描述。任何不准确的描述或描述不清,均会引起合同纠纷和索赔。必须将涉及正确计量计价;涉及结构要求,涉及施工难易程度,涉及材质要求及材料品种规格厚度等要求的内容作为重点进行明确。

三、工程量清单格式

工程量清单格式应采用统一格式,由下列内容组成:
(1) 封面。
(2) 填表须知。
(3) 总说明。
①工程概况。主要有建设规模、工程特征、计划工期、现场实际交通运输情况、自然地理条件、环境保护要求等。
②工程发包、分包范围。
③工程量清单编制依据。
④工程质量、材料、施工等要求。
⑤业主自行采购材料的名称、规格、型号、数量等。
⑥预留金、自行采购材料的金额。
⑦其他需说明的问题。
(4) 工程量清单表。
(5) 计日工表。
(6) 甲供材料数量及价格表。
(7) 甲控材料表。
(8) 设备清单表。
(9) 补充工程量清单计量规则表。

第二节 工程量清单计价概述

一、工程量清单计价的概念

按照工程量清单计价规范的规定,以及依照工程量清单和综合单价法对建设工程进行计价的活动,称为工程量清单计价。工程量清单计价是指招标标底、投标报价的编制、合同价款确定与调整、工程结算等各阶段工程造价确定与控制的总称。工程量清单计价以清单中的计价工程细目作为基本单元。工程细目的划分见《铁路工程工程量清单计价指南》。

二 工程量清单计价中"综合单价"的含义

工程量清单中各细目的单价是综合单价,是完成该计价工程细目中每项工程内容的所有费用、劳务、材料、机械费用、管理费、安装费、缺陷修理费、保险费、利润、税金以及合同明示和暗示的所有责任和义务。

综合单价是完成最低一级的清单子目计量单位全部具体工程(作)内容所需的费用。以单价承包方式为基础编制时,综合单价应包括但不限于以下费用:①人工费;②材料费;③机械使用费;④填料费;⑤施工措施费(包括特殊施工增加费);⑥间接费;⑦税金;⑧一般风险费(应考虑的招标文件中明示或暗示的风险、责任、义务或有经验的投标人都可以预见的费用)等有关费用。

三 工程量清单计价格式

工程量清单计价格式应随招标文件发至投标人。工程量清单计价格式由下列内容组成:
(1)封面。
(2)投标报价总额。
(3)工程量清单报价汇总表(表7-1)。
(4)工程量清单计价表(表7-2)。
(5)工程量清单子目综合单价分析表(表7-3)。
(6)计日工费用计算表。
(7)甲供材料费计算表。
(8)甲控材料价格表。
(9)设备费计算表。
(10)主要自购材料价格表。

工程清单报价汇总表　　　　　　　　表7-1

章　号	节　号	名　　称	金额(元)
第一章		拆迁工程	
	1	拆迁工程	
第二章		路基	
	2	区间路基土石方	
	4	路基附属工程	
第三章		桥涵	
	5	特大桥	
第四章		隧道及明洞	
……			
第十一章		其他费	
	29		
第一章~第十一章清单合计		A	
设备费		B	

⑤以自然重量计算的项目—个、处、组、座或其他可以明示的自然计量单位。
⑥没有具体数量的项目—元。
（4）子目划分特征
子目划分特征是指对清单项目的不同类型、结构、材质、规格等影响综合单价的特征的描述，是设置最低一级清单项目的依据。
编制工程量清单时必须对清单的子目划分特征进行准确和完整的描述。任何不准确的描述或描述不清，均会引起合同纠纷和索赔。必须将涉及正确计量计价；涉及结构要求，涉及施工难易程度，涉及材质要求及材料品种规格厚度等要求的内容作为重点进行明确。

三、工程量清单格式

工程量清单格式应采用统一格式，由下列内容组成：
（1）封面。
（2）填表须知。
（3）总说明。
①工程概况。主要有建设规模、工程特征、计划工期、现场实际交通运输情况、自然地理条件、环境保护要求等。
②工程发包、分包范围。
③工程量清单编制依据。
④工程质量、材料、施工等要求。
⑤业主自行采购材料的名称、规格、型号、数量等。
⑥预留金、自行采购材料的金额。
⑦其他需说明的问题。
（4）工程量清单表。
（5）计日工表。
（6）甲供材料数量及价格表。
（7）甲控材料表。
（8）设备清单表。
（9）补充工程量清单计量规则表。

第二节　工程量清单计价概述

一、工程量清单计价的概念

按照工程量清单计价规范的规定，以及依照工程量清单和综合单价法对建设工程进行计价的活动，称为工程量清单计价。工程量清单计价是指招标标底、投标报价的编制、合同价款确定与调整、工程结算等各阶段工程造价确定与控制的总称。工程量清单计价以清单中的计价工程细目作为基本单元。工程细目的划分见《铁路工程工程量清单计价指南》。

工程量清单计价中"综合单价"的含义

工程量清单中各细目的单价是综合单价，是完成该计价工程细目中每项工程内容的所有费用，劳务、材料、机械费用、管理费、安装费、缺陷修理费、保险费、利润、税金以及合同明示和暗示的所有责任和义务。

综合单价是完成最低一级的清单子目计量单位全部具体工程(作)内容所需的费用。以单价承包方式为基础编制时，综合单价应包括但不限于以下费用：①人工费；②材料费；③机械使用费；④填料费；⑤施工措施费(包括特殊施工增加费)；⑥间接费；⑦税金；⑧一般风险费(应考虑的招标文件中明示或暗示的风险、责任、义务或有经验的投标人都可以预见的费用)等有关费用。

工程量清单计价格式

工程量清单计价格式应随招标文件发至投标人。工程量清单计价格式由下列内容组成：
(1) 封面。
(2) 投标报价总额。
(3) 工程量清单报价汇总表(表7-1)。
(4) 工程量清单计价表(表7-2)。
(5) 工程量清单子目综合单价分析表(表7-3)。
(6) 计日工费用计算表。
(7) 甲供材料费计算表。
(8) 甲控材料价格表。
(9) 设备费计算表。
(10) 主要自购材料价格表。

工程清单报价汇总表　　　　　　表7-1

章　号	节　号	名　　称	金额(元)
第一章		拆迁工程	
	1	拆迁工程	
第二章		路基	
	2	区间路基土石方	
	4	路基附属工程	
第三章		桥涵	
	5	特大桥	
第四章		隧道及明洞	
……			
第十一章		其他费	
	29		
第一章~第十一章清单合计		A	
设备费		B	

续上表

章 号	节 号	名 称	金额(元)
承包风险费		C	
安全生产费		D	
投标报价总额		A + B + C + D	

工程量清单计价表　　　　　　　　　　　　　　　　　　　表 7-2

清单　第03章　桥涵					
编 码	节号	名称	计量单位	工程数量	金额(元)
					单价　　合价
0305	5	特大桥	延长米		
030502		二、一般特大桥	延长米		
030502J		Ⅰ.建筑工程费	延长米		
030502J0105		(一)基础	圬工方		
030502J02		5.钻孔桩	m		
030502J0201		(二)墩台	圬工方		
030502J0202		1.混凝土	圬工方		
		2.钢筋	t		

工程量清单子目综合单价分析表　　　　　　　　　　　　　表 7-3

清单　第03章　桥涵										
编 码	节号	名称	计量单位	综合单价组成(元)						综合单价(元)
				人工费	材料费	机具使用费	填料费	措施费	间接费	税金	
0305	5	特大桥	延长米								
030502		二、一般特大桥	延长米								
030502J		Ⅰ.建筑工程费	延长米								
030502J0105		(一)基础	圬工方								
030502J02		5.钻孔桩	m								
030502J0201		(二)墩台	圬工方								
030502J0202		1.混凝土	圬工方								
		2.钢筋	t								

四 清单计价的依据

(1) 招标文件及补遗。

(2) 施工组织设计及方案。

(3) 消耗量定额或企业定额。

(4) 人、材、机的价格资料。

(5) 铁路工程计价的相关规定。

(6) 其他有关的调查资料、文件及相关规定。

五、工程量清单报价的步骤

（1）熟悉招标文件。
（2）现场考察和参加标前会议。
（3）确定施工组织设计、核实工程量。
按总价承包的工程，清单子目不仅是报价的依据，也是计量支付的依据。承包商要承担"量"的风险。发现设计工程量与清单工程量有重大误差时，可以要求业主修改，或调整综合单价以保证清单合价能够保证成本费用。
（4）收集和调查各种资源的市场价格。
（5）编制报价原始数据。
（6）编制工、料、机统计表。
（7）分析计算工程量清单子目的综合单价。
（8）编制工程量清单计价表。
（9）编制投标报价总表。
（10）选择报价决策。
（11）填写总价、封面、装订、盖章。

六、工程量清单计价工作流程

以承包商为例，工程量清单计价流程见图7-1。

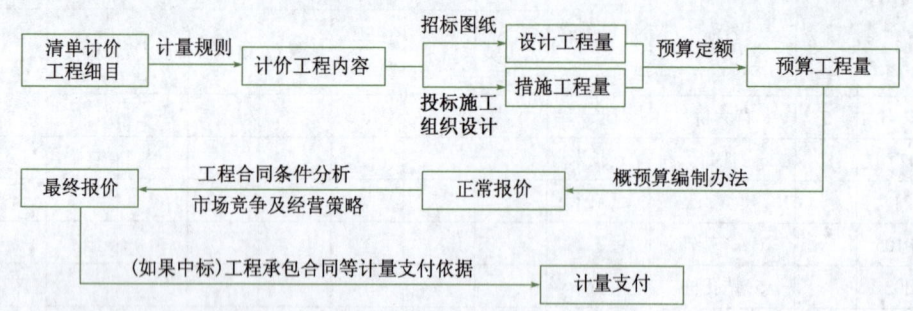

图7-1　工程量清单计价流程

七、工程量清单计价模式

我国铁路建设工程工程量清单计价采用的是"工程量清单的计价格式，概预算的组价方法"，即通过《铁路工程工程量清单计价指南》，明确清单子目中所包含的工程内容和费用内容，而各工程子细目中费用的计算仍需参照现行设计概预算中建安费用的计算程序进行组价，并将招标文件、合同文件所约定的承包人应承担的风险分摊到清单子目单价或投标报价总价中。因此，工程量清单中每个清单子目综合单价费用的计算方法与定额单价法基本相同，定额单价法仍然是分析清单子目综合单价的基础。

铁路建设项目总造价计算公式如下：

总造价 = (建安工程费 + 其他费)(1 + 暂列金额费率) + 激励约束考核费 + 设备费

式中，暂列金额费相当于基本预备费，激励约束考核费是指为确保铁路工程质量、安全、建设工期和投资控制,建立激励约束考核机制,根据有关规定计列的用于激励约束考核的费用。

1. 建安工程费 = ∑清单合价 = ∑(清单工程量×综合单价)

2. 其他费

(1) 配合辅助工程费

配合辅助工程是由铁路基本建设投资支付修建,建成后产权不属于铁路部门所有者。

①立交桥(涵)两端的引道:是由等级公路从铁路下方挖通时所引起的工程,不包括桥涵内的道路及相关内容,立交桥(涵)两端非等级公路不单独计量,其费用计入桥(涵)身及附属工程。

②立交桥综合排水工程是由公路从铁路下方挖通时,为及时排出积水而修建的工程,包括排水设施、泵房等全部内容。

(2) 工程保险费

工程保险费是指为减少工程项目的意外损失风险,就所约定的范围进行工程投保所需支付的费用。包括工程一切险和第三者责任险。工程保险费按招标文件约定的范围及相关费率计算。但采用总价合同时,工程保险费属于"总成本风险费"。

(3) 安全生产费

安全生产费是指为加强铁路建设工程安全生产管理,建立安全生产投入长效机制,创立安全生产环境,改善施工作业条件,减少施工伤亡事故发生,切实保障铁路工程安全所需的费用。

3. 暂列金额

式中,暂列金额费相当于基本预备费,激励约束考核费是指为确保铁路工程质量、安全、建设工期和投资控制,建立激励约束考核机制,根据有关规定计列的激励约束考核费。

暂列金额是指在签订协议时尚未确定或不可预见的金额,类似于"基本预备费"。包括:

(1) 变更设计增加的费用(含由于变更设计所引起的废弃工程)。

(2) 工程保险投保范围以外的工程由于自然灾害或意外事故造成的物质损失及由此产生的有关费用。

(3) 由于发包人的原因致使停工、工效降低造成承包人的损失而需增加的费用。

(4) 由于调整工期造成承包人采取相应措施而需增加的费用。

(5) 由于政策性调整而增加的费用。

(6) 以计日工方式支付的费用。

(7) 合同约定在工程实施过程中需增加的费用。

4. 激励约束考核费

指为确保铁路工程建设质量、建设安全、建设工期和投资控制,建立激励约束考核机制,根据有关规定计列的激励考核费。

5. 设备费

指购成固定资产标准的和虽低于固定资产标准,但属于设计明确列入设备清单的一切需要安装与不需要安装的生产、动力、弱电、起重、运输等设备(包括备品备价)的购置费。由设备原价、运输费、装卸费、手续费、采购及保管费等组成。

铁路工程量清单计价的相关规定

(1) 标底应按招标文件中的工程量清单和有关要求、现场实际情况、合理的施工组织与方法计计价标准进行编制。

（2）投标报价应根据招标文件中的工程量清单和有关要求、现场实际情况及拟定施工组织设计，结合投标人的施工、管理水平及市场价格信息填报。

（3）工程量清单中所列工程量事估算得到或设计的预计数量，仅作为投标的共同信息基础，不能作为最终结算与支付的依据。实际应按合同约定的计量方式，以实际完成的工程量，按工程量清单的综合单价计量支付。

（4）清单计价的铁路工程，除招标文件另有规定外，其招标标底、投标报价的编制、合同价款确定与调整工程结算应按《计价指南》执行。

（5）综合单价因工程量变化或设计标准变更需要调整时，除合同另有约定外，一般按下列办法确定：

①发包人提供的工程量清单漏项，或变更引起新的工程量清单项目，综合单价的确定方法为：

a. 合同中已有适用于变更工程的价格，按合同已有的价格变更合同价款。

b. 合同中只有类似于变更工程的价格，可参考类似价格变更合同价款。

c. 合同中没有适用于或类似于变更工程的价格，由一方提出适当的变更价格，经双方协商后确定执行。

②采用单价合同时，由于工程量清单的工程数量有误或设计引起的工程量增减，属合同约定幅度以内的，应执行原有的综合单价；属合同约定幅度以外的，其增加部分的工程量或减少后剩余部分的工程量的综合单价，由一方提出，经双方协商后，作为结算的依据。

③在采用单价合同时，当合同签订后，由于发包人的原因，要求承包人按不同于招标时明确的设计标准进行施工或对其清单子目的实质内容进行调整或在招标时部分清单子目的技术标准、技术条件尚未明确，即使清单子目数量未发生改变，其综合单价也应由一方提出调整，经双方协商后，按调整后的综合单价作为结算的依据。

九 工程量清单计价的特点

采用工程量清单计价招标，可以将各种经济、技术、质量、进度、风险等因素充分细化并体现在综合单价的确定上；可以依据工程量计算规则，划大计价单位，便于工程管理和工程计量。与传统的招标方式相比，工程量清单计价招标法具有以下优点：

（1）符合我国招标投标法的各项规定。符合我国当前工程造价体制改革"控质量、指导价、竞争费"的大原则，真正实现通过市场机制决定工程造价。

（2）有利于工程项目的进度控制。在工程方案、初步设计完成后，施工图设计之前即可进行招投标工作，使工程开工时间提前。

（3）有利于业主在极限竞争状态下获得最合理的工程造价。因为投标单位不必在工程量计算上煞费苦心，可以减少投标标底的偶然性技术误差，让投标企业有足够的余地选择合理标价的下浮幅度；同时，也增加了综合实力强、社会信誉好企业的中标机会，更能体现招标投标宗旨。此外，通过极限竞争，按照工程量招标确定的中标价格，在不提高设计标准情况下与最终结算价是基本一致的，这样可为建设单位的工程成本控制提供准确、可靠的依据。

（4）有利于中标企业精心组织施工，控制成本。中标后，中标企业可以根据中标价及投标文件中的承诺，通过对单位工程成本、利润进行分析，统筹考虑、精心选择施工方案；并根据企业定额或劳动定额合理确定人工、材料、施工机械要素的投入与配置，优化组合，合理控制现场费用和施工技术措施费用等,以便更好地履行承诺,抓好工程质量和工期。

(5) 有利于控制工程索赔,搞好合同管理。在传统的招标方式中,施工单位"低报价、高索赔"的策略屡见不鲜。设计变更、现场签证、技术措施费用及价格、取费调整是索赔的主要要内容。工程量清单招标方式中,由于单项工程的综合单价不因施工数量变化、施工难易不同、施工技术措施差异、价格及取费变化而调整,这就消除了施工单位不合理索赔的可能。

(6) 有利于实现风险的合理分担。采用工程量清单报价方式后,投标单位只对自己所报的成本、单价等负责,而对工程量的变更或计算错误等不负责任,相应的,对于这部分风险则应由业主承担,这种格局符风险合理分担与责权利关系对等的一般原则。

(7) 有利于业主对投资的控制。采用现在的施工预算形式,业主对因设计变更、工程量的增减所引起的工程造价变化不敏感,往往等竣工结算时才知道这些对项目投资的影响有多大,但此时常常是为时已晚,而采用工程量清单计价的方式一目了然,在要进行设计变更时,能马上知道它对工程造价的影响,这样业主就能根据投资情况来决定是否变更或进行方案比较,以决定最恰当的处理方法。

定额计价与工程量清单计价的区别

部颁的各种专业定额(指标)和费用定额是项目前期阶段编制投资估算和设计概算的依据,是业主初步确定和控制工程投资的基础,并可作为招标投标阶段编制标底和投标报价的参考。

工程量清单是工程交易阶段的核心。投标报价应根据业主提出的工程量、计量规则、承包商的企业定额及市场价格信息进行编制。

验工计价阶段应根据施工合同综合单价和按施工图纸实际完成的工程数量计算。

工程量清单计价是在定额计价的原理基础上发展的,也就说清单计价仍是基于工程概预算基本原理的。清单计价模式的特点见表7-4,二者的具体区别表现在如下方面:

清单计价模式的特点　　　　　　　　　　　　　　　　　　表7-4

表现形式	采用综合单价形式 报价直观、单价相对固定
调价方式	单价相对固定,结算时承包商根据施工图纸实际完成的工程量乘以清单报价中的综合单价计算
编制依据	承包商根据招标文件中的工程量清单和有关条款、计量规则,采用企业定额,结合施工现场情况、施工组织以及市场价格信息编制

1. 计价理念上的区别

定额计价,集中体现了政府直接管理和调控工程价格,即政府定价的理念。这一方式要求造价人员依照图纸和工程量计算规则,按部就班地计算工程量,再套用统一的概(预)算定额,将主要材料价格按市场价进行调整,并严格执行由行业主管部门随定额发布的相应费用定额,最终形成完整的建设工程造价书。

工程量清单计价,集中体现了"量价分离,以市场竞争形成价格",即市场定价的理念。这一方式由于提供的是计价规则、计价办法以及定额消耗量,从而摆脱了定额标准价格的概念,其报价按相同的工程量和统一的计量规则,由企业根据自身情况报出综合单价和总价,价格高低完全由企业自己确定,既充分反映了企业的实力,也真正体现了公开、公平、公正的原则,是工程计价理念的一次彻底更新。

2. 计价操作上的区别

(1) 计价依据不同。定额计价主要依据行业主管部门发布的预算定额及基价表,造价人员只完成列表计算工作;而清单计价为实现"量价分离",由业主提供清单工程量,企业自主报价。计价依据由统一定额的固定性变为多样性,定额由政府定价的法定性变为消耗量的参考性,企业要根据政府制定的反映社会平均水平的消耗量定额和指导价,过渡形成企业定额和企业报价体系,并在工程实施中积累反映企业实际成本的基本数据,以便合理、巧妙地报价。

(2) 费用计算不同。定额计价是按统一规定取费,体现的是政府调控报价;而清单计价是以企业实际情况取费,把竞争放在了明处,既有利于投标方公平参与竞争,又有利于招标方降低建设成本。工程量计算规则和要求不同,一是在定额计价中,工程量计算规则的制定一般按施工工序来考虑;而在清单计价中,子项的划分则以一个"综合实体"来考虑,工程量计算规则也由此而定,一个子项可能同时包含了多项工序内容。二是定额计价,招标方、投标方、审计方均需计算工程量,重复劳动,且结果五花八门;而清单计价只要求招标方提供工程量清单,结果统一,利于在同等条件下公平竞争。若投标方也想计算工程量,其目的只是为了找出差异,知己知彼,从而更好地报价。

(3) 计价格式不同。定额计价是通过套用预算定额及费用定额,列出各分部分项子目及费用内容而编制出一份单位工程预算,再由各单位工程预算汇总成单项工程预算(编制方法招、投标双方相同);而清单计价则分别由招标方编制"分部分项工程量清单",投标方编制"分部分项工程量清单计价表",并进行单位工程和单项工程的汇总,格式大不相同。

3. 计价内涵上的区别

"定额计价"是一种以定额为核心、缺乏市场竞争意识的计价模式。它由相关行业主管部门制定统一的消耗量定额及基价、工程量计算规则、相应费用定额标准,无论业主还是施工方都需依此标准计算工程量编制预算。由于在招、投标过程中,定额基价、材料价格、费用标准都由招标书预先规定,投标企业之间不是报价的竞争,而是工程量计算准确度的竞争,这既不能真正体现投标企业的竞争力,也容易引发一系列不规范、不合法行为。

"清单计价"则是一种以价格为核心、体现市场竞争理念的计价模式。它依据全国统一的《计价指南》,以定额消耗量水平(社会平均消耗量水平)为基础,编制工程量清单,以市场价格、企业实际竞争水平编制综合单价。这里的单价、费用定额不再依据政府制定的标准,而是由"政府宏观调控,市场形成价格"。在清单计价模式下的招投标中,工程量清单由招标人统一提供,实现了同等条件下的公平竞争,而竞争的核心则转移到投标企业的报价上,遵循"合理低价中标"的原则。为此,投标企业必须切实加强管理,应用先进的施工工艺,努力降低成本,提高效率,在有利润可赚的前提下,打出自己的报价。由此可见,两种计价模式具有完全不同的内涵和重心,定额计价由于套用统一的预算基价,竞争的焦点是工程量计算的精确度,而清单计价采用自主报价,竞争的焦点是价格。

【复习思考题】

1. 什么是工程量清单?工程量清单包括哪些内容?工程量清单主要由哪些清单组成?
2. 工程量清单计价有哪些性质及特点?
3. 什么是综合单价?

附录一 综合概预算章节表

章别节号	工程及费用名称	单位	内　　容
	第一部分:静态投资	元	
一	拆迁及征地费用	正线公里	
0101	其中:Ⅰ.建筑工程费	正线公里	
	Ⅱ.安装工程费	正线公里	
	Ⅲ.设备购置费	正线公里	
	Ⅳ.其他费	正线公里	
	Ⅰ.建筑工程费	正线公里	
	一、改移道路	km	指既有道路进行改移、改建、平顺等引起的有关费用,涵下穿铁路立交桥(涵)内道路及两端的引道
	(一)等级公路	km	包括市政道路,含为确保既有道路交通及施工与运营安全所修建的过渡工程
	1.路基	km	
	(1)土方	m³	
	(2)石方	m³	
	(3)路基附属工程	元	
	①干砌石	m³	
	②浆砌石	圬工方	
	③混凝土	圬工方	
	④钢筋混凝土	圬工方	
	⑤绿色防护、绿化	m²	
	⑥地基处理	元	按处理方式分到
	2.路面	m²	
	(1)垫层	m²	
	(2)基层	m²	
	(3)面层	m²	
	①沥青混凝土路面	m²	
	②水泥混凝土路面	m²	
	3.公路桥(××座)	延长米	
	(1)下部建筑	圬工方	
	①基础	圬工方	
	A.明挖	圬工方	
	B.承台	圬工方	
	C.挖孔桩	m	
	D.钻孔桩	m	

续上表

章别节号	工程及费用名称	单位	内 容
	E.管桩	m	
	②墩台	圬工方	
	(2)上部建筑	m²	
	①简支梁	m²	
	②连续梁	m²	
	③钢-混凝土结合梁	m²	
	④斜拉桥	m²	指承台以上部分索塔和斜拉索的梁部
	⑤钢管拱	m²	包括拱部和桥面板
	⑥其他拱桥	m²	
	⑦其他梁桥	m²	
	⑧支座	元	
	⑨桥面系	m²	包括车行道、人行道、伸缩装置、湿接缝、变形缝、泄水管(孔)、综合管沟、护栏、隔离栅、中间带、隔离块、标志牌、标线、标桩、界牌
	A.钢梁桥面系	m²	
	B.混凝土梁桥面系	m²	
	(3)附属工程	元	
	①土方	m³	
	②石方	m³	
	③干砌石	m³	
	④浆砌石	圬工方	
	⑤混凝土	圬工方	
	⑥钢筋混凝土	圬工方	
	⑦台后及锥体填筑	圬工方	
	4.涵洞(××座)	横延米	
	5.隧道(××座)	延长米	
	(1)开挖	m³	
	(2)衬砌	圬工方	
	①模筑混凝土	圬工方	
	②钢筋	t	
	(3)洞门	圬工方	
	(4)附属工程	元	
	6.沿线设施	km	
	(二)泥结碎石路	m²	
	(三)土路	m²	
	(四)道路过渡工程	元	指为了不中断既有道路交通,确保施工、运营安全所修建的过渡工程

续上表

章别节号	工程及费用名称	单位	内　容
	(五)取弃土(石)场处理	元	
	二、立交桥综合排水	处	包括排水泵站房、排水设施
	三、砍伐、挖根	棵	指修建铁路正式工程所发生的砍伐、挖根或移载。如土地征用补偿费中已含此费用,则不计列
	四、改河(沟渠)	元	指修建铁路正式工程而需对既有河道、沟渠进行平顺、改移、防护等所发生的有关费用
	五、改移通信线路	km	指对既有通信线路进行改移、改建等引起的有关费用。若拆迁补偿费中已含此费用,则不计列
	六、改移电力线路	km	指对既有电力线路进行改移、改建等引起的有关费用。若拆迁补偿费中已含此费用,则不计列
	七、管线路防护	元	指修建铁路时须对属路外产权的管线路进行的防护、加固
	八、隔音窗	m²	
	九、既有建筑物拆除后的垃圾清运	元	指修建铁路正式工程须对建筑物拆除后的垃圾进行的清运。如拆迁补偿费中已含此费用,则不计列
	Ⅱ.安装工程费	元	
	Ⅲ.设备购置费	元	含排水泵设备
	Ⅳ.其他费	元	
	一、土地征用及拆迁补偿费	元	指为进行铁路建设需征用土地所应支付的永久用地的土地补偿费、必须交纳或发生的失地农民保险、安置补助费、附着物及青苗补偿费、菜地开发建设基金、耕地开垦费、耕地占用税、森林植被恢复费、临时用地费、征地拆迁手续费、用地堪界费、土地预审费、临时用地复垦方案报告编制费、压覆矿藏评估及补偿等
	(一)土地征用补偿费	元	指永久用地所发生的土地补偿费、安置补助费、青苗补偿费、必须交纳或发生的失地农民保险、菜地开发建设基金、耕地开垦费、耕地占用税、森林植被恢复费等费用,可按不同土地性质分列
	(二)拆迁补偿费	元	指被永久征用土地上的房屋及附属构筑物、城市公共设施等拆建补偿费等;既有管线路改迁、改沟(渠、河)、导流设施、消能设施、挑水坝修建及河道加固防护等所发生的补偿费用;项目建设造成封井,农田、水利设施、水系损坏及房屋损坏修复费或补偿费等
	1.建筑物	元	
	(1)房屋	m²	
	①民房	m²	可按商品房、集体土地房分列
	②厂矿企业及学校	m²	
	③其他房屋	m²	
	(2)其他建筑物	元	

续上表

章别节号	工程及费用名称	单位	内　容
	2.通信线路	km	
	3.电力线路	km	
	4.其他补偿费	元	包括既有线路迁改,改沟(渠、河),导流设施、消能设施、挑水坝修建及河道加固防护等所发生的补偿费用;项目建设造成封井、农田、水利设施、水系损坏及房屋损坏修复费或补偿费等
	(三)临时用地费	元	指取弃土石场(含隧道弃渣场)以及大型临时设施中的临时场站等工程的临时占地费用,包括征用土地、青苗补偿、拆迁补偿、复垦、管理费及其他与土地有关的费用等。按临时用地的用途分项列出
	(四)土地征用、拆迁工作经费	元	指在征地过程中,工程所在地有关部门配合拆迁工作所发生的相关人员的工作经费、资产评估费及土地登记管理费等
	(五)用地堪界费	元	
	(六)土地预审费	元	
	(七)临时用地复垦方案报告编制费	元	
	(八)压覆矿藏评估与补偿费	元	
	二、青苗补偿费	元	指铁路用地界以外修建正式工程发生的青苗补偿
二	路基	路基公里	含地面站站区长度
0202	区间路基土石方	区间路基公里	包括开挖路堑、填筑路堤(含过渡段),挖除池沼淤泥、多年冻土等。不包括桥头锥体土石方及桥台后缺口土石方
	Ⅰ.建筑工程费	元	
	一、土方	m³	不含A组、B组、AB组填料
	(一)挖土方(弃方)	m³	路基设计断面内的挖、装运至弃土场
	1.开挖土方(运距≤1km)	m³	
	(1)人力施工	m³	
	(2)机械施工	m³	
	2.增运土方(运距>1km)	m³	
	(二)挖土方(利用方)	m³	路基设计断面内的挖、装运至临时堆放场或填料加工厂
	1.开挖土方(运距≤1km)	m³	
	(1)人力施工	m³	
	(2)机械施工	m³	
	2.增运土方(运距>1km)	m³	
	(三)利用方填土	m³	利用土方的摊铺、洒水、压实等,临时堆放场运至填筑点
	1.开挖土方(运距≤1km)	m³	

续上表

章别节号	工程及费用名称	单位	内　　容
	(1)人力施工	m³	
	(2)机械施工	m³	
	2.增运土方(运距>1km)	m³	
	(四)借土填方	m³	借土方的挖、装、运、卸、摊铺、压实、洒水等
	1.挖填土方(运距≤1km)	m³	
	(1)人力施工	m³	
	(2)机械施工		
	2.增运土方(运距>1km)	m³	
	二、AB组填料	m³	A组、B组、AB组填料
	(一)利用方	m³	利用土填料的加工、摊铺、洒水、压实等,填料加工厂运至填筑点
	1.挖填(运距≤1km)	m³	
	2.增运土方(运距>1km)	m³	
	(二)借方	m³	借土方的挖、装、运、卸,填料加工、摊铺、压实、洒水等
	1.挖填(运距≤1km)	m³	
	2.增运土方(运距>1km)	m³	
	三、石方	m³	
	(一)挖石方(弃方)	m³	路基设计断面内石方的挖、装运弃石场
	1.爆破石方	m³	含静态爆破
	2.挖运石方(运距≤1km)	m³	
	(1)人力施工	m³	
	(2)机械施工	m³	
	3.增运石方(运距>1km)	m³	
	(二)挖石方(利用方)	m³	路基设计断面内石方的挖、装运至临时堆放场或填料加工场
	1.爆破石方	m³	含静态爆破
	2.挖运石方(运距≤1km)	m³	
	(1)人力施工	m³	
	(2)机械施工	m³	
	3.增运石方(运距>1km)	m³	
	(三)利用石填方	m³	包括按以石代土路堤设计时利用石方的摊铺、压实、洒水等和按填石路堤设计时利用石方的填筑、码砌等,临时堆放场运至填筑点
	1.挖填石方(运距≤1km)	m³	
	(1)人力施工	m³	
	(2)机械施工	m³	

续上表

章别节号	工程及费用名称	单位	内　　容
	2.增运石方(运距>1km)		
	(四)借石填方	m³	包括按以石代土路堤设计时借石方的开挖、装、运、卸、摊铺、压实、洒水等和按填石路堤设计时借石方的开挖、装、运、卸、填筑、码砌等
	1.爆破石方	m³	
	2.挖填石方(运距≤1km)	m³	
	(1)人力施工	m³	
	(2)机械施工	m³	
	3.增运石方(运距>1km)	m³	
	四、填渗水土	m³	渗水土的开挖、装、运、卸、摊铺、压实、洒水等
	(一)挖填(运距≤1km)	m³	
	1.人力施工	m³	
	2.机械施工	m³	
	(二)增运(运距>1km的部分)	m³	
	五、填改良土	m³	
	(一)利用土改良	m³	配料、拌制、摊铺、洒水、压实,填料加工场运至填筑点
	1.挖填土方(运距≤1km)	m³	
	2.增运土方(运距>1km)	m³	
	(二)借土改良	m³	挖、装、运、卸、配料、拌制、摊铺、洒水、压实
	1.挖填土方(运距≤1km)	m³	
	2.增运土方(运距>1km)	m³	
	六、级配碎石(砂砾石)	m³	配料、拌制、堆放;分层摊铺、掺拌水泥、洒水或晾晒、压实、排水;路面及边坡修整
	(一)基床表层	m³	
	(二)过渡段	m³	
	1.路堤与桥台过渡段	m³	
	2.路堤与横向结构物过渡段	m³	
	3.路堤与路堑过渡段	m³	
	七、清除表土		挖、装、运、卸、堆放
	八、挖淤泥	m³	围堰填筑及拆除、抽水;挖、装、运、卸、排水、弃方堆放、整修
	九、挖多年冻土	m³	开挖、装、运、卸、弃方堆放、整理;路面及边坡修整
0203	站场土石方	站场路基公里	包括站场范围内的正线土石方(内容同区间路基土石方)
	Ⅰ.建筑工程费	元	
	细目同区间路基土石方	m³	

续上表

章别节号	工程及费用名称	单位	内 容
0204	路基附属工程	路基公里	包括区间和站场内的附属工程及涵洞(顶进除外)地基处理
	Ⅰ.建筑工程费	元	指区间和站场土石方总量
	一、区间路基附属工程	区间路基公里	
	(一)支挡结构	元	包括各类挡土墙、抗滑桩等
	1.抗滑桩	圬工方	
	2.桩板挡土墙	圬工方	不含预应力锚索桩板挡土墙中的预应力锚索
	3.锚杆挡土墙	圬工方	
	4.锚定板挡土墙	圬工方	一般为钢筋混凝土
	5.加筋土挡土墙	m^2	加筋土挡土墙中填筑的土石方,应列入区间或站场土石方
	(1)墙面板及基础	圬工方	
	(2)拉筋	元	按拉筋类型分列
	6.土钉	m	含边坡加固锚杆,不含挂网、喷混凝土及锚杆挡土墙中的锚杆
	7.预应力锚索	m	
	8.其他挡土墙	圬工方	
	(1)挡土墙浆砌石	圬工方	
	(2)挡土墙片石混凝土	圬工方	
	(3)挡土墙混凝土	圬工方	
	(4)挡土墙钢筋混凝土	圬工方	
	(5)挡土墙喷混凝土	圬工方	包括挂网
	(6)挡土墙栏杆	延长米	按材质划分
	(二)地基处理	元	含涵洞基础
	1.基底填筑(垫层)	m^3	
	(1)填(片石)混凝土	圬工方	
	(2)填砂石料	m^3	填料按填料费计列。含抛填石(片石)及填筑的片石、碎石、砂夹碎石、砂夹(卵砾石)卵砾石、砂等
	(3)换填土	m^3	包括3:7灰土、2:8灰土、石灰土、水泥土
	(4)填石灰(水泥)土	m^3	
	(5)填土石	m^3	填料来源于路基土方、石方一致
	2.水泥(混凝土)置换桩	m	
	(1)CFG桩	m	
	(2)旋喷桩	m	

续上表

章别节号	工程及费用名称	单位	内 容
	(3)粉喷桩	m	
	(4)水泥搅拌桩	m	
	(5)水泥砂浆搅拌桩	m	指多方位立体水泥砂浆搅拌桩
	(6)水泥土挤密桩	m	
	(7)水泥土柱锤冲扩桩	m	
	(8)螺旋桩	m	
	3.打入(沉入)桩	元	
	(1)钢筋混凝土方桩	圬工方	
	(2)钢筋混凝土管桩	m	包括预应力混凝土管桩
	(3)钢管桩	m	包括管内浇筑混凝土
	4.其他桩(井)	m	
	(1)袋装砂井	m	
	(2)砂桩	m	
	(3)碎石桩	m	
	(4)石灰桩	m	
	5.基底行(压)实	m²	
	(1)强夯	m²	
	(2)夯实及碾压	m²	含重锤夯实、重型碾压、冲击碾压
	6.其他地基处理方式	元	
	(1)真空预压	m²	
	(2)堆载预压	m²	
	(3)塑料排水板	m	
	(三)平(坡)面防护	元	
	1.喷射混凝土	m²	
	(1)素喷混凝土	m²	
	(2)网喷混凝土	m²	包括挂网,不包括边坡加固锚杆
	2.喷射水泥砂浆	m²	
	(1)素喷水泥砂浆	m²	
	(2)网喷水泥砂浆	m²	包括挂网,不包括边坡加固锚杆
	3.绿色防护(绿化)	元	
	(1)铺草皮	m²	
	(2)播草籽	m²	不含土工网垫中的播草籽
	(3)喷播植草	m²	
	(4)喷混植生	m²	不含边坡加固锚杆
	(5)栽植乔木	千株	
	(6)栽植灌木	千株	
	(7)栽植花草	m²	

续上表

章别节号	工程及费用名称	单位	内 容
	(8)穴植容器苗	千穴	
	(9)三维生态防护	m²	
	4.风沙路基防护	元	
	(1)铺黏性土	m³	
	(2)铺卵(砾)石	m²	
	(3)铺草方格	m²	
	(4)沙障	m	按材质分列,不包括土工格栅沙障
	(5)挡沙堤	m	
	(6)截沙沟	m	
	(7)防沙栅栏	m	
	(8)刺铁丝网	m	
	5.高强金属防护网	m²	
	(1)主动防护网	m²	
	(2)被动防护网	m²	
	6.土工合成材料	m²	包括所有防护工程的土工合成材料
	(1)复合土工膜	m²	
	(2)土工格栅	m²	
	(3)土工格室	m²	
	(4)土工布	m²	
	(5)土工网	m²	
	(6)土工网垫	m²	含播草籽
	(7)铺氯丁橡胶板	m²	
	(8)铺聚氯乙烯软板	m²	
	(四)护坡与冲刷防护	元	除取弃土(石)场处理、沟渠外的所有混凝土及砌体
	1.干砌石	m³	
	2.浆砌石	圬工方	
	3.片石混凝土	圬工方	
	4.混凝土	圬工方	
	5.钢筋混凝土	圬工方	
	6.笼装片石	m³	
	(五)取弃土(石)场处理	元	
	1.干砌石	m³	
	2.浆砌石	圬工方	
	3.混凝土	圬工方	
	4.钢筋混凝土	圬工方	
	5.绿化	元	
	6.其他	元	

续上表

章别节号	工程及费用名称	单位	内 容
	(六)沟渠	m	
	1.干砌石	m³	
	2.浆砌石	圬工方	
	3.片石混凝土	圬工方	
	4.混凝土	圬工方	
	5.钢筋混凝土	圬工方	
	(七)地下排水设施	元	
	1.混凝土管	m	
	2.钢筋混凝土管	m	
	3.聚氯乙烯(UPVC)管	m	
	4.铸铁管	m	
	5.渗沟	m	不包括混凝土及砌体、土工合成材料
	6.其他地下排水设施	m	
	(八)地下洞穴处理	元	
	1.钻孔	m	
	2.灌注浆(砂)	m³	
	(1)帷幕注浆	m³	
	(2)灌浆	m³	
	(3)灌砂	m³	
	3.填筑	元	
	(1)填砂石料	m³	填料按材料费计列。含填筑片石、碎石、砂等
	(2)填土石	m³	含填袋装土石
	(3)填片石混凝土	圬工方	
	(4)填浆砌石	圬工方	
	(九)路基地段相关工程	元	
	1.路基地段护轮轨	单根公里	
	2.路基地段电缆槽	km	指路基同步施工的部分
	3.路基地段接触网基础	个	指路基同步施工的部分
	(十)土石方	m³	指单独挖填土石方的项目(包括平交道的土石方)
	1.土方	m³	
	2.石方	m³	
	(十一)线路防护栅栏	单侧公里	
	1.路基地段防护栅栏	单侧公里	按规格型号分列
	2.桥梁地段防护栅栏	单侧公里	按规格型号分列
	3.隧道地段防护栅栏	单侧公里	按规格型号分列
	(十二)其他路基附属	元	
	1.平交道路面	m²	

续上表

章别节号	工程及费用名称	单位	内 容
	2.基床表层隔水层	m²	
	3.保温层	m²	
	4.检查井	座	
	5.拆除	m³	指单独拆除的路基附属构筑物
	6.路肩封闭	m²	
	7.其他		按项目内容分列
	二、站场路基附属工程	站场路基公里	
	细目参照区间路基附属工程	圬工方	
三	桥涵	桥梁公里	单线、双线、多线桥分别编制
0305	特大桥(××座)	延长米	指桥长500m以上
	一、复杂特大桥(××座)	延长米	指基础水深在10m以上的桥梁,墩高50m以上,或有跨度100m以上梁的桥梁,或有特殊结构的桥梁
	(一)××特大桥	延长米	
	Ⅰ.建筑工程费	元	
	1.下部工程	延长米	
	(1)基础	圬工方	
	①明挖	圬工方	
	A.混凝土	圬工方	含冷却管,以下同
	B.钢筋	t	
	②承台	圬工方	
	A.混凝土	圬工方	
	B.钢筋	t	
	③沉井	元	
	A.陆上钢筋混凝土沉井	圬工方	
	B.陆上钢筋沉井	t	
	C.水上钢筋混凝土沉井	圬工方	
	D.水上钢筋沉井	t	
	④挖孔桩	m	
	⑤钻孔桩	m	
	A.陆上	m	
	B.水上	m	
	⑥沉入桩	元	
	A.钢筋(预应力)混凝土管桩	m	
	B.钢管桩	m	
	⑦管柱	m	

续上表

章别节号	工程及费用名称	单位	内　容
	A.钢筋(预应力)混凝土管柱	m	
	B.钢管柱	m	
	⑧挖井基础	圬工方	
	A.混凝土	圬工方	
	B.钢筋	t	
	(2)墩台	圬工方	
	①混凝土	圬工方	
	②钢筋	t	
	③浆砌石	圬工方	
	2.上部工程		
	(1)预应力混凝土简支箱梁	孔	按单线、双线、跨度、设计速度分列。先简支后连续梁
	①制架预应力混凝土简支箱梁	孔	
	A.预制	孔	
	B.运架	孔	
	②现浇预应力混凝土简支箱梁		
	(2)制架(钢筋)预应力混凝土T梁	孔	按单线、双线、跨度、设计速度分列
	①预制	孔	
	②运架	孔	
	③横向连接	孔	
	(3)构架(钢筋)预应力混凝土T梁	孔	按单线、双线、跨度、设计速度分列
	(4)预应力混凝土连续梁	圬工方	
	①混凝土	圬工方	
	②预应力钢筋	t	
	③普通钢筋	t	
	(5)钢桁梁(钢桁拱)	t	
	(6)钢板梁	t	
	(7)钢-混凝土结合梁	延长m	
	①混凝土	圬工方	
	②普通钢筋	t	
	③钢梁	t	
	(8)斜拉桥	延长m	指承台以上部分索塔和斜拉索支承的梁部。不包括桥面系
	①斜拉桥索塔	圬工方	
	②斜拉索	t	
	③钢梁	t	

续上表

章别节号	工程及费用名称	单位	内　　容
	④预应力混凝土梁	圬工方	
	(9)钢管拱	延长m	包括拱部和桥面板，不包括桥面系
	①钢管	t	
	②钢管内混凝土	圬工方	
	③系杆(水平索)	t	
	④吊杆	t	
	⑤横梁及桥面板	圬工方	
	(10)道岔梁	圬工方	
	①混凝土	圬工方	
	②预应力钢筋	t	
	③普通钢筋	t	
	(11)其他特殊梁	圬工方	
	①混凝土	圬工方	
	②预应力钢筋	t	
	③普通钢筋	t	
	④钢材	t	
	(12)支座	元	
	①金属支座	元	按类型、跨度分列
	②板式橡胶支座	孔	按、跨度分列
	③盆式橡胶支座	个	按承载力分列
	(13)桥面系	延长米	包括围栏、吊篮、防护网、避车台、桥梁检修设备走行轨、检查梯、铁蹬、护栅、通信、信号、电力支架、挡碴墙、竖墙、防撞墙、挡渣块、遮板、栏杆、人行道板及纵向盖板，电缆槽及盖板，护轮轨，地震区防止落梁设施，涂装等
	①混凝土桥面系	延长米	
	②钢梁桥面系	延长米	
	3.附属工程	元	包括锥体填筑及护坡、不设路桥过渡段的桥台后缺口填筑、桥头搭板、改河、改沟、改渠、导流设施，消能设施，挑水坝，河床加固及河岸防护，地下洞穴，取弃土(石)场处理等
	(1)土方	m³	
	(2)石方	m³	
	(3)干砌石	m³	
	(4)浆砌石	圬工方	
	(5)混凝土	圬工方	
	(6)钢筋混凝土	圬工方	

续上表

章别节号	工程及费用名称	单位	内　容
	(7)台后及锥体填筑	m³	
	(8)洞穴处理	元	
	①钻孔	m	
	②注浆	m³	
	③灌砂	m³	
	④填土	m³	
	⑤填袋装土	m³	
	⑥填石(片石)	m³	
	⑦填片石混凝土	m³	
	⑧钻孔填筑	m³	
	⑨帷幕注浆	m³	
	(9)桥上永久照明及防雷	延长米	
	(10)绿化	元	指取弃土(石)场处理的
	(11)其他	元	
	4.施工辅助设施	元	包括筑岛及堤;土、石围堰;木板桩围堰、钢板桩围堰;混凝土、钢筋混凝土围堰、钢围堰、吊箱围堰、套箱围堰等;围堰下水滑道、栈桥、缆索吊、工作平台等。梁部的各种辅助设施可根据需要在此分列
	(1)栈桥	m	包括栈桥的养护费
	(2)缆索吊	处	包括缆索吊的养护费
	(3)基础施工辅助设施	墩	指需要设置施工辅助设施的桥墩数量,按不同辅助设施种类分列
	①筑堤	m³	
	②筑岛	m³	
	③钢板桩围堰	t	
	④(钢筋)混凝土围堰	圬工方	
	⑤钢围堰	t	
	⑥工作平台	m²	
	(4)其他	元	梁部的各种辅助设施可根据需要在此分列
	Ⅱ.安装工程	元	
	Ⅲ.设备工器具	元	
	(二)××特大桥	延长米	
	细目同(一)××复杂特大桥		
	二、一般特大桥(××座)	延长米	
	细目参照(一)××复杂特大桥	圬工方	
	三、公铁两用特大桥(××座)		

续上表

章别节号	工程及费用名称	单位	内　容
	Ⅰ.建筑工程费	延长米	
	(一)正桥	延长米	
	1.下部工程	圬工方	
	细目参照(一)××复杂特大桥下部工程		
	2.上部工程	延长米	
	(1)铁路桥细目参照(一)××复杂特大桥上部工程		
	(2)公路桥细目参照改移道路公路桥"上部建筑"		
	3.附属工程	元	
	细目参照(一)××复杂特大桥附属工程		
	4.施工辅助设施	元	
	细目参照(一)××复杂特大桥施工辅助设施		
	(二)铁路引桥	延长米	
	细目参照(一)××复杂特大桥		
	(三)公路引桥	m²	
	1.下部工程	圬工方	
	细目参照(一)××复杂特大桥下部工程	t	
	2.上部建筑	m²	
	公路桥细目参照改移道路公路桥"上部建筑"		
	3.附属工程	元	
	细目参照(一)××复杂特大桥附属工程		
	4.施工辅助设施	元	
	细目参照(一)××复杂特大桥施工辅助设施		
	Ⅰ.安装工程费	元	
	Ⅱ.设备购置费	元	

续上表

章别节号	工程及费用名称	单位	内容
	四、公铁两用特大桥		
	细目同三××公铁两用特大桥	m	
0306	大桥(××座)	延长米	指100m以上至500m
	甲、新建(××座)	延长米	
	一、复杂大桥(××座)	延长米	包括高桥
	细目参照(一、复杂特大桥)		
	二、一般梁式大桥(××座)	延长米	
	细目参照一般特大桥		
	三、拱桥	延长米	
	(一)下部工程	圬工方	
	细目参照(一)××复杂特大桥下部工程		
	(二)上部工程	延长米	
	1.拱圈(拱肋)	圬工方	
	2.拱上结构	圬工方	
	3.吊杆或系杆	圬工方	
	4.桥面	圬工方	
	5.桥面系	圬工方	
	(三)附属工程	圬工方	
	细目参照(一)××复杂特大桥附属工程		
	(四)施工辅助设施	元	
	细目参照(一)××复杂特大桥施工辅助设施		
	Ⅰ.安装工程费	元	
	Ⅱ.设备购置费	元	
	乙、改建(××座)	延长米	
	一、梁式大桥	延长米	
	Ⅰ.建筑工程费	延长米	
	(一)下部工程	圬工方	
	细目参照(一)××复杂特大桥"下部工程"		
	(二)上部工程	延长米	
	1.梁部加固	圬工方	
	(1)混凝土	圬工方	
	(2)预应力钢筋	t	

续上表

章别节号	工程及费用名称	单位	内 容
	(3)普通钢筋	t	
	(4)钢材	t	
	2.更换梁(拱)		
	(1)预应力混凝土简支箱梁	孔	
	①拆除	孔	
	②制架预应力混凝土简支箱梁	孔	
	A.预制	孔	
	B.运架	孔	
	③现浇箱梁		
	(2)(钢筋)预应力混凝土T梁	孔	
	①拆除	孔	
	②制架T梁	孔	
	A.预制T梁	孔	
	B.运架T梁	孔	
	③横向连接	孔	
	(3)钢板梁		
	①拆除	孔	
	②架设	孔	
	(4)其他特殊梁	圬工方	
	①拆除	孔	
	②混凝土	圬工方	
	③预应力钢筋	t	
	④普通钢筋	t	
	⑤钢材	t	
	3.更换支座	元	
	(1)金属支座	元	
	(2)板式橡胶支座	孔	
	(3)盆式橡胶支座	个	
	4.桥面系	延长米	参照复杂特大桥
	(三)附属工程	元	
	细目参照(一)××复杂特大桥附属工程		
	(四)施工辅助设施	元	
	细目参照(一)××复杂特大桥施工辅助设施		
	(五)拆除	圬工方	

续上表

章别节号	工程及费用名称	单位	内　　容
	(一)下部工程	圬工方	
	细目参照(一)××复杂特大桥"下部工程"		
	(二)上部工程	延长米	
	1.拱部	延长米	
	(1)混凝土	圬工方	
	(2)预应力钢筋	t	
	(3)普通钢筋	t	
	(4)钢材	t	
	(5)浆砌石	圬工方	
	2.桥面系	延长米	内容同特大桥
	(三)附属工程	元	
	细目参照(一)××复杂特大桥附属工程		
	(四)施工辅助设施	元	
	细目参照(一)××复杂特大桥施工辅助设施		
	(五)拆除砌体、圬工	元	
	1.干砌石	m³	
	2.浆砌石	圬工方	
	3.混凝土	圬工方	
	4.钢筋混凝土	圬工方	
0307	中桥	延长米	不含框架桥
	Ⅰ.建筑工程费	元	
	甲、新建(××座)	延长米	
	一、梁式桥(××座)	延长米	复杂桥单列
	细目参照一、复杂特大桥		
	二、拱桥(××座)	延长米	
	细目参照〈大桥〉"拱桥"		
	乙、改建(××座)	延长米	
	一、梁式桥(××座)	延长米	
	细目参照〈大桥〉"改建梁式大桥"		
	二、拱桥(××座)	延长米	
	细目参照〈大桥〉"改建拱桥"		
0308	小桥	延长米	
	Ⅰ.建筑工程费	元	不含出入口两端的等级公路引道
	甲、新建(××座)	延长米	

续上表

章别节号	工程及费用名称	单位	内　　容
	一、框架式桥(××座)	延长米	
	(一)明挖(××座)	顶面 m²	
	1.框架桥身及附属	顶面 m²	
	2.明挖基础(含承台)	圬工方	
	3.地基处理	元	
	细目参照〈一、区间路基附属工程〉"(二)地基处理"	m³	
	(二)顶进(××座)	顶面 m²	
	1.既有线加固及防护	顶面 m²	
	2.框架桥身及附属	顶面 m²	不含出入口两端的等级公路引道
	3.地基处理	元	
	乙、改建(××座)	延长米	
	一、框架式(桥)(××座)	延长米	
	Ⅰ.建筑工程费	延长米	
	(一)框架桥身接长及附属	顶面 m²	
	(二)明挖基础(含承台)	圬工方	
	(三)地基处理	元	按不同处理方式编列
	细目参照〈一、区间路基附属工程〉"(二)地基处理"		
	(四)拆除砌体、圬工		
	1.干砌石	m³	
	2.浆砌石	圬工方	
	3.混凝土	圬工方	
	4.钢筋混凝土	圬工方	
0309	涵洞(××座)	横延米	不含顶进涵洞以外的地基处理
	Ⅰ.建筑工程费	元	
	甲、新建(××座)	横延米	按不同孔径、孔数分列
	一、圆涵(××座)	横延米	
	(一)明挖基础(××座)	横延米	
	1.单孔(××座)	横延米	
	(1)涵身及附属	横延米	
	(2)明挖基础(含承台)	圬工方	
	2.双孔(××座)	横延米	
	(1)涵身及附属	横延米	
	(2)明挖基础(含承台)	圬工方	
	3.三孔(座)	横延米	

续上表

章别节号	工程及费用名称	单位	内　　容
	(1)涵身及附属	横延米	
	(2)明挖基础(含承台)	圬工方	
	二、拱涵(××座)	横延米	
	细目同〈一、圆涵〉		
	三、盖板箱涵(××座)	横延米	
	细目同〈一、圆涵〉		
	四、矩形涵(××座)	横延米	
	细目同〈一、圆涵〉		
	五、框架涵(××座)	横延米	等级公路不含涵内道路及两端引道
	细目同〈一、圆涵〉		
	六、肋板涵	横延米	
	细目同〈一、圆涵〉		
	七、倒虹吸管(××座)	横延米	
	(一)铸铁管	横延米	
	(二)钢筋混凝土管	横延米	
	八、渡槽(××座)	横延米	
	乙、改建	横延米	按不同孔径、孔数分列
	一、接长		
	(一)圆涵(座)	横延米	
	细目同(甲、新建)"一、圆涵"		
	(二)拱涵(××座)		
	细目同(甲、新建)"一、圆涵"		
	(三)盖板箱涵(××座)	横延米	
	细目同(甲、新建)"一、圆涵"		
	(四)矩形涵	横延米	
	细目同(甲、新建)"一、圆涵"		
	(五)框架涵	横延米	
	细目同(甲、新建)"一、圆涵"		
	(六)肋板涵	横延米	按不同孔径、孔数分列
	细目同(甲、新建)"一、圆涵"	横延米	
	(七)倒虹吸管(××座)	横延米	
	1.铸铁管	横延米	
	2.钢筋混凝土管	横延米	
	(八)渡槽(××座)	横延米	
	二、局部加固		
	(一)干砌石	m³	
	(二)浆砌石	圬工方	

续上表

章别节号	工程及费用名称	单位	内　　容
	（三）混凝土	圬工方	
	（四）钢筋	t	
	三、拆除砌体、圬工	元	
	（一）干砌石	m³	
	（二）浆砌石	圬工方	
	（三）混凝土	圬工方	
	（四）钢筋混凝土	圬工方	
四	隧道及明洞	隧道 km	单线、双线、多线隧道分别编列
0410	隧道（××座）	延长米	
	甲、新建（××座）	延长米	
	一、$L>4$km 隧道（××座）	延长米	有辅助导坑的隧道按工区进行编制
	（一）××隧道	延长米	
	Ⅰ.建筑工程	延长米	
	1.正洞（钻爆法施工）	延长米	包括开挖、衬砌、回填等
	（1）Ⅰ级围岩	延长米	
	①开挖	m³	含开挖期间的通风、洞内排水、临时支护及管线路的安装、使用、维护及拆除，洞外弃渣远运
	A.开挖	m³	含临时支护及拆除
	B.洞外弃渣增运	m³	
	②衬砌	圬工方	
	A.模筑混凝土	圬工方	
	B.钢筋	t	不含挂网喷射混凝土的钢筋网
	③支护	延长米	
	A.喷射混凝土	圬工方	
	B.喷射钢纤维混凝土	圬工方	
	C.钢筋网	t	
	D.钢支撑	m	
	E.超前小导管	m	
	F.锚杆	m	
	G.管棚	t	
	④拱顶压浆	延长米	
	（2）Ⅱ级围岩	延长米	
	细目同〈1.正洞（钻爆法施工）〉"（1）Ⅰ级围岩"		
	（3）Ⅲ级围岩	延长米	

续上表

章别节号	工程及费用名称	单位	内　　容
	细目同〈1.正洞(钻爆法施工)〉"(1)Ⅰ级围岩"		
	(4)Ⅳ级围岩	延长米	
	细目同〈1.正洞(钻爆法施工)〉"(1)Ⅰ级围岩"		
	(5)Ⅴ级围岩	延长米	
	细目同〈1.正洞(钻爆法施工)〉"(1)Ⅰ级围岩"		
	(6)Ⅵ级围岩	延长米	
	细目同〈1.正洞(钻爆法施工)〉"(1)Ⅰ级围岩"		
	2.正洞(掘进机)	延长米	
	3.正洞(盾构法施工)	延长米	
	4.明洞及棚洞	延长米	指与隧道相连的明洞及棚洞
	(1)开挖	m³	
	①开挖	m³	含临时支护及拆除
	②洞外弃渣增运	m³	
	(2)衬砌	圬工方	含防水层
	(3)拱顶回填		按不同材质分列
	5.辅助导坑	延长米	
	(1)平行导坑	延长米	
	①无轨平导	延长米	
	A.Ⅰ级围岩	延长米	
	B.Ⅱ级围岩	延长米	
	C.Ⅲ级围岩	延长米	
	D.Ⅳ级围岩	延长米	
	E.Ⅴ级围岩	延长米	
	F.Ⅵ级围岩	延长米	
	②有轨平导	延长米	
	细目同〈①无轨平导〉	延长米	
	(2)斜井	延长米	
	①无轨斜井	延长米	
	细目同〈①无轨平导〉		
	②有轨斜井	延长米	
	细目同〈①无轨平导〉		
	(3)横洞	延长米	

续上表

章别节号	工程及费用名称	单位	内　容
	细目同〈(1)平行导坑〉		
	(4)竖井	m	
	细目同〈(1)平行导坑〉	m	
	(5)横通道	m	
	细目同〈(1)平行导坑〉	m	
	(6)泄水洞		
	细目同〈(1)平行导坑〉		
	6.洞门	圬工方	包括端翼墙、缓冲结构和与洞门连接的挡墙以及洞门牌、号标、检查梯等
	7.附属工程	延长米	
	(1)洞口防护		包括洞口边仰坡及基础、挡土墙、拦石墙、锚索桩、土钉墙、坡面防护、排水沟、抗滑桩等
	①浆砌砌体	圬工方	
	②混凝土	圬工方	
	③土钉	m	含边坡加固锚杆
	④锚索	m	
	⑤抗滑桩	圬工方	
	⑥素喷混凝土	m²	
	⑦网喷混凝土	m²	不含边坡加固锚杆
	⑧钢筋	t	不含挂网喷射混凝土的钢筋网
	(2)地表加固	元	与洞口防护相同的加固措施列入洞口防护
	①钻孔	钻孔m	
	②灌注浆	m	
	③CFG桩	m	
	④旋喷桩	m	
	⑤钻孔桩	m	
	⑥挖孔桩	m	
	⑦钢管桩	m	包括管内灌注混凝土
	⑧碎石桩		
	(3)隧道内地基及洞穴处理	元	
	①钻孔	m³	
	②灌注砂浆	m³	
	A.帷幕注浆	m³	
	B.灌注浆	m³	
	C.灌砂	m³	
	③填筑砂石(土)	m³	

续上表

章别节号	工程及费用名称	单位	内容
	A.填砂石料	m³	指填料按材料费计列。含填筑片石、碎石、砂等
	B.填石灰(水泥)土	m³	包括3:7、2:8、灰土、石灰土、水泥土
	C.填土石	m³	指填料来源与路基土方、石方一致。含袋装土石
	④混凝土及砌体	元	
	A.填浆砌石	圬工方	
	B.填(片石)混凝土	圬工方	
	C.喷射混凝土	圬工方	含钢筋网
	D.钢筋混凝土盖板	圬工方	
	⑤水泥置换桩	m	
	A.CFG桩	m	
	B.旋喷桩	m	
	C.水泥搅拌桩	m	
	D.水泥土挤密桩	m	
	⑥灌注桩及方(管)桩	元	
	A.钻孔桩	m	
	B.挖孔桩	m	
	C.钢筋混凝土方桩	圬工方	
	D.钢筋混凝土管桩	m	包括预应力混凝土管桩
	E.钢管桩	m	
	⑦桥涵	m	
	A.涵洞	横延米	含钢筋网
	B.小桥	延长米	
	C.中桥	延长米	
	⑧其他处理方式	元	
	A.锚杆	m	
	B.预应力锚索	m	
	C.防排水	m	
	(4)洞口绿化	m²	
	(5)弃渣场处理	元	
	①干砌石	m³	
	②浆砌石	圬工方	
	③(钢筋)混凝土	圬工方	
	④其他	元	
	(6)相关工程	元	
	①隧道照明	元	含隧道通风配电、配电监控
	②永久通风与空调系统	元	
	③消防级管路工程	元	

续上表

章别节号	工程及费用名称	单位	内 容
	④其他	元	
	(7)隧道涌水处理	元	
	(8)其他附属工程	元	
	Ⅱ.安装工程费	元	
	Ⅲ.设备工器具费	元	
	(二)×××隧道	延长米	
	细目同〈(一)×××隧道〉		
	……		
	二、3km<L≤4km 的隧道(××座)	延长米	
	细目同(一、L>4km 的隧道)		
	三、2km<L≤4km 的隧道(××座)	延长米	
	细目同(一、L>4km 的隧道)		
	四、1km<L≤2km 的隧道(××座)	延长米	
	细目同(一、L>4km 的隧道)		
	五、L≤1km 的隧道(××座)	延长米	
	细目同(一、L>4km 的隧道)		
	乙、改建(××座)	延长米	
	Ⅰ.建筑工程费	元	
	一、开挖	m³	
	二、衬砌	圬工方	
	(一)混凝土	圬工方	
	(二)钢筋	t	
	三、支护	延长米	
	(一)喷射混凝土	圬工方	
	(二)喷射钢纤维混凝土	圬工方	
	(三)钢筋网	t	
	(四)锚杆	m	
	(五)钢支撑	t	
	四、圬工凿除	m³	
	(一)浆砌石	m³	
	(二)混凝土	m³	
	(三)钢筋混凝土	m³	
	五、衬砌背后压浆	m³	
	六、漏水处理	m	
	七、洞门	圬工方	
	八、隧道附属工程	元	
	细目参照〈(一)的隧道〉"附属工程"		

续上表

章别节号	工程及费用名称	单位	内 容
	Ⅱ.安装工程费	元	
	Ⅲ.设备购置费	元	
0411	明洞	延长米	
	甲、新建(××座)	延长米	
	Ⅰ.建筑工程费	延长米	
	一、明洞(××座)	延长米	
	(一)开挖	m³	
	(二)衬砌	圬工方	
	(三)拱顶回填	m³	
	(四)洞门	圬工方	
	(五)明洞附属工程	延长米	
	细目参照〈(一)的隧道〉"附属工程"		
	二、棚洞(××座)	延长米	
	细目同一、明洞	延长米	
	乙、改建(××座)	延长米	
	Ⅰ.建筑工程费	元	
	一、开挖	m³	
	二、衬砌	圬工方	
	三、圬工凿除	m³	
	(一)浆砌石	m³	
	(二)混凝土	m³	
	(三)钢筋混凝土	m³	
	四、衬砌背后压浆	m³	
	五、漏水处理	m	
	六、洞门	圬工方	
	七、棚洞附属工程	元	
	细目参照〈(一)的隧道〉"附属工程"		
	Ⅱ.安装工程费	元	
	Ⅲ.设备购置费	元	
五	轨道	正线公里	
0512	正线	铺轨 km	
	甲、新建	铺轨 km	
	Ⅰ.建筑工程	铺轨 km	
	一、铺新轨	铺轨公里	包括铺轨、铺枕、安装防爬支撑、防爬器、调节器、轨距杆、轨撑等。按铺标准轨和钢轨分列

续上表

章别节号	工程及费用名称	单位	内　　容
	(一)木枕	铺轨公里	按轨型分列
	(二)钢筋混凝土枕	铺轨公里	按轨型、枕型分列
	(三)钢筋混凝土桥枕	铺轨公里	按轨型、枕型分列
	(四)钢筋混凝土宽枕	铺轨公里	按轨型分列
	(五)无砟道床地段铺轨	铺轨公里	按轨型分列、无砟轨道类型分列
	(六)无枕地段铺轨	铺轨公里	按轨型分列
	(七)过渡段铺轨	铺轨公里	按轨型分列。含无砟道床与粒料道床过渡段的有砟部分铺设的轨枕
	二、铺旧轨	铺轨公里	包括铺轨、铺枕、安装防爬支撑、防爬器、调节器、轨距杆、轨撑等。按铺标准轨和钢轨分列
	细目同〈一、铺新轨〉	铺轨公里	按轨型分列
	三、铺道床	铺轨公里	
	(一)粒料道床	m³	不含混凝土宽枕地段粒料道床
	1.面砟	m³	
	2.底砟	m³	
	3.减震橡胶垫层	m²	
	(二)无砟道床	m	
	1.路基地段无砟道床	m	按道床结构类型分列
	2.桥梁地段无砟道床	m	按道床结构类型分列
	3.隧道地段无砟道床	m	按道床结构类型分列
	4.道岔地段无砟道床	组	按轨型、岔型、枕型、速度分列
	5.端刺、摩擦板地段无砟道床	铺轨公里	
	(三)道床过渡段	m	不含无砟道床与粒料道床过渡段的有砟部分铺设的轨枕
	(四)混凝土宽枕道床	m³	
	1.面层	m³	
	(1)碎石道床	m³	
	(2)沥青碎石	m³	
	2.底砟	m³	
	乙、改建	元	
	Ⅰ.建筑工程费	元	
	一、线路	km	
	(一)拆除	km	
	(二)重铺	km	
	1.标准轨	km	按轨型、枕型分列
	2.长钢轨	km	按轨型、枕型分列

续上表

章别节号	工程及费用名称	单位	内 容
	(三)起落道	km	
	(四)拨移线路	km	
	(五)换轨	km	
	1.标准轨	km	按轨型分列
	2.长钢轨	km	按轨型分列
	(六)换轨	km	
	1.抽换轨枕	km	按枕型分列
	2.整段更换	km	按枕型分列
	(七)无缝线路应力放散	km	
	(八)无缝线路锁定	km	
	二、道床	元	
	(一)粒料道床	m³	
	1.清筛道砟	m³	
	2.补充道砟	m³	
	(二)无砟道床	m	
0513	站线	铺轨公里	站场中的正线应列入12节。本节包括通往机务段、车辆段、动车段、材料厂的线路(不包括厂房、库房内的铺轨)以及三角线、回转线、套线、安全线、避难线、厂库线、石渣场、牵引变电所、供电段专用线等
	甲、新建	铺轨公里	
	Ⅰ.建筑工程费	元	
	一、铺新轨	铺轨公里	内容同正线铺轨。按铺设标准轨、长钢轨和异形轨分列
	细目同〈正线〉"一、铺新轨"	铺轨公里	按轨型分列
	二、铺旧轨	铺轨公里	包括铺轨、铺枕、安装防爬支撑、防爬器、调节器、轨距杆、轨撑等。按铺标准轨和钢轨分列
	细目同〈正线〉"一、铺新轨"	铺轨公里	按轨型分列
	三、铺新岔	组	包括铺岔、铺岔枕、无缝线路接头焊接、胶接绝缘接头及安装防爬支撑、防爬器、轨距杆、转辙器等
	(一)单开道岔	组	
	1.有砟道床铺道岔	组	按轨型、岔型、枕型、速度分列
	2.无砟道床铺道岔	组	按轨型、岔型、枕型、速度分列
	(二)特种道岔	组	
	1.有砟道床铺道岔	组	按轨型、岔型、枕型、速度分列
	2.无砟道床铺道岔	组	按轨型、岔型、枕型、速度分列

续上表

章别节号	工程及费用名称	单位	内　　容
	四、铺旧岔	组	包括铺岔、铺岔枕、无缝线路接头焊接、胶接绝缘接头及安装防爬支撑、防爬器、轨距杆、转辙器等
	（一）单开道岔	组	按轨型、岔型、枕型、速度分列
	（二）特种道岔	组	按轨型、岔型、枕型、速度分列
	五、铺道床	m³	
	（一）粒料道床	m³	不含混凝土宽枕地段粒料道床
	1.面砟	m³	
	2.底砟	m³	
	3.减震橡胶垫层	m²	
	（二）无砟道床	m	
	1.路基地段无砟道床	m	按道床结构类型分列
	2.桥梁地段无砟道床	m	按道床结构类型分列
	3.隧道地段无砟道床	m	按道床结构类型分列
	4.道岔地段无砟道床	m	按轨型、岔型、枕型、速度分列
	（1）单开道岔	组	
	（2）特种道岔	组	
	（三）混凝土宽枕道床	m³	
	1.面层	m³	
	（1）碎石道床	m³	
	（2）沥青碎石	m³	
	2.底砟	m³	
	乙、改建	元	
	Ⅰ.建筑工程	km	
	一、线路	km	
	细目同〈正线改造〉"一、线路"	km	
	二、道岔	组	
	（一）拆除	组	
	1.单开道岔	组	按轨型、岔型、枕型、速度分列
	2.特种道岔	组	按轨型、岔型、枕型、速度分列
	（二）重铺	组	
	1.单开道岔	组	按轨型、岔型、枕型、速度分列
	2.特种道岔	组	按轨型、岔型、枕型、速度分列
	（三）起落道岔	组	
	1.单开道岔	组	按轨型、岔型、枕型、速度分列
	2.特种道岔	组	按轨型、岔型、枕型、速度分列
	（四）拨移道岔	组	

续上表

章别节号	工程及费用名称	单位	内　　容
	1. 单开道岔	组	按轨型、岔型、枕型、速度分列
	2. 特种道岔	组	按轨型、岔型、枕型、速度分列
	三、道床	km	
	细目同〈正线改造〉"二、道床"	m	
0514	线路有关工程	正线公里	
	Ⅰ. 建筑工程费	元	
	一、附属工程	元	包括站内和区间的平交道口铺砌（不包括平交道土石方和路面）、平交道口护轮轨及防护设施；车挡、各种线路、信号标志（标牌），板道器、钢轨脱鞋器
	二、线路备料	正线公里	
	1. 道岔备料	组	
	2. 轨道备料	元	
	三、CPⅢ测设	正线公里	
六	通信、信号及信息	正线公里	
0615	通信	正线公里	
	一、通信线路	km	包括干线、地区与站场线路等
	Ⅰ. 建筑工程费	元	
	（一）长途干线光缆	km	
	1. 光缆沟	沟公里	
	2. 敷设光缆	条公里	
	3. 光缆接续与测试	元	
	4. 光缆防护	条公里	
	5. 备用光缆	条公里	
	（二）长途干线电缆	km	
	1. 电缆沟	沟公里	
	2. 敷设电缆	条公里	
	3. 电缆接续与测试	元	
	4. 电缆防护	条公里	
	5. 备用电缆	条公里	
	（三）地区及站场光、电缆	km	
	1. 光、电缆沟	沟公里	
	2. 光、电缆管道	km	
	3. 光、电缆槽道	m	
	4. 敷设光、电缆	条公里	
	（1）敷设光缆	条公里	
	（2）敷设电缆	条公里	

续上表

章别节号	工程及费用名称	单位	内　　容
	5.光电缆接续与测试		
	(1)光缆接续		
	(2)电缆接续		
	(3)光电缆测试		
	6.光、电缆防护	元	
	7.备用光、电缆	条公里	
	(1)备用光缆	条公里	
	(2)备用电缆	条公里	
	二、传输及接入网	系统	
	Ⅱ.安装工程费	元	
	Ⅲ.设备购置费	元	
	三、数据通信	系统	
	Ⅱ.安装工程费	元	
	Ⅲ.设备购置费	元	
	四、电话交换	系统	
	Ⅱ.安装工程费	元	
	Ⅲ.设备购置费	元	
	五、专用通信	系统	
	Ⅱ.安装工程费	元	
	Ⅲ.设备购置费	元	
	六、无线通信	系统	
	(一)GSM-R移动通信	系统	
	Ⅰ.建筑工程费	元	
	1.天线铁塔及基础	处	按铁塔处数统计。含地基处理
	2.漏缆架设	km	
	Ⅱ.安装工程费	元	
	Ⅲ.设备购置费	元	
	(二)无线列调	系统	
	Ⅰ.建筑工程费	元	
	1.天线铁塔及基础	处	按铁塔处数统计。含地基处理
	2.漏缆架设	km	
	Ⅱ.安装工程费	元	
	Ⅲ.设备购置费	元	
	(三)站场无线通信	系统	
	Ⅰ.建筑工程费	元	
	Ⅱ.安装工程费	元	

续上表

章别节号	工程及费用名称	单位	内　　容
	Ⅲ.设备购置费	元	
	(四)其他无线通信	系统	
	Ⅰ.建筑工程费	元	
	Ⅱ.安装工程费	元	
	Ⅲ.设备购置费	元	
	七、会议电视	系统	
	Ⅱ.安装工程费	元	
	Ⅲ.设备购置费	元	
	八、综合视频监测	系统	
	Ⅱ.安装工程费	元	
	Ⅲ.设备购置费	元	
	九、应急通信	系统	
	Ⅱ.安装工程费	元	
	Ⅲ.设备购置费	元	
	十、布线工程	元	
	Ⅱ.安装工程费	元	
	Ⅲ.设备购置费	元	
	十一、数字同步及时间分配	系统	
	Ⅱ.安装工程费	元	
	Ⅲ.设备购置费	元	
	十二、通信电源设备及防雷接地装置	系统	
	Ⅰ.建筑工程费	元	
	Ⅱ.安装工程费	元	
	Ⅲ.设备购置费	元	
	十三、列尾装置	元	
	Ⅰ.建筑工程费	元	
	Ⅱ.安装工程费	元	
	Ⅲ.设备购置费	元	
	十四、其他通信	元	
	Ⅰ.建筑工程费	元	
	Ⅱ.安装工程费	元	
	Ⅲ.设备购置费	元	
0616	信号	正线公里	
	一、运输调度指挥系统	正线公里	
	(一)列车调度指挥(TDCS)	正线公里	
	Ⅰ.建筑工程费	元	

续上表

章别节号	工程及费用名称	单位	内　容
	Ⅱ.安装工程费	元	
	Ⅲ.设备购置费	元	
	(二)调度集中(CTC)		
	Ⅰ.建筑工程费	元	
	Ⅱ.安装工程费	元	
	Ⅲ.设备购置费	元	
	二、闭塞系统	正线公里	
	(一)自动闭塞	正线公里	包括道床电阻测试
	Ⅰ.建筑工程费	元	
	1.电缆沟	沟公里	
	2.电缆槽道	m	
	3.敷设电缆	条公里	
	4.电缆防护	元	
	5.敷设贯通接地铜缆	条公里	
	6.设备基础	处	指与设备购置费对应的设备基础
	Ⅱ.安装工程费	元	
	Ⅲ.设备购置费	元	
	(二)自动站间闭塞	每一方向	
	Ⅰ.建筑工程费	元	
	细目同(一)自动闭塞		
	Ⅱ.安装工程费	元	
	Ⅲ.设备购置费	元	
	(三)半自动闭塞	组	
	Ⅰ.建筑工程费	元	
	细目同(一)自动闭塞		
	Ⅱ.安装工程费	元	
	Ⅲ.设备购置费	元	
	三、列车运行控制系统	元	
	Ⅰ.建筑工程费	元	
	Ⅱ.安装工程费	元	
	Ⅲ.设备购置费	元	
	四、联锁系统	联锁道岔	
	(一)电气集中联锁	联锁道岔	
	Ⅰ.建筑工程费	元	
	细目同(一)自动闭塞		
	Ⅱ.安装工程费	元	

续上表

章别节号	工程及费用名称	单位	内容
	Ⅲ.设备购置费	元	
	(二)计算机联锁		
	Ⅰ.建筑工程费	元	
	细目同(一)自动闭塞		
	Ⅱ.安装工程费	元	
	Ⅲ.设备购置费	元	
	五、驼峰信号	场	
	(一)驼峰控制系统	场	
	Ⅰ.建筑工程费	元	
	1.进路控制	场	
	细目同(一)自动闭塞		
	2.进路及速度控制	场	
	细目同(一)自动闭塞		
	Ⅱ.安装工程费	元	
	1.进路控制	股道	
	2.进路及速度控制	股道	
	Ⅲ.设备购置费	元	
	(二)减速器	股道	
	Ⅰ.建筑工程费	元	
	Ⅱ.安装工程费	元	
	Ⅲ.设备购置费	元	
	(三)可控停车系统	股道	
	Ⅰ.建筑工程费	元	
	细目同(一)自动闭塞		
	Ⅱ.安装工程费	元	
	Ⅲ.设备购置费	元	
	(四)机车遥控和机车信号	场	
	Ⅰ.建筑工程费	元	
	细目同(一)自动闭塞		
	Ⅱ.安装工程费	元	
	Ⅲ.设备购置费	元	
	(五)驼峰机械	处	
	Ⅰ.建筑工程费	元	
	1.空压站	处	包括设备基础及室内管道
	2.液压站	处	包括设备基础及室内管道
	3.室外空压管道	处	

续上表

章别节号	工程及费用名称	单位	内容
	4.室外液压管道	处	
	5.减速器维修工区	处	
	Ⅱ.安装工程费	元	
	1.空压站	处	
	2.液压站	处	
	3.减速器维修工区	处	
	Ⅲ.设备购置费	元	
	六、其他信号设备	处	
	(一)道岔融雪	联锁道岔	
	Ⅰ.建筑工程费	元	
	Ⅱ.安装工程费	元	
	Ⅲ.设备购置费	元	
	(二)无线调车机车信号及监控装置	元	
	Ⅰ.建筑工程费	元	
	Ⅱ.安装工程费	元	
	Ⅲ.设备购置费	元	
	(三)道口信号	处	
	Ⅰ.建筑工程费	元	
	Ⅱ.安装工程费	元	
	Ⅲ.设备购置费	元	
	(四)信号设备雷电防护及接地		
	1.综合接地	元	指综合接地贯通地线及信号接地工程内容,其他各专业的综合接地工程内容列在各专业章节
	Ⅰ.建筑工程费	元	
	Ⅱ.安装工程费	元	
	2.信号设备雷电防护及接地	元	信号设备建筑物屋顶避雷带、避雷网、引下线、预留的接地端子板、机房屏蔽、基础接地体、环形接地装置及其与室内接地汇集线的连接线,列入房屋章节
	Ⅰ.建筑工程费	元	
	Ⅱ.安装工程费	元	
	Ⅲ.设备购置费	元	
	(五)机车信号检修测试所	处	指工区的机车信号检修、测试所
	Ⅰ.建筑工程费	元	
	Ⅱ.安装工程费	元	
	Ⅲ.设备购置费	元	
	(六)信号集中检测	元	

续上表

章别节号	工程及费用名称	单位	内　　容
	Ⅰ.建筑工程费	元	
	Ⅱ.安装工程费	元	
	Ⅲ.设备购置费	元	
	(七)编组站自动化系统	处	
	Ⅰ.建筑工程费	元	
	Ⅱ.安装工程费	元	
	Ⅲ.设备购置费	元	
	(八)其他设备及工器具	元	
	Ⅰ.建筑工程费	元	
	Ⅱ.安装工程费	元	
	Ⅲ.设备购置费	元	
	七、拆除	元	
	Ⅰ.建筑工程费	元	
0617	信息	正线公里	
	一、公共基础平台	元	
	(一)计算机网络	元	
	Ⅰ.建筑工程费	元	指局域网室外光电缆及楼宇布线
	1.光、电缆沟	沟公里	
	2.光、电缆管道	km	
	3.光、电缆槽道	m	
	4.敷设光、电缆	条公里	
	(1)敷设光缆	条公里	
	(2)敷设电缆	条公里	
	5.光、电缆保护及防护	元	
	6.备用光、电缆	条公里	
	(1)备用光、电缆	条公里	
	(2)备用光、电缆	条公里	
	Ⅱ.安装工程费	元	指局域网网络设备及广域网接入设备安装
	Ⅲ.设备购置费	元	
	(二)计算机网络与信息安全	元	
	Ⅱ.安装工程费	元	
	Ⅲ.设备购置费	元	
	(三)信息共存	元	
	Ⅱ.安装工程费	元	
	Ⅲ.设备购置费	元	
	(四)公共基础信息	元	包括公共基础编码平台和铁路空间信息平台

续上表

章别节号	工程及费用名称	单位	内　　容
	Ⅱ.安装工程费	元	
	Ⅲ.设备购置费	元	
	(五)铁路门户	元	
	Ⅱ.安装工程费	元	
	Ⅲ.设备购置费	元	
	(六)设备防雷及接地	元	
	Ⅱ.安装工程费	元	
	Ⅲ.设备购置费	元	
	二、应用系统	元	包括计算机设备购置与安装。不包括网络布线
	(一)车站旅客服务系统	系统	包括综合显示系统、客运系统、信息查询及求助系统、入侵报警系统、旅客携带物品安全检查设施、时钟系统
	Ⅰ.建筑工程费	元	
	Ⅱ.安装工程费	元	
	Ⅲ.设备购置费	元	
	(二)客票系统	系统	
	Ⅰ.建筑工程费	元	
	Ⅱ.安装工程费	元	
	Ⅲ.设备购置费	元	
	(三)其他信息系统	系统	
	Ⅰ.建筑工程费	元	
	Ⅱ.安装工程费	元	
	Ⅲ.设备购置费	元	
0618	灾害监测	正线	
	一、公共基础平台	元	包括铁路中心系统设备：信息处理平台、监控终端、网络及安全设备、维护管理设备、时钟同步设备
	Ⅰ.建筑工程费	元	
	Ⅱ.安装工程费	元	
	Ⅲ.设备购置费	元	
	二、应用系统	元	包括风监测、雨监测、雪监测、异物侵线监控等
	Ⅰ.建筑工程费	元	
	Ⅱ.安装工程费	元	
	Ⅲ.设备购置费	元	
	三、设备防雷及接地	元	
	Ⅰ.建筑工程费	元	
	Ⅱ.安装工程费	元	

续上表

章别节号	工程及费用名称	单位	内容
	Ⅲ.设备购置费	元	
	四、其他设备及工器具	元	指备品、备件、维修用仪器仪表
	Ⅰ.建筑工程费	元	
	Ⅱ.安装工程费	元	
	Ⅲ.设备购置费	元	
七	电力及电力牵引供电	正线公里	
0719	电力	正线公里	
	一、供电线路	正线公里	
	Ⅰ.建筑工程费	正线公里	
	(一)高压架空线路	km	
	(二)低压与高压合架线路	km	
	(三)低压架空线路	km	
	(四)高压干线电缆线路	km	
	(五)高压站场电缆线路	km	
	(六)高压桥隧电缆线路	km	
	(七)低压电缆线路	km	
	(八)低压控制电缆线路	km	
	(九)电源线路	km	
	1.电源架空线路	km	
	2.电源电缆线路	km	
	Ⅱ.安装工程费	元	
	Ⅲ.设备工器具费	元	
	二、电源设备	正线公里	
	(一)高压变电所、站	座	
	Ⅰ.建筑工程费	元	
	Ⅱ.安装工程费	元	
	Ⅲ.设备购置费	元	
	(二)底压变电所、站	座	
	Ⅰ.建筑工程费	元	
	Ⅱ.安装工程费	元	
	Ⅲ.设备购置费	元	
	(三)配电所	座	
	Ⅰ.建筑工程费	元	
	Ⅱ.安装工程费	元	
	Ⅲ.设备购置费	元	
	(四)杆架式变电台	座	

续上表

章别节号	工程及费用名称	单位	内　　容
	Ⅰ.建筑工程费	元	
	Ⅱ.安装工程费	元	
	Ⅲ.设备购置费	元	
	(五)箱式变电站	座	
	Ⅰ.建筑工程费	元	
	Ⅱ.安装工程费	元	
	Ⅲ.设备购置费	元	
	(六)发电站	座	包括光伏及柴油发电站
	Ⅰ.建筑工程费	元	
	Ⅱ.安装工程费	元	
	Ⅲ.设备购置费	元	
	三、其他电力	座	
	(一)站场照明		
	Ⅰ.建筑工程费	元	
	(一)灯塔及基础	座	
	(二)灯桥及基础	座	
	(三)灯柱及基础	座	
	Ⅱ.安装工程费	元	
	Ⅲ.设备购置费	元	
	(二)动力	kW	
	Ⅰ.建筑工程费	元	
	Ⅱ.安装工程费	元	
	Ⅲ.设备购置费	元	
	(三)防雷及接地	元	
	Ⅰ.建筑工程费	元	
	Ⅱ.安装工程费	元	
	Ⅲ.设备购置费	元	
	四、电力远动力及综合自动化	系统	
	(一)电力远动力系统	系统	
	Ⅰ.建筑工程费	元	
	Ⅱ.安装工程费	元	
	Ⅲ.设备购置费	元	
	(二)综合自动化	系统	
	1.机电设备监控系统(BAS)	系统	
	Ⅰ.建筑工程费	元	
	Ⅱ.安装工程费	元	

续上表

章别节号	工程及费用名称	单位	内 容
	Ⅲ.设备购置费	元	
	2.火灾自动报警系统	系统	
	Ⅰ.建筑工程费	元	
	Ⅱ.安装工程费	元	
	Ⅲ.设备购置费	元	
	五、附属工程	正线公里	
	(一)电缆穿越保护	元	指电缆穿过股道、通道(道口、涵洞、水沟)、桥梁、隧道等时需对电缆进行保护
	(二)拆除	元	
0720	电力牵引供电	正线公里	
	一、接触网	正线公里	
	Ⅰ.建筑工程费	正线公里	
	(一)接触悬挂导线	条公里	
	1.立柱	根	
	2.支柱下部	处	
	3.支柱悬挂装配	处	
	4.隧道装配	处	
	5.硬横跨	处	
	6.软横跨	处	
	7.下锚装配	组	
	8.刚性悬挂	条公里	
	9.架线	条公里	
	(二)供电线	条公里	
	1.合架供电线	条公里	
	2.独立架空供电线路	条公里	
	3.高压电缆供电线路	条公里	
	(三)加强线	条公里	
	(四)回流线	条公里	
	1.合架回流线	条公里	
	2.独架回流线	条公里	
	(五)正馈线和保护线架空地线	条公里	
	1.正馈线	条公里	
	2.保护线	条公里	

续上表

章别节号	工程及费用名称	单位	内容
	(六)架空地线	条公里	
	(七)附属工程	元	
	1.电缆穿越保护		指电缆穿过股道、通道(道口、涵洞、水沟)、桥梁、隧道等时需对电缆进行保护
	2.拆除	元	
	(1)支柱及基础	根	
	(2)接触导线	条公里	
	(3)附加导线	条公里	
	(4)设备	元	
	3.其他	元	防护、标志牌安装、系统检测
	Ⅱ.安装工程费	元	
	Ⅲ.设备工器具费	元	
	二、牵引变电	正线公里	
	(一)牵引变电所	处	
	Ⅰ.建筑工程费	元	
	Ⅱ.安装工程费	元	
	Ⅲ.设备购置费	元	
	(二)分区所	处	
	Ⅰ.建筑工程费	元	
	Ⅱ.安装工程费	元	
	Ⅲ.设备购置费	元	
	(三)开闭所	处	
	Ⅰ.建筑工程费	元	
	Ⅱ.安装工程费	元	
	Ⅲ.设备购置费	元	
	(四)自耦所	处	
	Ⅰ.建筑工程费	元	
	Ⅱ.安装工程费	元	
	Ⅲ.设备购置费	元	
	(五)电力调度所	处	
	Ⅰ.建筑工程费	元	
	Ⅱ.安装工程费	元	
	Ⅲ.设备购置费	元	
	(六)网上开关站	处	
	Ⅰ.建筑工程费	元	
	Ⅱ.安装工程费	元	

续上表

章别节号	工程及费用名称	单位	内容
	Ⅲ.设备购置费	元	
	(七)电力系统直采直送	处	
	Ⅰ.建筑工程费	元	
	Ⅱ.安装工程费	元	
	Ⅲ.设备购置费	元	
	三、供电段	处	
	Ⅰ.建筑工程费	元	
	Ⅱ.安装工程费	元	
	Ⅲ.设备购置费	元	
八	房屋	正线公里	
0821	旅客站房	m²	
	一、站房工程	m²	含站房综合楼
	Ⅰ.建筑工程费	m²	
	(一)土建工程	m²	
	1.基础工程	m²	
	(1)基坑	m²	
	(2)地基	m²	
	(3)地基处理	m²	
	2.结构工程	m²	
	(1)地下结构	m²	
	(2)地上结构	m²	
	(3)屋面结构	m²	
	(二)建筑装饰工程	m²	
	(1)内装修	m²	
	(2)外装修	m²	
	(三)室外附属工程	m²	
	(1)土石方	m²	
	(2)旅客活动室外铺面	m²	
	(3)挡墙	m²	
	(4)道路	m²	
	(5)硬化面	m²	
	(6)绿化	m²	
	(7)伸缩门	樘	
	(8)其他	元	
	(四)机电设备工程	m²	
	(1)变配电及照明	m²	

续上表

章别节号	工程及费用名称	单位	内容
	(2)给排水、采暖及消防	m²	含燃气管道
	(3)通风空调	m²	
	(4)静态标识	m²	
	(5)火灾自动报警	m²	
	(6)设备监控	m²	
	(7)电梯	m²	含自动扶梯、自动步行道、轮椅升降台、垂直升降电梯
	Ⅱ.安装工程费	元	
	Ⅲ.设备购置费	元	
	二、车道及落客平台	m²	
	Ⅰ.建筑工程费	元	
	Ⅱ.安装工程费	元	
	Ⅲ.设备购置费	元	
	Ⅰ.建筑工程费	m²	
0822	其他房屋	m²	
	一、生产及办公房屋	m²	包括室内工程：库内线、检查坑、落轮坑、吊车轨道、地沟等
	Ⅰ.建筑工程费	m²	
	(一)客货运房屋	m²	
	1.客运房屋	m²	包括为客运服务的附属房屋
	2.货运和装卸房屋	m²	1.货运房屋包括货运办公室、货运营业厅、货运车间、外勤货运员、汽车(轨道)衡检室、综合检测监等办公生产及附属房屋。 2.装卸房屋包括货场办公室、装卸工休息室、工料机具室、叉车保养间、装卸机具库、托盘修理间、掏装箱库、集装箱检修车间及检修棚、装卸机具修理间、集装箱换装库、货物仓库、燃油库、危险品库、点名(学习)室等办公生产及附属房屋
	(1)货运综合楼	m²	列入货运综合楼的各类房屋均列入本项下
	(2)其他货运和装卸房屋	m²	
	3.车站运转房屋	m²	包括车站车站值班室、外勤行车室、扳道房、道岔清扫房、站内道口看守房、站(货)调楼、车号室、调车区长室、峰尾集中楼、作业员室、调车组休息室、驼峰集中楼、峰顶作业(提钩员)室、拉风作业员室、制动员(连接员)室、铁鞋存放室、闸楼、列尾值班员室、列尾作业员室、列尾装置室、电池充电器室、车间点名班室(交接班室、学习室)、更衣室、间休室、设备工具室存放室、维修室、海关(边防)商检室、检疫室等办公生产及附属房室

续上表

章别节号	工程及费用名称	单位	内容
	(二)运转综合楼	m²	列入运转综合楼的各类房屋列入本项
	(三)其他生产房屋	m²	未列入运转综合楼的房屋编列
	1.通信房屋	m²	1.包括通信机械室、电源室、电池室、网管室、休息室、监控室、引入室、备件及仪器仪表室、备用发电机房、储油房及备用机房、联合机械室等办公生产及附属房室 2.通信段检修房屋包括网管、技术支持、调度指挥、备料库(棚)等办公生产及附属房室 3.通信车间检修房屋包括值班室、监控室、技术支持用房、计量室、材料棚(库)等生产及附属房室 4.通信工区检修房屋包括值班室、作业间、更衣室、材料库等生产及附属房室
	2.信号房屋	m²	1.电务段房屋包括电务调度指挥及数据分析用房(包括电务信息管理系统设备、信号集中监测、车载数据分析等)、计量室(包括仪器仪表测试、检修、修理)、电务试验室、材料库等办公生产及附属房屋。 2.信号检修包括信号车间、专业车间、信号工区、检修测试工区等生产及附属房屋。其中专业车间包括信号检修车间、电子设备车间、车载设备车间(包括列出自动防护、机车信号、列车运行监控记录装置等)、驼峰车间等。 3.信号设备房屋包括车站信号机械室及电缆引入室,区间中继站信号机械室或箱式机房,调度集中/列车调度指挥中心机房及设备监控室、无线闭塞中心机房及设备监控室、道口信号机械室、驼峰信号机械室(包括机房)、驼峰动力室等办公生产及附属房屋。其中,信号机械室包括信号设备机房、继电器室和电源室、防雷分线室等
	3.信息房屋	m²	包括信息设备房屋、信息维修房、值班室、备品备件室等办公生产及附属房屋。其中,信息设备房屋包括信息机房、综合监控室、消防控制室、机电设备监控室、电源室、信息配线间、设备间等
	4.防灾安全监控房室	m²	包括公安管理机房、防灾安全监控机房等办公生产及附属房屋
	5.电力房屋	m²	包括电力检修车间、电力工区、变电所、配电所、备用柴油发电机间、配电间、控制室、管线间等办公生产及附属房屋
	6.电力牵引变供电房屋	m²	包括供电段检修车间、绝缘油库、储油间、材料库、接触网作业检修车库、供电车间、接触网工区、梯车库、接触网存放车库、牵引变电所、开闭所、分区所、自耦变压器等办公、生产及附属房屋。接触网工区包括梯车库、检修间、材料间、工具间、值班室、接触网作业车、平板车存放车库、夜间值班室、电力牵引调度所等

续上表

章别节号	工程及费用名称	单位	内容
	7.给排水房屋	m²	包括给水厂、给水加压站、消防泵、客车给水和卸污中心集中监控室、客车给水和卸污间休室、站房直饮水处理站、消毒间、污水处理厂(站)、真空站、排水泵站房屋等办公生产及附属房屋
	8.机务房屋	m²	
	(1)机务检修库	m²	为检修机车而设置的生产车间
	(2)机务其他房屋	m²	包括乘务员候班公寓和待乘室、救援设施房屋,机车监控设施维修车间、设备维修车间、动力设施房屋、材料库及备品库,机车调度室、驻段验收室,机务折返段、机务换乘所,机车油库及卸、发油房屋,汽车库等办公生产及附属房屋
	9.房屋	m²	
	(1)车辆检修库	m²	为修理车辆而设置的生产车间
	(2)车辆其他房屋	m²	包括客、货车辆段设备维修间、动力设施、配件及材料库、汽车库、客车技术整备所、站修作业场、旅客列车检修所、货物列车检修作业场、洗罐所、车辆安全防范预警系统与车号自动识别系统等办公生产及其他附属房屋
	10.工务房屋	m²	1.工务段(桥工段)包括生产调度指挥中心、数据分析中心(监控车间)、计量检测中心、材料库、轨道车库、油料库、旧轨料存放基地等办公生产及附属房屋。 2.客货共线铁路车间包括记工员室、技术室、值班室、多功能室(兼会议、学习室)和油料间、材料室等办公生产及其他附属房屋。 高速、客运专线铁路车间除包括客货共线铁路车间生产房屋外,还包括机械室、工具室、修配室、仪器室、轨道车库房屋等。 3.客货共线铁路工区包括值班室、工区巡道室、学习室(兼活动室)、油料间、机具房、材料房等办公生产及附属房屋。 高速、客运专线铁路工区除包括客货共线铁路工区生产房屋外,还包括轨道车库及其他设备检修等生产及附属房屋。 4.客运专线铁路抢修点抢修料具室等办公生产及其他附属房屋。 5.线路所值班室及抢修料具室等办公生产及其他附属房屋。 6.枢纽站、动车段站线维修点(工区)等办公生产及其他附属房屋。 7.综合机修车间。 8.看守房、隧道通风设备、隧道排水泵站房屋等。 9.苗圃、道砟场等办公生产及附属房屋

续上表

章别节号	工程及费用名称	单位	内容
	11.屋	m²	
	(1)动车检修库	m²	包括检查库、修车库、不落轮镟轮库等办公生产房屋
	(2)动车其他房屋	m²	包括动车司机和随车机械师候班公寓和待乘室、动车段设备维修车间、动力设备用房、材料库(棚)及备品库,调度中心、驻段验收室、动车运用所和存车场房屋,动车段(所)信号楼、汽车库等办公、生产及附属房屋
	12.其他房屋	m²	包括采暖通风与空气调节及消防设备用房、房产建筑用房、公安、卫生防疫等办公、生产及附属房屋
	(四)既有线房屋改造及装修		
	二、生产附属房屋	m²	含房屋基础、地基处理
	Ⅰ.建筑工程费	元	
	(一)居住房屋	m²	包括住宅、单身宿舍、乘务员公寓等房屋
	(二)公共房屋	m²	包括浴室、食堂等房屋
	三、建筑设备	元	包括各类室内给排水、锅炉、饮水炉、卫生洁具、消防、采暖、通风、空调、净化、电力照明等
	(一)给排水、消防	元	
	Ⅰ.建筑工程费	元	
	Ⅱ.安装工程费	元	
	Ⅲ.设备购置费	元	
	(二)采暖	元	
	Ⅰ.建筑工程费	元	
	Ⅱ.安装工程费	元	
	Ⅲ.设备购置费	元	
	(三)通风、空调	元	
	Ⅰ.建筑工程费	元	
	Ⅱ.安装工程费	元	
	Ⅲ.设备购置费	元	
	(四)电力照明	元	
	Ⅰ.建筑工程费	元	
	Ⅱ.安装工程费	元	
	Ⅲ.设备购置费	元	
	(五)其他建筑设备	元	
	Ⅰ.建筑工程费	元	
	Ⅱ.安装工程费	元	
	Ⅲ.设备购置费	元	
	四、房屋附属工程	元	

续上表

章别节号	工程及费用名称	单位	内容
	(一)土石方	m³	
	1.土方	m³	
	2.石方	m³	
	(二)挡土墙及护坡	m³	
	1.干砌石	圬工方	
	2.浆砌石	圬工方	
	3.混凝土	圬工方	
	4.钢筋混凝土	圬工方	
	(三)道路及硬化面	m²	
	1.混凝土路面	m²	
	2.沥青路面	m²	包括沥青贯入式路面、沥青表面处治路面和沥青混凝土路面
	3.泥结碎石路面	m²	
	4.块料铺砌路面	m²	
	5.硬化面	m²	
	(四)围墙	m	含大门
	1.实体围墙	m	
	2.镂空围墙	m	
	3.金属围墙	m	
	(五)热网管道	m	
	1.管道	m	
	2.管沟	m	
	(六)烟囱	座	含室外烟道(以房屋外墙为界),不含附墙烟囱。
	1.砖砌烟囱	座	
	2.(钢筋)混凝土烟囱	座	
	3.钢制烟囱	座	
	(七)绿化(美化)	元	不含取弃土石场处理的绿化
	1.栽植花草、灌木	m²	
	2.栽植乔木	株	
	3.栽植灌木	株	
	4.假山及盆景山	株	
	(八)取弃土(石)场处理	m²	
	1.干砌石	m³	
	2.浆砌石	圬工方	
	3.(钢筋)混凝土	圬工方	
	4.绿化	m²	

续上表

章别节号	工程及费用名称	单位	内容
	5.其他		
	(九)其他		
	1.排水沟		
	2.机务车辆检修沟		
九	其他运营生产设备及建筑物	正线公里	
0923	给排水	正线公里	
	一、给水	正线公里	
	Ⅰ.建筑工程费	元	
	(一)水源	处	包括堤坝修筑、引水设备的护岸及加固、各种井室、坑道等
	1.管井	m	不含附属工程
	2.大口井	座	不含附属工程
	3.集水井	座	不含附属工程
	4.趸船取水	座	不含附属工程
	5.取水口	座	
	6.导水渠	处	
	7.钢筋混凝土水泵井	座	
	8.水平集水管	m	
	9.地表水源附属工程	元	
	(1)土方	m³	
	(2)石方	m³	
	(3)干砌石	m³	
	(4)浆砌石	圬工方	
	(5)混凝土	圬工方	
	(6)钢筋混凝土	圬工方	
	(7)栈桥	m	
	(二)管道	km	按不同管材和管径分列
	1.钢管	m	
	2.铸铁管	m	
	3.聚氯乙烯(UPVC)管	m	
	4.聚乙烯(PE)管	m	
	5.防护涵管	m	
	(三)建筑物	元	
	1.水塔	座	
	2.蓄水池	座	
	3.给水处理构筑物	座	

续上表

章别节号	工程及费用名称	单位	内容
	(1)澄清池	座	
	(2)滤池	座	
	(3)沉淀池	座	
	(4)贮酸(盐、液)池、搅拌池	座	
	4.其他建筑物	元	
	(1)玻璃钢水箱	座	
	Ⅱ.安装工程费	元	
	Ⅲ.设备购置费	元	
	(2)不锈钢水箱	座	
	Ⅱ.安装工程费	元	
	Ⅲ.设备购置费	元	
	二、排水	正线公里	
	Ⅰ.建筑工程费	正线公里	
	(一)管道	km	按不同管材和管径分列
	1.钢筋混凝土管	m	
	2.混凝土管	m	
	3.铸铁管	m	
	4.双壁波纹(HDPE)管	m	
	5.聚氯乙烯(UPVC)管	m	
	6.防护涵管	m	
	(二)排水沟、渠	m	
	(三)其他建筑物	元	
	1.化粪池	座	
	(1)容积<10m³	座	
	(2)容积≥10m³	座	
	2.沉淀池	座	
	3.隔油池	座	
	(1)处理能力<10m³/h	座	
	(2)处理能力≥10m³/h	座	
	4.降温池	座	
	5.污泥干化场	座	
	6.污(雨)水泵站	座	
	7.接触消毒池	座	
	8.氧化沟	座	
	9.SBR处理池	座	
	10.低动力污水处理池	座	

续上表

章别节号	工程及费用名称	单位	内容
	11. 污泥浓缩池	座	
	12. 污泥脱水设施	座	
	13. 人工湿地	处	
	14. 检漏管沟、检漏井		
	Ⅱ. 安装工程费	元	
	Ⅲ. 设备购置费	元	
0924	机务	正线公里	
	一、机务段		
	(一) 整备设备	处	转车盘、清灰、上燃料、给砂、上润滑油、上水、擦洗设备及检查坑
	Ⅰ. 建筑工程费	元	
	1. 燃油库	处	包括卸油栈台、油库、防火堤
	2. 生产车间内的建筑	处	1. 工程范围包括整备场、机油库、燃油泵间、冷却水制备间、干砂间、给砂设备、辅修组(间)、行修组(间)、油脂(水)发放间、化验室、列车运行监控记录装置工作所等。 2. 工程内容包括的设备基础、水池及室内工艺管道
	3. 室外检查坑	座	
	4. 机车外壁清洗装置	处	包括设备基础、水池管道
	5. 受电弓测试装置	处	
	6. 转车盘	处	
	Ⅱ. 安装工程费	元	
	1. 燃油库		
	2. 生产车间		
	3. 转车盘		
	4. 机车外壁清洗装置		
	5. 受电弓测试装置		
	Ⅲ. 设备购置费	元	
	(二) 检修设备	处	包括中修库、小(辅)修库、柴油机间、燃料器械间、过滤器间、冷却器交换间、清洗间、探伤间、电机(轮对)间、转向架轮对间、轴承检测中心、电器间、存轮棚、浸漆干燥间、机床间、制动空气压缩机间、制动间、空气压缩机检修间、仪表间、熔焊间、工具维修(发放)间、木工(油漆)间、库整备间、蓄电池间、水阻试验间、计量室、材料库、棉丝再生间、滤油间、毛线间、挂瓦间、受电弓间、锻工间、喷漆库、教育室、设备(维修)间、汽车库、备品库(间)、空压机间等
	Ⅰ. 建筑工程费	元	包括设备基础、水池及室内工艺管道
	Ⅱ. 安装工程费	元	

续上表

章别节号	工程及费用名称	单位	内容
	Ⅲ.设备购置费	元	
	(三)室外工艺管道	处	
	Ⅰ.建筑工程费	元	
	二、折返段、派驻折返段	处	内容同整修设备
	(一)燃油库	处	包括卸油栈台、油库
	(二)生产车间	处	
	(三)转车盘	处	
	(四)室外检查坑	座	
	(五)室外工艺管道	处	
	Ⅱ.安装工程费	元	
	(一)燃油库	处	
	(二)生产车间	处	
	(三)转车盘	处	
	Ⅲ.设备购置费	元	
	三、整备所	处	
	(一)燃油库	处	包括卸油栈台、油库、防火堤
	(二)生产车间内的建筑	处	
	(三)室外工艺管道	处	
	(四)室外检查坑	座	
	Ⅱ.安装工程费	元	
	(一)燃油库	处	
	(二)生产车间	处	
	Ⅲ.设备购置费	元	
	四、救援列车设备	处	
	Ⅰ.建筑工程费	元	包括设备基础、工艺管道及清洗水池
	Ⅱ.安装工程费	元	
	Ⅲ.设备购置费	元	
0925	车辆	正线公里	
	一、客车段	正线公里	包括修车库、油漆库、门窗修理间、钩缓间水暖间、铁工白铁间、灯具修理间、缝纫间、转向架间、转向架清洗棚、配件加修间、油压减振器间、机械钳工间、轮轴间、存轮棚、制动间、锻工间、设备维修间、工具间、木材干燥室、木工机械间、汽车库、调车库、材料库(棚)、化验室、计量室、空压机间、脱轨器等
	Ⅰ.建筑工程费	元	
	(一)生产车间内的建筑	处	包括设备基础、水池及室内工艺管道
	(二)室外工艺管道	处	

续上表

章别节号	工程及费用名称	单位	内容
	Ⅱ.安装工程费	元	
	Ⅲ.设备购置费	元	
	二、货车段	处	包括修车库、钩缓间、铆焊间、调梁棚(库)、转向架间、转向架清洗棚、配件加修间、轮轴间、存轮棚、锻工间、机械钳工间、设备维修间、制动间、木工机械间、工具间、汽车库、调车库、材料库(棚)、化验室、计量室、空压机间等
	Ⅰ.建筑工程费	元	
	(一)生产车间内建筑		包括设备基础、水池及室内工艺管道
	(二)室外工艺管道	处	
	Ⅱ.安装工程费	元	
	Ⅲ.设备购置费	元	
	三、客车整备所		
	(一)燃油库	处	包括卸油栈台、油库、防火堤
	(二)生产车间内建筑	处	包括燃油泵间、钳工间、锻工间、木工纱窗间、发电机间、电梯间、蓄电池行间、手提灯充电间、电扇间、逆变器轴温报警器间、整备间、制动间、空调客车临修综合检修棚、柴油发电机检修间、空调机组检修间、电器仪表检修间、客车洗刷库、存轮库、化验室、计量室、汽车库、空压机间等
	(三)室外工艺管道	处	
	Ⅱ.安装工程费	元	
	(一)燃油库	处	
	(二)生产车间	处	
	Ⅲ.设备购置费	元	
	四、列车检修所	处	包括油润间、钳工间、充电间、脱轨器、边修线、列检轨道运输小车、列车试验器室
	Ⅰ.建筑工程费	元	
	(一)生产车间内建筑	处	
	(二)室外工艺管道	处	
	Ⅱ.安装工程费	元	
	Ⅲ.设备购置费	元	
	五、站修所	处	包括修车棚、制动间、钳工间、锻工间、配件加修间、木工间、汽车库、空压机间
	Ⅰ.建筑工程费	元	
	(一)生产车间内建筑	处	
	(二)室外工艺管道	处	
	Ⅱ.安装工程费	元	

续上表

章别节号	工程及费用名称	单位	内容
	Ⅲ.设备购置费	元	
	六、洗罐站	处	包括洗罐站、换轮厂等
	Ⅰ.建筑工程费	元	
	Ⅱ.安装工程费	元	
	Ⅲ.设备购置费	元	
	七、换轮厂	处	
	Ⅰ.建筑工程费	元	
	Ⅱ.安装工程费	元	
	Ⅲ.设备购置费	元	
	八、车辆5T及车号自动识别设备	处	
	1.车辆行车安全监控系统	元	包括车辆(ST)的集中监控、预警
	Ⅰ.建筑工程费	元	
	Ⅱ.安装工程费	元	
	Ⅲ.设备购置费	元	
	2.车号自动识别系统	元	包括自动采集车辆相关信息
	Ⅰ.建筑工程费	元	
	Ⅱ.安装工程费	元	
	Ⅲ.设备购置费	元	
0926	动车	正线公里	
	一、动车组检修基地	处	包括检查库、修车库、不落轮镟轮库、车体外皮清洗库、转向架(轮对)间、电机间、电机试验间、清洗间、电气及控制设备间、受电弓间、制动设备间、空调设备间、车内设备间、熔焊间、蓄电池间、计量仪表间、材料库等
	Ⅰ.建筑工程费	元	
	(一)生产车间内的建筑	处	包括设备基础、水池及室内工艺管道
	(二)室外工艺管道	处	
	Ⅱ.安装工程费	元	
	Ⅲ.设备购置费	元	
	二、动车组运用所	处	包括检查库、临修库、不落轮镟轮库、转向架(轮对)存放间、互换电机存放间、电器备品及电子元件存放间、车内设备备品存放间、制动设备备品存放间
	(一)生产车间内的建筑	处	包括设备基础、水池及室内工艺管道
	(二)室外工艺管道	处	
	Ⅱ.安装工程费	元	
	Ⅲ.设备购置费	元	
0927	站场	正线公里	
	一、站场建筑	元	

续上表

章别节号	工程及费用名称	单位	内容
	Ⅰ.建筑工程费	元	
	(一)站台墙	m	
	1.旅客站台墙	m	
	2.货物站台墙	m	
	(二)站台面	m²	
	1.旅客站台面	m²	
	2.货物站台面	m²	
	(三)场地地面	m²	
	1.堆积场地面	m²	
	2.集装箱场地地面	m²	
	(四)通道		
	1.平过道	m²	
	2.地道	m²	
	3.天桥	m²	
	4.上站台阶		
	5.通道照明		
	(五)雨棚	个	
	1.无站台柱雨棚	m²	
	2.有站台柱雨棚检票口	处	
	3.货物雨棚	m²	
	4.雨棚照明		
	(六)其他战场设备		
	1.综合管沟		
	2.站名牌		
	3.检票口		
	Ⅱ.安装工程费	元	
	Ⅲ.设备购置费	元	
	Ⅰ.建筑工程费	元	
	(一)轨道衡	座	
	(二)汽车衡	座	
	(三)货票传输系统	套	
	(四)装卸机械基础及走行轨	单轨公理	
	(五)设备基础		
	1.装卸机械维修所设备基础	处	
	2.集装箱中心站设备基础	处	
	3.行包机械维修所设备基础	处	

续上表

章别节号	工程及费用名称	单位	内容
	4.减速顶及停车器工区	处	
	5.加工机械	套	
	(六)其他站场设施		
	1.垃圾转运站		
	2.减速器工区	处	
	(七)设备基础	处	
	Ⅱ.安装工程费	元	
	Ⅲ.设备购置费	元	
	三、站场附属工程	元	
	Ⅰ.建筑工程费	元	
	(一)围墙	m	
	(二)栅栏	m	包括站台上及站房区域的栅栏
	(三)道路	m²	
	1.混凝土路面	m²	
	(1)面层厚度≤20cm	m²	
	(2)面层厚度>20cm	m²	
	2.沥青路面	m²	
	3.泥结碎石路面	m²	
	(四)硬化面	m²	
	(五)排水管	m	
	(六)排水沟	元	
	1.浆砌石	圬工方	
	2.混凝土	圬工方	
	3.钢筋混凝土	圬工方	
	(七)绿化、美化	元	
	1.栽植花草	m²	
	2.栽植乔木		
	3.栽植灌木	株	
	4.假山、盆景山	处	
	(八)取弃土(石)场处理	元	
	1.干砌石	m³	
	2.浆砌石	圬工方	
	3.混凝土	圬工方	
	4.钢筋混凝土	圬工方	
	5.绿化	元	
	6.其他	元	

续上表

章别节号	工程及费用名称	单位	内容
	Ⅱ.安装工程费	元	
	Ⅲ.设备购置费	元	
0928	工务	正线公里	
	一、石砟场	处	
	Ⅰ.建筑工程费	元	
	Ⅱ.安装工程费	元	
	Ⅲ.设备购置费	元	
	二、苗圃	处	
	Ⅰ.建筑工程费	元	
	Ⅱ.安装工程费	元	
	Ⅲ.设备购置费	元	
	三、其他工务建筑及设备	元	
	(一)综合检测中心	处	
	Ⅰ.建筑工程费	元	
	Ⅱ.安装工程费	元	
	Ⅲ.设备购置费	元	
	(二)大型养路机械段	处	
	Ⅰ.建筑工程费	元	
	Ⅱ.安装工程费	元	
	Ⅲ.设备购置费	元	
	(三)综合维修段	处	
	Ⅰ.建筑工程费	元	
	Ⅱ.安装工程费	元	
	Ⅲ.设备购置费	元	
	(四)综合工区	处	
	Ⅰ.建筑工程费	元	
	Ⅱ.安装工程费	元	
	Ⅲ.设备购置费	元	
	(五)工务修配所	处	
	Ⅰ.建筑工程费	元	
	Ⅱ.安装工程费	元	
	Ⅲ.设备购置费	元	
	四、综合维修通道	元	
	Ⅰ.建筑工程费	元	
	细目同(0101 一、改移道路"(一)等级公路")		

续上表

章别节号	工程及费用名称	单位	内容
0929	其他建筑及设备	正线公里	包括降噪声工程、制加冰所、洗刷消毒所、安全及人防设施等
	一、降噪声工程	元	
	Ⅰ.建筑工程费	元	
	(一)加高围墙	m²	
	(二)隔声墙	m²	
	(三)路基声屏障	m²	
	(四)桥上声屏障	m²	
	二、制加冰所	处	包括机器间、设备间、牵车机间、制冰间、冰库、上冰设备、维修间等
	Ⅰ.建筑工程费	元	
	Ⅱ.安装工程费	元	
	Ⅲ.设备购置费	元	
	三、洗刷消毒所	处	包括机械钳工间、水泵间、冲洗间、药液间
	Ⅰ.建筑工程费	元	
	Ⅱ.安装工程费	元	
	Ⅲ.设备购置费	元	
	四、安全及人防设施	元	
	(一)屏蔽门和安全门		
	Ⅰ.建筑工程费	元	
	Ⅱ.安装工程费	元	
	Ⅲ.设备购置费	元	
	(二)防护(火)门		指隧道等独立设置的,不含应列入房屋建筑部分
	Ⅰ.建筑工程费	元	
	Ⅱ.安装工程费	元	
	Ⅲ.设备购置费	元	
	(三)人防设施		指人防防护、封堵、密闭、隔断等设施
	Ⅰ.建筑工程费	元	
	Ⅱ.安装工程费	元	
	Ⅲ.设备购置费	元	
	(四)防淹设施		指防淹门等
	Ⅰ.建筑工程费	元	
	Ⅱ.安装工程费	元	
	Ⅲ.设备购置费	元	
	五、其他		
	Ⅰ.建筑工程费	元	

续上表

章别节号	工程及费用名称	单位	内容
	Ⅱ.安装工程费	元	
	Ⅲ.设备购置费	元	
十	大型临时设施和过渡工程		
1030	大型临时设施和过渡工程	正线公里	
	Ⅰ.建筑工程费	元	
	一、大型临时设施	正线公里	
	(一)铁路便线	km	含便桥、便函、便隧。含养护费
	1.场外线		指设计接轨点道岔基本轨接缝至场(厂)内第一组道岔基本轨接缝之间的线路(不含道岔长度)。
	2.场内线		场(厂)内第一组道岔基本轨接缝以后的线路
	(二)汽车运输便道	km	含便桥、便涵。含养路费
	1.新建干线	km	含便桥、便函、便隧。含养护费
	2.新建引入线	km	含便桥、便函、便隧。含养护费
	3.改(扩)建便道	km	含便桥、便函、便隧。含养护费
	4.利用地方既有道路补偿费	元	含便桥、便函、便隧。含养护费
	(三)运梁便道	km	
	(四)临时给水设施	元	包括场地土石方、圬工及地基处理
	1.给水干管路	km	
	2.隧道工程水源点至山上蓄水池的给水管路	km	
	3.深水井	口	指井深50m以上,包括打井及泵站屋、排水设施及设备
	4.贮水站	处	限缺水地区设置的临时贮水站。包括场地土石方、圬工地基处理
	(五)临时供电	元	
	1.临时电力干线	km	
	2.临永结合电力线路	km	临时供电引起的相关费用
	3.集中发电站、变电站	处	包括场地土石方、地基处理、生产区硬化面、圬工等费用
	(六)临时通信基站	处	
	(七)临时场站	处	包括场地土石方、地基处理、生产区硬化面、圬工、吨位≥10t且长度≥100m的龙门吊走行线等工程费用,其中临时用电费纳入第一章
	1.材料场	处	
	2.填料集中加工站	处	
	3.混凝土集中拌和站	处	

续上表

章别节号	工程及费用名称	单位	内容
	4.混凝土构件预制场	处	指独立设置的混凝土构配件(如防护栅栏,预制块、桥梁栏杆、遮板、沟槽盖板)预制场
	5.制存梁场	处	
	(1)箱梁制(存)梁场	处	
	(2)T梁制(存)梁场	处	
	(3)节段梁制(存)梁场	处	
	6.钢梁拼装场	处	
	7.掘进机拼装场	处	
	8.盾构泥水处理场	处	
	9.管片预制场	处	含主体厂房工程费用
	10.仰拱预制场	处	
	11.轨节预制场	处	
	12.长钢轨焊接基地	处	
	13.换装站	处	
	14.道砟存放场	处	
	15.轨枕(轨道板)预制场	处	含主体厂房工程费用
	(八)隧道污水处理站	km	指因特殊环保对隧道在施工期间排放的污水进行处理而设置的临时污水处理站,包括场地土石方、地基处理、生产区硬化、圬工等工程费用
	(九)其他大型临时设施	km	
	1.渡口、码头	处	指通行汽车为施工服务的渡口、码头
	2.天桥及地道	处	指通行汽车为施工服务的天桥及地道
	3.浮桥及吊桥	m	指通行汽车为施工服务的浮桥及吊桥
	Ⅱ.安装工程费	元	
	Ⅲ.设备购置费	元	
	二、过渡工程	正线公里	
	Ⅰ.建筑工程费	正线公里	
	(一)铁路便线、便桥	元	含养路费
	(二)线路	元	
	(三)站场	元	
	(四)通信	元	
	(五)信号	元	
	(六)信息	元	
	(七)电力	元	
	(八)电气化	元	
	(九)其他	元	
	Ⅱ.安装工程费	元	

续上表

章别节号	工程及费用名称	单位	内容
1131	Ⅲ.设备购置费	元	
	Ⅳ.其他费	元	
十一 1131	其他费用	元	
	一、建设项目管理费	元	
	二、建设单位印花税及其他税费	元	
	三、建设项目前期工作费	元	
	四、施工监理费	元	
	五、勘察设计费	元	
	六、设计文件审查费	元	
	七、其他咨询服务费	元	
	八、营业线施工配合费	元	
	九、安全生产费	元	
	十、配合辅助工程费	元	
	1.按费率计算部分	元	
	2.加强超前地质预报费用	元	指Ⅰ级风险隧道中极高风险段落的超前钻孔、加深炮孔、地震波反射物理探测的加强超前地质预报费用。按单座隧道分列
	十一、研究试验费	元	
	十二、联调联试等有关费用	元	
	十三、利用外资有关费用	元	按本项费用的内容组成分项计列
	十四、生产准备费	元	
	(一)生产职工培训费	元	
	(二)办公和生活家具购置费	元	
	(三)工器具及生产家具购置费	元	
	十五、其他	元	
	以上各章合计	元	
	其中:Ⅰ.建筑工程费	元	
	Ⅱ.安装工程费	元	
	Ⅲ.设备购置费	元	
	Ⅳ.其他费	元	
十二 1232	基本预备费	元	
	以上总计	元	
	第二部分:动态投资	元	
十三 1333	价差预备费	元	
十四 1434	建设期投资贷款利息	元	

续上表

章别节号	工程及费用名称	单位	内容
	一、建设期国内投资贷款利息		
	二、建设期国外投资贷款利息		
	第三部分:机车车辆购置费	元	
十五 1535	机车车辆购置费	元	
	第四部分:铺底流动资金	元	
十六 1636	铺底流动资金	元	
	概预算总额	元	一、二、三、四部分之和

注:1. 概(预)算时,在不变动表中章节的前提下,可根据实际需要、编制阶段和具体工程内容,对各节细目做适当增减。
2. 枢纽建设项目应将"正线公里"改为"铺轨公里"编制综合概(预)算;专用线项目,如站线所占比重较大,也可改为"铺轨公里"编制;表列"单位",章与节不变外,其项目的"单位"也可采用比表列"单位"更为具体的计量单位。
3. 因征地拆迁而需要还建的铁路房屋以及铁路产权的管线路迁改费用应按正式工程分别计入其章节中。
4. 土方和石方。除区间路基土石方和站场土石方外,仅指单独挖填土石方的项目和无须砌筑的各种沟渠等土石方。如改沟、改河、改渠、平交道土石方、刷坡、滑坡减裁土石方、挡沙堤、截沙沟土方,为防风固沙工程需预先进行处理的场地平整土方。与砌筑等工程有关的土石方开挖,其费用计入主体工程。如挡墙的基坑开挖及回填费用计入挡墙,桥涵明挖基础的基坑开挖及回填费用计入基础圬工。
5. 路基地基处理所列的项目不包括路基本体或基床以外构筑物的地基处理。挡土墙、护坡、护墙等的地基处理及墙背所设垫层等的费用应分别列入挡土墙、护坡、护墙等项目。
6. 锚杆挡土墙、桩板挡土墙、加筋土挡土墙、抗滑桩、预应力锚索桩等特殊形式的支挡结构,其费用列入独立的项目;其余重力式挡土墙、扶壁式挡土墙、悬臂式挡土墙等一般形式的支挡结构及间挡墙按圬工类别化分,其费用应分别列入挡土墙浆砌石、挡土墙片石混凝土、挡土墙混凝土、挡土墙钢筋混凝土等四个项目;土钉墙的费用按土钉、基础圬工和喷混凝土等项目分列。
7. 预应力锚索桩身的费用列入抗滑桩项目,桩间挡墙圬工的费用列入支挡结构的项目;预应力锚索挡土墙圬工的费用列入桩板挡土墙项目,预应力锚索单独列列,格梁等圬工的费用列入一般形式支挡结构的项目。
8. 路桥分界:不设置路桥过渡段时,桥台后锥口填筑属桥梁范围,设置路桥过渡段时,台后过渡段属路基范围。
9. 铺轨和铺道床应包含应包含满足设计开通速度的全部内容。
10. 无论由哪个专业设计,各专业凡与信息系统有关的费用一律列入第六章17节响应的项目中。
11. 房屋附属工程土石方是指为达到设计要求的标高,在原地面修建房屋及附属工程而必须进行的而必须进行的修建场地范围的土石方填挖工程,不含已由线路、站场进行调配的土石方。修建房屋进行的平整场地(厚度±0.3m 以内)和基础道路、围墙、绿化、圬工防护等土石方,不单独计算,其费用计入房屋及附属工程的有关细目。
12. 与第九章有关的围墙、栅栏、道路、硬化面、绿化和取弃土(石)场处理等附属工程列入第25节的站场附属工程,其余均列入房屋附属工程相应项目。
13. 室内外界线划分:
    (1)给水管道:以入户水表井或交汇井为界,无入户水表井或交汇井而直接入户的,以建筑物外墙皮为界。水表井或交汇井的费用计入第九章第23节的给水管道。
    (2)排水管道:以出户第一个排水检查井或化粪池为界。检查井的费用计入第九章第21节的排水管道,化粪池列入第九章第23节的排水建筑下。
    (3)热网管道:以出户第一个阀门或建筑物外墙皮为界。
    (4)工艺管道:以出户第一个阀门或建筑物外墙皮为界。
    (5)电力、照明线路:以入户配电箱为界。配电箱地费用计入房屋。
14. 房屋基础与墙身的分界
    (1)砖基础与砖墙(身)划分应以设计室内地坪为界(有地下室的按地下室室内设计地坪为界),以下为基础,以上为墙(柱)身。基础与墙身使用不同材料,位于设计地坪±0.3m 以内时以不同材料为界,超过±0.3m,应以设计室内地坪为界。
    (2)石基础、石勒脚、石墙的划分。基础与勒脚应与设计室外地坪为界,勒脚与墙身应与设计室内地坪为界。
15. 由于环境保护工程是结合主体工程设计统筹考虑的,其费用应与主体工程配套计列。

附录二 总概预算汇总表

建设名称			工程数量		
概(预)算总额			技术经济指标		
总概算编号			合 计	技术经济指标(万元)	费用比例(%)
编制范围					
章别	费用类别	概算价值(万元)			
	第一部分 静态投资				
一	征地及拆迁费用				
二	路基				
三	桥涵				
四	隧道				
五	轨道				
六	通信信号				
七	电力及电力牵引供电				
八	房屋				
九	其他运营生产设备及建筑物				
十	大型临时设施和过渡工程				
十一	其他费用				
	以上各章合计				
十二	基本预备费				
	第二部分 动态投资				
十三	价差预备费				
十四	建设期投资贷款利息				
	第三部分 机车车辆购置费				
十五	机车车辆购置费				
	第四部分 铺底流动资金				
十六	铺底流动资金				
	概算总额				

附录三 总概预算汇总对照表

建设名称		编制范围			编号		
工程总量		概预算总额			技术经济指标		
章别	费用类别	概预算价值(万元)				指标(万元)	
	第一部分 静态投资			增减			增减
一	征地及拆迁费用						
二	路基						
三	桥涵						
四	隧道						
五	轨道						
六	通信信号						
七	电力及电力牵引供电						
八	房屋						
九	其他运营生产设备及建筑物						
十	大型临时设施和过渡工程						
十一	其他费用						
	以上各章合计						
十二	基本预备费						
	第二部分 动态投资						
十三	价差预备费						
十四	建设期投资贷款利息						
第三部分	机车车辆(动车组)购置费						
十五	机车车辆(动车组)购置费						
	第四部分 铺底流动资金						
十六	铺底流动资金						
	概预算总额						

附录四 总概预算表

建设名称				编号				
编制范围				概预算总额				
工程总量				技术经济指标				

章别	费用类别	概预算价值(万元)					技术经济 指标(万元)	费用比例 (%)
		Ⅰ 建筑工程费	Ⅱ 安装工程费	Ⅲ 设备购置具	Ⅳ 其他费	合计		
	第一部分 静态投资							
一	征地及拆迁费用							
二	路基							
三	桥涵							
四	隧道及明洞							
五	轨道							
六	通信信号							
八	房屋							
九	其他运营生产设备及建筑物							
十	大临和过渡工程							
十一	其他费用							
	以上各章合计							
十二	基本预备费							
	以上总计							
	第二部分 动态投资							
十三	价差预备费							
十四	建设期投资贷款利息							
	第三部分 机车车辆(含动车组) 购置费							
十五	机车车辆购置费							
	第四部分 铺底流动资金							
十六	铺底流动资金							
	概预算总额							

附录五 综合概预算汇总表

建设名称		工程总量		编号	
编制范围		概预算总额		技术经济指标	
章别	节号	工程及费用名称	单位	数量	概预算价值（元）	指标（元）

附录六 综合概预算汇总对照表

建设名称		编制范围			编号		
工程总量		工程及费用名称	概预算总额			技术经济指标	
章别	节号		单位	工程数量	概预算价值(元)	指标（元）	
				增减	增减	增减	

附录七 单项概预算表

建设名称			编号		
工程名称			工程总量		
工程地点			概预算价值		
所属章节	章节		概预算指标		
单价编号	工程及费用名称	单位	数量	费用(元)	
				单价	合价

附录八 单项概预算费用汇总表

单位:元　　　第 页 共 页

建设名称							
工程总量				概预算总额			
序号	费用名称			章别 / 节号 / 编号			
1	直接费	直接工程费	基期人工费				
2			基期材料费				
3			基期施工机械使用费				
4			运杂费				
5			价差				
6			填料费				
7			小计				
8		施工措施费					
9		特殊施工增加费					
10		合计					
11	间接费						
12	税金						
13	合计						
14	设备费						

附录九 补充单价分析汇总表

第 页 共 页

单价编号	名称	单位	基价	其 中			工作内容
				人工费	材料费	机械使用费	

补充单价分析表

工程类别						单价编号		
工作内容						计算单位		
说明								
编号	费用名称	单位	数量	单价(元)	合价(元)	重量(t)	
						单重	合重

参 考 文 献

[1] 王岩.铁路工程预算定额解析与概预算编制示例[M].北京:中国铁道出版社,2013.
[2] 樊原子.铁路工程概预算[M].北京:人民交通出版社,2013.
[3] 国家铁路局. TZJ 1001—2017 铁路基本建设工程设计概(预)算编制办法[S].北京:中国铁道出版社,2017.
[4] 国家铁路局. TZJ 3001—2017 铁路基本建设工程设计概(预)算费用定额[S].北京:中国铁道出版社,2017.
[5] 国家铁路局. TZJ 3003—2017 铁路工程材料基期价格[S].北京:中国铁道出版社,2017.
[6] 国家铁路局. TZJ 3004—2017 铁路工程施工机具台班费用定额[S].北京:中国铁道出版社,2017.
[7] 国家铁路局. TZJ 2001—2017 ~ TZJ 2013—2017 铁路工程预算定额[S].北京:中国铁道出版社,2017.